一純萬歲寺邊思

饒宗頤紀念文集

中華書局　　　　　　鄭會欣 —————— 主編

目　錄

饒宗頤教授（1917-2018）

饒宗頤教授的學術人生

| 鄭會欣 |

　　饒宗頤教授（Prof. Jao Tsung-i），字伯濂，又字選堂，號固庵，1917 年 8 月 9 日（陰曆丁巳年六月二十二日）出生於廣東省潮安縣（今潮州市），其父饒鍔先生是嶺南著名的藏書家，著有《天嘯樓集》、《潮州西湖山志》等，惜英年早逝。饒先生年僅十六歲便繼承父親遺志，補訂完成《潮州藝文志》並得以出版，旋獲廣州中山大學之聘，任該校廣東省通志館專任纂修。抗日戰爭爆發後饒先生原應中山大學之邀內遷，卻因染病暫居香港，在港期間曾先後協助王雲五、葉恭綽兩位先生編撰《中山大辭典》和《全清詞鈔》。太平洋戰爭爆發後饒先生先是返回潮州任教，後受聘無錫國專（廣西時期）教授。抗戰勝利後饒先生相繼擔任廣東文理學院、汕頭華南大學教授、中文系主任，並受聘為廣東省文獻委員會委員，主持《潮州志》編纂。

　　1949 年饒先生移居香港，曾在新亞書院任教，1952-1968 年任香港大學中文系講師、高級講師和教授，1968-1973 年任新加坡大學中文系首任講座教授兼系主任，期間曾先後擔任美國耶魯大學研究院客座教授、台北中央研究院歷史語言研究所教授。1973 年回到香港，出任香港中文大學中國語言及文學系講座教授兼系主任。1978 年饒先生自中大退休後，先是任法國高等研究院宗教部客座教授，後任香港中文大學中國語言與文學系榮休講座教授、中國文化研究所榮譽高級研究員、藝術系榮譽講座教授、香港大學中文系榮休講座教授，以及香港中文大學中國文化

研究所及藝術系偉倫講座教授等。

　　饒宗頤教授幼承庭訓、學養精深、博涉古今，治學範圍極為廣泛，包括古文字學、敦煌學、考古學、金石學、史學、古典文學、詞學、音樂史、藝術史、中印關係史、宗教史、楚辭學、目錄學、方志學等等，著作等身，八十多年來出版的各類專著逾七十餘種，發表各種學術論文及文章近千篇。饒教授學藝雙攜，常以學人之筆，游心藝事，詩書琴畫，無所不精，不僅創作多部詩詞集，並先後於新加坡、馬來西亞、韓國、法國、澳洲、日本等國，以及香港、澳門、北京、上海、廣州、深圳等許多城市多次舉辦個人書畫展，並出版數十部大型書畫冊。

　　饒宗頤教授非常重視學術與文化方面的交流，自上世紀五十年代開始，廣與中外學者締交。1963 年，先生應印度班達伽東方研究所之邀，赴天竺作學術研究，成為該所永久會員，並跟隨白春暉（V.V. Paranjape）父子二人學習婆羅門經典，先生後來從事東方學研究，其梵學知識便植根於此，當中悉曇學更是獨繼絕學，成就過人。自 1965 年起，先生多次赴法國從事教學和研究，1971 年由法國國立科學中心出版、法國著名漢學家戴密微（Paul Demiéville）作法文翻譯的《敦煌曲》，乃此時期最重要著作之一。此外，先生亦曾往日本、韓國、英國、美國、新加坡等國及台灣地區進行教研工作，積極於海內外推動漢學研究，為中國與海外漢學研究重要的橋樑人物之一。

　　自上世紀 80 年代起，饒宗頤教授多次前往內地參加學術會議，實地考察各地最新出土的歷史文物，對中國古史進行深入研究。先生以域外新知，廣徵博引，厚積薄發，大量的論著不斷發表，真知灼見比比皆是，成為他在學術史上最豐碩的收穫季節。饒教授還利用香港這一有利的環境以及他個人的聲望，籌集資金，舉辦國際會議，組織研究中心，邀請大批內地學者訪問香港，進行學術交流，主編「補資治通鑑史料長編稿系列」和「香港敦煌吐魯番研究中心叢刊」，並於香港中文大學成立敦煌吐魯番研究中心，主持竹簡、帛書出土文獻資料庫和甲骨文金文資料庫的研究計劃，得到香港特區政府的資助，採用現代的科學技術，將傳統文化發揚光大，取得重大成績。

　　饒宗頤教授在學術界被公認為當今世界上導夫先路的國學大師，他的學術成就與貢獻得到國際漢學界的認同。1982 年香港大學頒授他榮譽文學博士學位，1993 年榮獲法國索邦高等研究院建院 125 年以來第一位人文科學榮譽國家博士學位，其後他還先後榮獲香港嶺南大學、香港公開大學、香港科技大學、香港中文大學、香港浸會大學、香港樹仁大學以及澳門大學、日本創價大學、澳洲塔斯馬尼亞大學、中國山東大學等著名大學頒授榮譽博士學位。1982 年以來饒教授連續被聘為國務院古籍整理小組顧問、中央文史研究館館員、西泠印社第七任社長，並當選為國際歐亞科學院（IEAS）院士，2012 年法蘭西銘文與美文學院授予他外籍院士。近年來先生還相繼被復旦大學、中山大學、廈門大學、南京大學、首都師範大學、武漢大學、敦煌研究院、中國社

會科學院歷史研究所、北京大學等著名高校和學術機構聘為名譽教授、榮譽研究員。

饒宗頤教授一生獲獎無數，1962 年饒教授獲法國法蘭西學院頒授漢學儒林特賞，奠定其在國際學界的崇高地位；其後還獲授巴黎亞洲學會榮譽會員榮銜、法國文化部的藝術及文學軍官勳章，香港藝術發展局 1997 年向他頒發首屆視藝成就獎；國家文物局和甘肅省人民政府於 2000 年 7 月授予他「敦煌文物保護、研究特別貢獻獎」；2000 年香港特區政府向他頒授最高榮譽大紫荊勳章；2009 年香港藝術發展局頒授「終身成就獎」；2011 年 10 月，南京紫金山天文台將國際編號 10017 號的小行星命名為「饒宗頤星」，其後還獲「中華藝文獎終身成就獎」、香港大學首位「桂冠學人」、「全球華人國學終身成就獎」等。

2018 年 2 月 6 日凌晨，饒宗頤教授於香港跑馬地家中安詳離世，享年 101 歲。

饒公與學界合影

與戴密微教授（圖片來源見香港大學饒宗頤學術館編：《戴密微教
授與饒宗頤教授往來書信集》一書）

與張大千攝於香港

與羅香林（前左二）、陳大齊（前中央）、林仰山（前右二）、劉百閔（前右一）、牟宗三（後左一）、余秉權（後左二）、金薩靜（後左三）、羅錦堂（後右三）、劉唯邁（後右二）及楊維楨（圖片來源見單周堯主編：《香港大學中文學院歷史圖錄》一書）

1976 年攝於巴黎戴高樂機場，左起：侯思孟 (Donald Holzman) 教授、饒宗頤、戴密微 (Paul Demiéville) 教授、汪德邁

與沈之瑜、曾憲通等攝於上海博物館

與侯仁之攝於北京大學

與沈建華及胡厚宣攝於香港

與文物出版社社長王仿子先生（右二）等合影

與沈從文攝於北京

與錢鍾書及夫人楊絳攝於北京

與山西省考古研究所張頷所長合影

與錢穆教授合影

1994 年與季羨林教授及榮新江教授攝於泰國

1998 年與袁行霈教授握手，旁為女兒饒淸芬

與查良鏞合影

與白春暉合影

與周一良教授（左一）、季羨林教授及任繼愈教授（右一）攝於北京大學

與前香港大學校長王賡武教授合影

與唐振常夫婦合攝於辦公室

與陳方正教授（右一）、故宮博物院劉雨（右二）、何炳棣教授（右三）及沈建華（左一）合影

與陳學霖教授、包大衛教授及中大歷史系同仁合影

與蕭萐父教授合影於武漢大學

1999 年與程千帆教授合影於南京大學

2000 年與陳國燦教授（右一）在敦煌談話

與柳存仁教授（右三）、任繼愈教授（右二）等合影

與季羨林教授（左一）、杜維明教授（右二）及清水茂教授（右一）在北京大學

與單周堯教授及周策縱教授合影

與李學勤教授在香港城市大學合影

與曾憲通教授合影於跑馬地家中

與羅泰教授、唐曉峰教授等在辦公室合影

2008 年饒宗頤教授在北京故宮博物院舉辦畫展，與中大校長劉遵義教授、港大校長徐立之教授敬酒

2008 年與袁行霈教授在敦煌合影

與許嘉璐教授合影

與汪德邁教授合影

2012 年 5 月 28 日與藏學家王堯教授合影

與金耀基教授合影

與魏寧教授、康達維教授及女兒饒清芬小姐等合影

與北京故宮博物院院長鄭欣淼教授合影

與前北京故宮博物院院長單霽翔教授合影

與前香港中文大學校長沈祖堯教授合影

與前敦煌研究院院長樊錦詩教授及鄭培凱教授等合影

站在自己的銅像前

吳爲山創作的饒宗頤教授雕塑

序

| 李焯芬 |

　　《一純萬歲寄遙思》是一本有溫度的學術書籍，記錄了二十多位著名學者對饒宗頤教授的憶念與追思，包括他（她）們從遊於饒教授的經歷和重大得着。二十多篇佳作詳盡地描述了饒教授言傳身教、應機逗教的難忘事蹟，情文並茂，親切感人。

　　書中一個個動人的故事，也讓我想起饒教授在香港中華文化促進中心留下的足跡。眾所周知，饒教授為敦煌學作出了巨大的貢獻，在香港中華文化促進中心協助下，饒教授曾於 1987 年在香港成功舉辦了敦煌學國際研討會。隨後的十多年間，饒教授先後邀請了二十多位內地敦煌學研究者到香港短期工作，共同探討不同的敦煌學課題，包括了榮新江、郝春文、陳國燦等。饒教授同時又與多個學術機構合作，出版《敦煌吐魯番研究》學報。饒教授長期致力於推動敦煌學的研究，並積極培育敦煌學人才。他的悲心願力，源於他早年曾聽過學術界流傳的一句話：「敦煌在中國，敦煌學在日本」。他晚年時看到中國內地敦煌學人才輩出、雲蒸霞蔚，感到無比的欣慰。香港中華文化促進中心非常認同和支持饒教授的計劃，因此承擔了執行計劃所需的資源和後勤服務。部分學者在港期間，也曾應饒教授之邀，做專題講座，由饒教授親自主持。圖一是榮新江於 1992 年 11 月 21 日作專題講座時的照片；圖二則是陳國燦於 1998 年 1 月 9 日作講座時的照

圖一：1992 年 11 月 21 日榮新江的專題講座

片。那些年，饒教授兼任了香港中華文化促進中心學術委員會的
主席，偶爾亦會親自作專題講座或與嘉賓對談。圖三是他 2003
年 6 月 28 日在香港中華文化促進中心的「文化清談」與主持對
話的照片。

　　多年來，有不少海內外的學人造訪饒教授，均獲饒教授及家人的盛情接待。聚話時，或在午飯桌上，來訪的學人多會把握機會，向饒教授請教一些學術上的問題。饒教授總是和顏悅色、笑容可掬地回答問題，並把答案及有關資料寫在紙上。來訪的學人因而得到饒教授的手跡，喜不自勝。饒教授的回答，反映了他極其雄厚的國學基礎和異常淵博的文史知識。偶爾有人提了一些他覺得有趣而值得研究的課題，他會回去作深入的研究，有時還會寫篇論文，記述他的研究成果。例如曾有學人向他請教「遷三苗於三危」的問題，他後來回去研究，從甲骨文中找到了「三危」即「危方國」的證據，不是敦煌的三危山。多年後，出版了《西南文化創世紀》這冊重要的著作。偶爾也會有學人向他請教一些人生哲理或治學方法的問題。他總是風趣從容地笑着回答，讓人有如沐春風之感。例如曾有學人問他：「饒老您畢生勤奮治學，論文近千，專著無數，工作辛苦嗎？」他笑着說：「我沒有把它當是工作，我只是把它當作樂趣而已。」

　　我和本書作者諸君一道，非常緬懷、極之思念這一陣陣既育人又和暢的春風。

饒學研究基金董事會主席

香港大學饒宗頤學術館館長

香港中華文化促進中心理事會主席

李焯芬

圖二：1998 年 1 月 9 日與
陳國燦的專題講座

圖三：2003 年 6 月 28 日在
香港中華文化促進中心的
「文化清談」

代序
治學遊藝七十春
—— 賀饒宗頤教授「米壽」

| 曾憲通 |

　　饒宗頤教授乳名福森，字伯濂，又字伯子、固庵，號選堂，
是海內外著名的史學家、經學家、考古學家、古文字學家、文學
家和書畫家，又是出色的翻譯家。香港大學、香港嶺南大學、香
港公開大學、香港中文大學和香港科技大學名譽文學博士，法國
索邦高等研究院首位榮譽人文科學國家博士。歷任印度班達伽東
方研究所、法國科學中心、法國遠東學院院士。哈佛大學多次訪
問學人。中央研究院史語所教授，香港大學中文系教授，新加坡
國立大學中文系首任教授，耶魯大學、法國高等研究院宗教部客
座教授，日本京都大學及人文科學研究所客座教授兼講學九州大
學、北海道大學。曾為香港中文大學藝術系偉倫講座教授及中國
文化研究所榮譽講座教授、顧問，主持出土文獻研究計劃，香港
大學中文系榮譽講座教授。1962 年獲法國漢學儒蓮獎，1980 年
被選為法京亞洲學會榮譽會員，1993 年獲法國政府頒授文學藝
術勳章。現兼任國內外多間高等學府及學術機構顧問，諮詢委
員、名譽教授及研究員。2000 年 7 月作為香港學術界的傑出代表
獲香港特首親自頒發的大紫荊勳章。2001 年獲聘為北京亞歐科
技學院院士，等等。

（一）

　　選堂先生 1917 年 6 月生於廣東潮安。父親饒鍔（純鈞）博學多才，工於詩文，精於考據，尤擅譜志，著有《佛國記疏證》（稿）及《潮州西湖山志》。所建天嘯樓是粵東最負盛名的藏書樓，家藏典籍積至十餘萬卷，是潮州有名的藏書家。選堂先生幼承家學，聰穎過人，詩詞書畫琴藝，初試即露鋒芒，故早享神童之盛譽。16 歲咏〈優曇花〉詩，一時驚諸老宿，競與唱和。弱冠之年即為其父整理遺著《潮州藝文志》，刊於《嶺南學報》。1935年至 1937 年受聘為中山大學廣東通志館專任纂修，1939 年 8 月應聘為中山大學研究員。當年中山大學遷校雲南澂江，先生取道鯊魚涌擬經香港赴滇，因病滯留香港。留港期間為王雲五主編的《中山大詞典》撰古籍篇名提要稿，又助葉恭綽編定《全清詞鈔》初稿，並完成《楚辭地理考》等著述。1941 年返回潮州。1943 年赴廣西桂林，任無錫國學專科學校教授至 1945 年，其間兩度深入大瑤山。1946 年被聘為廣東文理學院教授。1947 年至 1948 年出任華南大學文史系教授兼主任及《潮州志》總編纂兼廣東省文獻委員會委員。1949 年為《潮州志》之編寫赴港諮詢並工作。在此期間，先生著述甚豐。但其時正當日寇侵華之艱難歲月，生活顛沛流離，故積稿多未刊行而散佚殆盡，僅存流寓粵西所作之《瑤山詩集》，殊感可惜！先生早歲見重於顧頡剛教授，由顧老邀約編著新莽史及《古史辨》第八冊（古代地理），均因戰亂未及印出，其目錄載於《責善》半月刊（齊魯大學印行）。

　　1952 年至 1968 年，先生先後任香港大學中文系講師、高級講師、教授，主講詩經、楚辭、漢魏六朝詩賦、文學批評及老莊等專題。課餘則從事古代文獻的整理和研究。在此期間，先後出版了《楚辭書錄》（1956 年）、《楚辭與詞曲音樂》（1958 年）、《九龍與宋季史料》（1959 年）、《詞籍考》（1963 年）、《潮州志匯編》（1965 年）、《香港大學馮平山圖書館善本書錄》（1970 年）等。與此同時，先生更注重新發現材料的整理與探究，如《韓江流域史前遺址及其文化》（1950 年）、〈從考古學上論繪畫的起源〉、〈長沙楚帛書山鬼圖跋〉、〈戰國楚簡箋證〉、《隨縣曾侯乙墓鐘磬銘辭研究》、〈居延零簡〉、〈京都藤井氏有鄰館藏敦煌殘卷記略〉、〈金匱室藏楚戈圖案說略〉（1956 年）、〈長沙楚墓時占神物圖卷考釋〉、〈帛書解題〉（並 1954 年）、《敦煌本老子想爾注校箋》（1956 年）、《日本所見甲骨錄》、《巴黎所見甲骨錄》（並 1956 年）、《長沙出土戰國繒書新釋》（1958 年）、〈海外甲骨錄遺〉、《殷代貞卜人物通考》（並 1959 年）等等。這一時期，先生對敦煌學、甲骨學、楚帛書用力最勤，創獲良多。如《敦煌本老子想爾注校箋》考定《想爾注》成於張魯之手而託始於張陵，對道教史研究有重要意義，它引起歐洲人對道教研究的興趣，成為後來漢學界之道教狂熱。此書在國際上負有盛譽，被巴黎研究院定為教材。《殷代貞卜人物通考》開創了以貞人為綱排比卜辭的先例，在理論和方法上都超越前人，對了解各個貞人的占卜內容及其所屬的時代很有參考價值。此書一出，共有十三個國家

和地區發表評論並加以推介，足見它在中外學術界影響至鉅。先生在《殷代貞卜人物通考》一書刊出之後，與印度友人白春暉（V.V. Paranjape）交換，從其學梵文三年；1963 年，遂應班達伽（Bhandarkar）東方研究所之聘，前往天竺古梵文研究中心之浦那（Poona），從事中印關係之研究。復從 V.G. Paranjape 老教授學習梨俱吠陀（*Rig-veda*），足跡遍及印度南北。歸途遊歷錫蘭、緬甸、泰國、柬埔寨各地，所到之處，尋幽搜秘，別有《佛國集》紀遊。先生後來從事「東方學」研究，其梵學知識即植根於此。1965 年，先生在紐約楚帛書藏主戴潤齋處獲睹帛書原物，積疑冰釋，因寫成〈楚繒書十二月名覈論〉（1965 年），證成帛書圖像首字即《爾雅·釋天》十二月名，遂成定論；又據楚帛書紅外線照片作〈楚繒書之摹本及圖像 —— 三首神、肥遺及印度古神話之比較〉及〈楚繒書疏證〉（並 1968 年），把楚帛書研究推向新的階段。

　　1968 年至 1973 年，選堂先生應新加坡國立大學之聘，任該校中文系首任教授兼系主任。教學之餘，先生專事搜求當地華文碑刻，〈星馬華文碑刻繫年〉（1972 年）和《新加坡古事記》二書，為華僑史研究增添了極其珍貴的資料。還刊行《歐美亞所見甲骨錄存》（1970 年）。前度在法京與法國漢學大師戴密微（Paul Demiéville）教授合著《敦煌曲》（於 1978 年在巴黎出版），為敦煌寫卷詞曲之集大成者，在敦煌學研究上具有特殊的意義。選堂先生對敦煌卷子十分重視，並用以進行多方面的研究。除上述

《想爾注校箋》外，尚有不少專論，多有發明。如從敦煌《通韻》中對四個梵文字母（Ṛ、R、Ḷ、L）的不同譯法，研究唐人作佛教贊歌時的「和聲」；從宋初開寶七年（974）十二月十一日的批命本子，研究七曜與十一曜的關係，闡明了古波斯占星學對中國古天文學的影響，皆發人深省。由於先生曾留學印度梵學研究中心攻治婆羅門經典，通曉梵巴諸語文，因而能夠揭示劉熙《釋名》淵源於婆羅門經《尼盧致論》（Nirukta），韓愈《南山詩》實受馬鳴《佛所行贊》（Buddha-Carita）的影響。所有這些都是前人未發之覆。先生在新加坡國立大學執教期間，還兩度外出講學，其中1970年至1971年為美國耶魯大學客座教授，1972年至1973年為台灣中央研究院歷史語言研究所研究教授，均有不少力作。

1973年9月，先生重返香港，任香港中文大學中文系教授，旋又兼系主任，直到1978年9月退休。這一時期，印行在美國所著《中國史學上之正統論》（1977年），在法京巴黎編著之《敦煌白畫》（1978）與《敦煌吐魯番本文選》（2000年）二書，為敦煌學研究增添異彩。過去研究敦煌繪畫的人往往只注意壁畫和絹畫，先生獨具匠心，他將在寫卷中的白描、粉本、畫稿等研究敦煌畫極重要的材料輯出，編成《敦煌白畫》一書，有圖有說，使沙州畫樣的來歷得以闡明，從而填補了敦煌研究中的一項空白，進而融入自己的畫作中，使人物、線條極具獨創性。還出版《黃公望及富春山圖臨本》等，此外尚有大批手稿待刊。1976年先生第三次蒞法京巴黎，在遠東學院工作。除繼續研究敦煌經卷外，還遍讀沙畹當年在華搜集所得的全部金石拓本，遂有《唐

宋墓志：遠東學院藏拓片圖錄》之作。復以暇日從 J. Bottéro 教授治楔形文字，正式接觸西亞文史知識與遺物。先生後來從事比較古文字學的研究即淵源於此。

　　選堂先生榮休後並未離開教席，繼續在香港大學、香港中文大學和澳門東亞大學擔任榮譽教職，並培養研究生。1978 年至 1979 年，在法國高等研究院（Ecole Pratique des Hautes Etudes）第五組宗教部門任客座教授一年。1980 年，任日本京都大學及人文科學研究所客座教授五個月。1980 年初冬，先生到成都參加中國古文字研究會第三屆年會後，即到內地參觀考察。筆者有幸作為廣東省高教局派出的隨員一路陪同。此次歷時三個月，先生行踪遍及 14 個省市的許多博物館和考古文物單位，飽覽了祖國的名山大川，接觸到大批新出土的考古文物資料，興奮異常。11 月中，先生在湖北省博物館參觀，看到展品中有曾侯乙墓出土衣箱漆書 20 個字的摹本，盡是古文奇字，尚無釋文，不明句讀。譚維泗館長請為試釋，先生經過一番琢磨，終於寫出：「民祀隹坊（房），日辰於維，興歲之四（駟），所尚若陳，經天嘗（常）和」20 個字，聞者無不折服。隨後又寫成〈曾侯乙墓匫器漆書文字初釋〉一文，詳加考證，刊於《古文字研究》第十輯（1985 年）。在武漢時，先生有感於新出資料的重要，又得到湖北省博物館的支持，便與筆者商定以「楚地出土文獻研究」為課題，回港後即邀筆者共同完成《雲夢秦簡日書研究》（1982 年）、《隨縣曾侯乙墓鐘磬銘辭研究》和《楚帛書》（並 1985 年）三部著作。前二書被譽為研究秦簡日書及振興中國鐘律學的奠基之作；後一

種則是楚帛書出土四十年來最新成果的彙集和全面的總結，對推動楚帛書的研究產生了積極的影響。實際上，先生榮休之後，由於擺脫了日常行政雜務，更加自由自在地雲遊四海，更能集中精力於學術的探討與著述，故自 80 年代以來，又有多種著作相繼問世，除上面提及之外，還有《唐宋墓志：遠東學院藏拓片圖錄》（1981 年）、《選堂集林‧史林》（1982 年）、《虛白齋書畫選》、《敦煌書法叢刊》29 冊（並 1983 年）以及《固庵文錄》（1989 年）等，都有重要的學術價值。

　　90 年代初期，先生一方面開始着手編纂《饒宗頤二十世紀學術文集》，準備對自己的學術研究作一番全盤的清理和總結；一方面仍繼續醉心於開拓新的學術領域，碩果纍纍。舉其要者，如《中印文化關係史論集 —— 悉曇學緒論》（1990 年）、《老子想爾注校證》、《文轍 —— 文學史論集》（上、下）（並 1991 年）、《詞集考 —— 唐五代宋金元編》（1992 年）、《廣濟橋史料彙編》（與張樹人合編著）、《畫頮 —— 國畫史論集》、《梵學集》、《楚地出土文獻三種研究》（與曾憲通合著）、《饒宗頤史學論著選》（以上並 1993 年）、《新加坡古事記》（1994 年）、《新莽簡輯證》、《敦煌漢簡編年考證》（並與李均明合著，1995 年）、《殷代貞卜人物通考》（韓文譯本）、《饒宗頤潮汕地方史論集》（黃挺編）、《澄心論萃》（胡曉明編）、《敦煌曲續論》（並 1996 年）、《文化之旅》（1997 年）、《符號‧初文與字母 —— 漢字樹》（1998 年）、《清暉集》（1999 年）、《甲骨文通檢》（主編，共五巨冊，1989 年至 1999 年出齊），另編有《敦煌琵琶譜》（1990 年）、《詞

學秘籍之一 ── 李衛公望江南》、《法藏敦煌書苑精華》。此外還主編《華學》雜誌和主持以地下出土資料補資治通鑑史料之長編稿系列。前者自 1995 年至今已出版十一輯，後者也有多種《出土史料繫年長編》問世，犖犖大觀，在學界深有影響。此一時期，先生雖年逾古稀，依然懷着一顆勇於縋幽鑿險的童心，在諸多領域中不斷地開拓創新，這試舉三例說明之：

《近東開闢史詩》全文用楔形文字刻於七大泥板之上，是一部記載阿克得人開天闢地的神話文獻，上半部記述天地開闢之初諸神之間相互爭鬥，後來才產生出太陽神馬獨克（Marduk）。下半部敘述馬獨克安處宇宙間，由三位最高神明（Anu、En-lil 及 Ea）興建巴比倫神廟的經過，以及他們如何從反叛者身上瀝取血液來創造人類的創世故事。饒先生第一次將這部楔形文字譯為中文，並以書中之宇宙論與《淮南子‧天文訓》、彝族宇宙論和古代楚人的天道觀詳細加以比較，進而指出近東和遠東兩個地區開闢神話和造人神話的異同，這在世界比較神話學上具有重大的意義。由於此書饒先生用鏗鏘典雅的文言文翻譯，讀起來韻味無窮，令人叫絕，堪稱翻譯史上之傑作。此書已經由遼寧出版社作為新世紀萬有文庫之一種在內地出版。

《符號‧初文與字母 ── 漢字樹》是先生最新的研究成果之一。書中利用考古發現的陶符和圖形文，融會民族學的若干資料，從多角度追溯漢字演化的軌跡，探索原始時代漢字的結構和演進的歷程，說明文字起源的多元性及其與地區分布的交互關係，並與腓尼基字母、蘇美爾線形文等古文字作比較研究。指出

中國歷來統治者施行以文字控制語言的政策 ——「書同文字」，致使語、文分離，文字不隨語言而變化；而且漢字結合書、畫藝術與文學上的形文、聲文的高度美，造成漢字這一枝葉葱蘢、風華絕代的大樹，卓然屹立於世界文化之林。而文字、文學和書法藝術的連鎖效應，則構成漢文化的最大特色。進而揭示漢字在未成形的初期，陶器上大量的線性符號多與腓尼基字母相似，類似於西亞早期的線性圖文。作者認為，古代閃族人在使用字母時，曾經嘗試過採擇彩陶上的符號來代替楔形文字的雛型字母，從而提出了具有原創性的字母出自古陶文的「字母學假說」，成為比較古文字學一個極其重要的命題。

《甲骨文通檢》是一部大型的甲骨文分類索引，具體編纂由沈建華負責，先生於每冊均撰有長篇的「前言」，闡述與各分冊相關的甲骨學問題。第一冊「先公、先王、先妣、貞人」，第二冊「地名」，第三冊「天文氣象」，第四冊「職官人物」，第五冊「田獵」。這些基本上總括了卜辭內容的所有類別。先生於每類幾乎都有新的發現和獨到的研究心得。如「地名」一項，先生發現《史記》只有「河渠書」而沒有「地理志」，但通過甲骨文通檢的編著，計得商代地名總數1100多個，又運用史籍文獻對勘的方法，對《夏本紀》禹後以國分封諸姓之地名作具體研究，從甲骨文中揭示並復原禹後地名構成的規律。又如，卜辭中有帝乙征伐人方的記載。但關於人方的地望，過去因受王國維、董作賓的影響，以為不出於黃河流域。選堂先生根據三星堆的出土文

物和相關的歷史記載，將人方釋為夷方，定位在現今陝西及西南一帶，大大地超出以往研究的地理範圍，這不但極大地擴大了殷商時代的版圖，而且對於西南地區的開發年代和文明程度也有極其重要的研究價值。

（二）

　　以上我們把選堂先生的生平和學術著作按五個時期作了粗略的介紹，從中可以看出，先生的學術活動和學術研究的範圍非常廣泛，涉及人文社會科學的許多領域。根據先生自己的歸納，其著作可分為敦煌學、甲骨學、詞學、史學、目錄學、楚辭學、考古學（含金石學）和書畫等八大門類。每個門類先生都細緻深入地做過大量的調查研究工作，並有重要的建樹。綜觀先生六七十年來的治學道路，大抵早年以攻治地方文獻為主，中年以後兼治四裔交通及出土文獻，大有創獲；壯年由中國古代的研究擴展到人類文化史的研究，晚年興趣逐漸轉移到印度和西亞，填補了中國學術史上不少空白。其成果則以開創性及文獻整理開路為多。關於選堂先生的學術成就，當代東方學大師季羨林先生在〈《饒宗頤史學論著選》序〉中分別從「地下實物與紙上遺文」、「異族古書與吾國舊籍」、「外來觀念與固有材料」三個方面作了高度概括。本文僅據筆者的一孔之見，試就選堂先生的治學特點略作補充。

　　先生治學，可以「博古通今，東西融貫」八字當之，先生自

幼於中國傳統文獻（包括經史子集）早已熟諳在胸，又長期研治
甲骨文、金文及戰國秦漢文字，故對地下發現的新材料皆隨手
拈來，左右逢源。加上通曉英、日、德、法等國語文及印度、
巴比倫古代文字，這些使其在原始材料的佔有和運用上具有無上
的優越條件。打開先生的著作，幾乎每一種書都有一個自成體系
的資料細目。作者的許多真知灼見就是從這些翔實的材料中演繹
昇華而來的。先生羅致材料可謂不遺餘力，概括言之，時不分古
今，地不擇內外，取材不拘巨細，從新石器的陶片到現代科學的
資料，從亞洲近東直到歐美各地的史實，只要與論旨有關，概在
搜羅之列。讀先生書，無不為其旁徵博引及系統剖析的淵博學識
所折服。

其次，先生既有中國傳統文化的深厚根柢，又旁通西方治學
的門徑，故能認清時代學術的潮流，踴躍投身其中。從中國學
術發展史的角度來考察，二十世紀初至 90 年代，正是中國學術
處於「信古—疑古—證古」的轉型時期，在先生從事學術研究
和學術活動的七十年中，一直置身於每個時代潮流的最前列。
當今被稱為世界顯學的敦煌學、甲骨學、簡牘學，以及中外關係
史等，先生都不失時機地利用新出土的資料，致力於證古和釋古
的工作，努力開創新局面，並不斷取得令人矚目的新成果。對於
某些比較複雜然而具有重大研究價值的論題，先生一方面運用前
代樸學治經治史的經驗，深入闡明研究對象的內涵，同時又從人
類文化史的高度，追根溯源，揭示研究對象的本質及其演變的規
律，即從微觀入手以窺宏觀，故能極盡抉微發幽之能事，發前人

之所未發，令人耳目一新。

先生治學的第三個特點是，通過多種學科的互相滲透和交融，積極開拓交叉學科的新領域。從先生的論著中可以看到，有不少論題是幾個相關學科之間的交叉學問，過去很少有人注意，更無人做過深入的探討。先生憑藉他那淵博的學識和過人的才思，縱橫馳騁，常常有獨到的發現，如由卜兆記數推究殷人對於數的觀念；用滇蜀出土的故事畫擬測屈原所見先王祠廟的壁畫；從唐代石刻論述武后之宗教信仰；由《齊書》之昆侖舶論證海道之絲路並不亞於陸路；利用湖南寧鄉出土的人面方鼎推測楚地信奉黃老之學由來已久；由馬王堆《老子》後佚書論證五德終始之說實起於子思而非鄒衍。凡此種種，都是先生巧妙地運用多種學科的相關知識，近搜遠討，反覆鈎稽，可謂得心應手，令人信服。

在國際會議上，先生時有精警言論，匡正一般誤解，如在美國哥倫比亞大學召開的楚帛書研討會上，有人懷疑它是後人偽作的贋品，先生列舉若干鐵證，指出其疑所不當疑，是第一個指證楚帛書為確鑿可信的學者。在法京世界文字會議上，提出《漢字與詩學》的論文，糾正 E. Pound 對漢字偏重象形的錯誤；1986年9月，法國高等研究院宗教部慶祝一百周年紀念，舉辦世界禮學會議，先生提出〈《春秋》中之「禮經」及重要禮論〉，指出「禮」字的宇宙義，不能僅僅看成禮節，把它譯成 Ritual 並不妥當，足見先生對經學之理解精細入微，造詣高深。

要之，先生治學嚴謹而不拘泥，淵博而虛懷若谷，著作宏富而又汲汲於求新，故能高蹈獨步，無往而不利。

（三）

　　選堂先生在駢文、詩詞、書畫方面也有卓著的成就，不過為學術所掩，不大為人所深知而已。先生足跡，九州行其八，五洲歷其四。舟車所至，探奇訪勝，輒以詩詞記事抒懷；時為自注，考事徵文，蔚為大觀。論者以為先生以學人而有才人之詩，詩中有史，極具特色。1978 年，《選堂詩詞集》印行，輯有《選堂詩存》13 種，《選堂樂府》4 種，即為其代表之作，而其中《黑湖》諸集已譯成法語，宇內共賞，聲名遠播。至其所作儷體文尤為出色，在其近刊《固庵文錄・儷體篇》中，收錄駢文共 40 篇，「沉博絕麗，比之清人，惟孫星衍、凌廷堪可相匹敵。」（陳槃《書後》語）至於翻譯文字，典雅莊重，鏗鏘可以上口，於譯《梨俱吠陀・無無頌》，可以見之。其《近東開闢史詩》，為漢文第一部譯著，尤盡創闢之能事。1999 年，作為先生韻文、駢文創作合集的《清暉集》印行，內中「韻文集」收賦 13 篇，詩 17 種，詞 6 種；「駢文集」收頌、贊、銘、文、序等 30 餘篇。先生在〈跋〉尾中說：「余半生行役，五洲已歷其四。所到之地，多模山範水之篇，既寄心於無垠，聊密爾以自適。所作賦、詩、詞三類，皆韻文之屬；間亦取則伐柯，偶為儷體……茲總彙各稿，統名曰《清暉集》，以山水之作獨多故也。」季羨林先生為本書作〈序〉云：「選堂先生讀萬卷書，行萬里路，世界五洲已歷其四；華夏九州已歷其七；神州五岳已登其四。先生又為性情中人，有感於

懷，必發之為詩詞，以最純正之古典形式，表最真摯之今人感情，水乳交融，天衣無縫，先生自謂為詩人開拓境界，一新天下耳目，能臻此境界者，並世實無第二人。」

在書畫藝術方面，選堂先生也早有淵源。先生 6 歲即開始用毛筆寫字描畫，喜歡描繪各種人物，尤其喜歡畫佛像。12 歲正式從師，學習山水、花鳥、人物技法；師宗任伯年，曾將任氏作品通臨一遍。至 17 歲，他寫任派作品已可達到操縱自如的地步，為日後畫藝的發展打下堅實的基礎。此後又對中國傳統繪畫作窮幽探賾的研究。50 至 60 年代，先生畫風受南宗黃（公望）倪（雲林）、北宗馬（遠）夏（珪）影響最深，擁有南派的渾厚華滋和北派的奇雄蒼勁；70 年代以後，先生之山水技法轉向多元，上自宋代李唐、郭熙，下至清初四僧（石溪、石濤、八大、弘仁）和張風等，兼收並蓄，逐漸形成自己獨特的風格。白描人物畫則充分汲取敦煌白畫（壁畫畫稿）的精髓，深得國畫大師張大千的讚賞。先生書法初習漢隸，後臨魏碑，繼以碑法入行草，故其書清超醇雅，工麗雋妙。復規摹甲骨、鐘鼎、帛書、簡牘及歷代名跡，篆隸兼施，古樸雄渾，別具一格。先生以書款寫詩入畫，使詩情畫意融成一體，相得益彰。說者謂先生之書畫特點可以妙、雅、新三字概括。妙指題畫詩文雋妙；雅指書法醇雅；新則是畫法生新、畫意清新。可見先生不但詩、書、畫三者兼長，而且已經達到很高的藝術境界。1978 年，香港中文大學藝術系為先生舉辦書畫展覽於香港大會堂，並印行《選堂

書畫集》。此後又在新加坡、日本、韓國、泰國、馬來西亞等地舉辦了一連串書畫展覽，獲得了巨大成功。1986年，香港中華文化促進中心舉辦「饒宗頤教授從事藝術／學術活動五十周年紀念 —— 七十大壽書畫展」，氣魄十分雄偉：山水與題句交輝，法書則眾體競美。1989年，香港中文大學出版社出版《饒宗頤書畫集》。1991年，香港大學馮平山博物館主辦「饒宗頤書畫展」；1992年，香港藝苑出版社出版《選堂書楹聯初集》和《饒宗頤翰墨》；1993年，在廣東畫院舉辦「93廣州饒宗頤書畫展」，並由廣州嶺南美術出版社出版《饒宗頤書畫》；1994年，由中國美術家協會、中國書法家協會、中央美術學院、中國藝術研究院、中國畫研究院聯合舉辦「饒宗頤書畫展」於北京中國畫研究院展覽館，一時轟動京華藝壇，好評如潮，聲名大振。1999年，澳門基金會以澳門市花 —— 荷花為主題，舉辦「清涼世界 —— 饒宗頤書畫展」，同時出版《清涼世界》。2001年10月，中國歷史博物館舉辦「古韻今情」饒宗頤書畫展，同時出版《古韻今情・饒宗頤書畫藝術》書畫集；選堂先生特創作十八尺水墨荷花巨幅致贈中國歷史博物館收藏。不難想像，廣大書畫愛好者從這些接踵而來的「書畫展」和目不暇接的「書畫集」中，一定可以盡情領略先生的詩之情、畫之意、書之態、印之姿，或許會驚嘆先生的藝術造詣並不在學術之下的。

　　饒宗頤教授是位學富五車、著作等身而又多才多藝的學者兼藝術家。數十年來，先生足跡遍及世界的四大洲和神州大地，寫下了五十多部著作和四百多篇論文，總計達一千萬字以上，

此外還有無數的書畫佳作，是當今集學術與藝術於一身的一代英才。目前，饒宗頤教授的家鄉——潮州市和饒教授工作過的香港大學都分別建有「饒宗頤學術館」，以彰顯先生的生平業績及其對人類學術和藝術所作的卓越貢獻；而集先生著作之大成的《饒宗頤二十世紀學術文集》最近也由台北新文豐出版公司正式出版和發行。文集分 14 類 20 冊，洋洋大觀，人們可以從中領略饒宗頤教授七十年治學遊藝的發展歷程。

2003 年 12 月增訂

原載《華學》第七輯，2004 年 12 月，中山大學出版社

曾憲通，1935 年生，廣東潮安人。1959 年畢業於中山大學中國語言文學系，留校任教，主要從事古文字與出土文獻的研究。1985 年起任中山大學中文系教授，1990 年經國務院學位委員會批准為博士生導師。曾兼任中山大學人文科學學院院長、中文系主任、中國古文字研究會理事長、中國語言學會常務理事等職務。主要著作有《長沙楚帛書文字編》、《楚地出土文獻三種研究》（合著）、《曾憲通學術文集》、《古文字與出土文獻叢考》、《漢字源流》（合著）、《曾憲通自選集》、《出土戰國文獻字詞集釋》（主編）等。曾榮獲「廣東省優秀社會科學家」稱號。

選堂饒公與
夏文化研究

| 王 素 |

　　2023 年 2 月，是選堂饒公仙逝五周年，香港中華書局擬出紀念文集，饒公的學術助手鄭會欣先生負責組稿，我作為饒公二十世紀 90 年代獲邀赴港工作的內地學人之一，自是義不容辭。然而寫什麼，卻頗費躊躇。因為在饒公仙逝前，我已編撰三部著作、七篇論文，總結饒公對詩詞、書畫、碑銘、敦煌吐魯番文獻諸多領域的貢獻；饒公仙逝後，我又撰寫了一篇文章，回憶前揭諸論著的編撰過程，緬懷與饒公的交往行誼。[1] 饒公學問博大自是「無家可歸」，我則領域有限難免「江郎才盡」。冥思月餘，想起 2021 年曾與門生合撰〈盤庚遷殷與商代思想文化重構（綱要）〉長文[2]，多處援引饒公對夏文化研究的論述，而關於饒公與夏文化研究，學界從未有人專門總結，才決定以此為題撰寫本文。

1　王素：〈鑑千秋三致意　參萬歲一成純 —— 深切緬懷饒公選堂先生〉，原載《敦煌吐魯番研究》第 18 卷（饒宗頤先生紀念專號），上海：上海古籍出版社，2019 年，頁 11-20，後收入《師友自相依》，杭州：浙江古籍出版社，2021 年，頁 218-235。

2　王素、韓宇嬌：〈盤庚遷殷與商代思想文化重構（綱要）〉，《第八屆中國文字發展論壇》，鄭州：中州古籍出版社，2022 年 3 月，頁 92-111。

　　饒公是通才，在傳統文化領域，上下五千年，無不精通，其關注夏文化，至遲不會晚於 1939 年。因為是年，饒公應顧頡剛先生之邀，編纂《古史辨》第八冊《古地辨》，不可能不思考傳說中的夏代地名問題，[3] 是年饒公年僅 22 歲。1946 年，饒公出版《楚辭地理考》，據〈自序〉，此書為《古地辨》之一種，其中即有關於夏代地名考證內容（如開篇之〈高唐考〉即涉及夏桀伐岷山納瑤姬及棄元妃末喜故事）[4]。1949 年，饒公移居後來被他稱為「福地」的香港，在香港大學任教。1952 年，饒公招收了最早的助手和學生周鴻翔先生。周氏凡從饒公問學十一年（1952-1963），主要研習甲骨文，後來撰寫出版了《商殷帝王本紀》與《美國所藏甲骨錄》。[5] 此外，他還編撰了《夏史夏文化研究書目》。此書雖然出版較晚，但周氏對夏史夏文化的興趣，無疑源自早年饒公對他的影響。[6] 1959 年，饒公的甲骨名著《殷代貞卜人物通考》出版，該書卷一〈前論〉第一節〈論卜事起於殷前及卜用甲骨在地理上之分佈〉，曾追述夏代占卜事。[7] 當然，這些都僅是零散的點滴思考。饒公闡發對夏文化研究成體系的看法，則在 1982 年。

　　1982 年初，饒公發表〈明嘉靖汪本《史記・殷本紀》跋 ——

3　可惜《古地辨》因戰亂並未完成。後因種種緣故，亦未重新編纂。饒公〈論古史的重建〉有解釋（解釋與出處另參下文）。但有名為《新書序目》的目錄傳世。見《責善》第 1 卷第 3 期（半月刊），1940 年 4 月 16 日，頁 2-4。

4　饒宗頤：《楚辭地理考》，上海：商務印書館，1946 年；台北：九思出版有限公司，1978 年；收入《饒宗頤二十世紀學術文集》卷十一《文學》，台北：新文豐出版股份有限公司，2003 年，頁 71-210。

5　黎志添、徐艷蓮：〈周鴻翔教授訪談：香港記憶〉，香港中文大學《中國文化研究所通訊》2017 年第 2 期，頁 1-3。

6　周鴻翔：《夏史夏文化研究書目》，香港大學中文系，1990 年。另參王仲孚：〈書評：《夏史夏文化研究書目》評介〉，《台灣師範大學歷史學報》第 20 期，1992 年，頁 187-196。

7　饒宗頤：《殷代貞卜人物通考》，香港：香港大學出版社，1959 年。此據《饒宗頤二十世紀學術文集》卷二《殷代貞卜人物通考》本，北京：中國人民大學出版社，2009 年，頁 25-30。

兼論商殷之總年〉，先據《三國志・魏書・文帝紀》裴注引太史丞許芝條陳曹魏代漢的讖緯，僅提「周家八百六十七年，夏家四百數十年」，而不及殷；再據《晉書・束晳傳》記晳親見《竹書紀年》云「夏年多殷」，考論殷之總年，兼及夏之總年，小中見大，令人記憶深刻。[8]

　　同年 4 月 28 日，香港中文大學中國文化研究所主辦「夏文化研討會」，饒公就「殷因夏禮」問題作了長篇報告。[9]他認為：「目前要細談夏代文化」，因材料有限，固然「尚嫌太早」，但仍可從古《禮經》每記「夏祝」，思考夏、殷、周三代禮制傳承[10]，特別是根據文獻考察殷因夏禮的一些綫索。他舉二條例證：（一）夏初即以「十幹」紀日。夏末諸帝帝號有胤甲、孔甲、履癸，係以胤、孔、履等美名加天干為號，殷王名號如夋甲、陽甲、沃甲與之相同，夏、殷其他帝王用天干為名號者更多，周初方國宗室亦有以天干為名者。（二）夏禹即有「立主」之制。王肅《喪服要記》說魯哀公云「衰門起於禹」。衰門即凶門，亦即前代所謂「重」。《禮記外傳》云：「重，未葬之前以代主也，猶以生事之。」古代立主制度，在進廟正式立主前，先立一木，相當銘旌的杠，士長三尺，天子長九尺，稱為「重」。立重於中庭，將死者名字寫在銘旌上，置於重間，出殯時，舉重先行。《禮記・檀弓下》云：「重，主道也。殷主綴重焉，周主撤重焉。」這原是夏制，殷亦因之，並綴木主於

8　饒宗頤：〈明嘉靖汪本《史記・殷本紀》跋 —— 兼論商殷之總年〉，原載《馮平山圖書館金禧紀念論文集》，香港：香港大學馮平山圖書館，1982 年，收入《饒宗頤史學論著選》，上海：上海古籍出版社，1993 年，頁 23-30。

9　游學華記錄整理：〈中大召開夏文化研討會 —— 鄭德坤、饒宗頤、嚴耕望等八學者作專題論述〉，香港《大公報》1982 年 5 月 17 日第 4 版。

10　按周代置官，有夏祝、商祝、周祝之目。《儀禮・士喪禮》：「夏祝鬻餘飯，用二鬲於西牆下。」鄭玄注：「夏祝，祝習夏禮者。」賈公彥疏：「同是周祝，仰習夏禮法則曰夏祝。」《禮記・樂記》：「商祝辨乎喪禮，故後主人。」孔穎達疏：「商祝，謂習商禮而為祝者。」

重上。值得關注的是，饒公考論「殷因夏禮」完畢，意猶未盡，針對夏文化應該如何研究談了自己的總體看法，原文如下：

此外，我想借此機會說一說有關研究夏文化的材料和方法的問題。現在大家都把注意力集中在田野考古中探索夏文化的遺存，這無疑是十分重要的，夏文化的研究能否出現決定性的突破，有賴於這方面的努力。但是就夏文化的整體而言，地下遺存畢竟有它本身的局限性。而且遺存也不一定有文字標誌足以表明文化的內涵，所以，我們還得把考古遺存同傳世文獻結合起來進行考察和研究。儘管古籍中關於夏代的材料不多，但是許多零星的記載，卻往往透露着夏代社會的消息，有待我們進一步去發掘。值得特別提出的是甲骨文，在甲骨文中有許多關於商代先公先王的記載，在時間上應該屬於夏代的範疇，可看作是商人對於夏代情況的實錄，比起一般傳世文獻要可靠和重要得多，我們必須而且可以從甲骨文中揭示夏代文化某些內容，這是探索夏文化的一項有意義的工作。總之，我認為探索夏文化必須將田野考古、文獻記載和甲骨文的研究三個方面結合起來，即用「三重證據法」（原注：比王國維的「二重證據法」多了一重甲骨文）進行研究，互相抉發和證明。倘能在這些方面做出成績，那麼，我們對於夏代情況的了解將會更加具體而全面，那時來討論夏文化的有關問題，就可以說是「適時」了。我們期待着這一天早日到來。[11]

---

11 饒宗頤：〈談「十干」與「立主」──殷因夏禮的一、二例證〉，原載香港《文匯報·筆會版》，1982 年 5 月 11 日，收入《饒宗頤史學論著選》，頁 17-22，引文見頁 21-22。

　　饒公所談如何進行夏文化研究，有兩點重要啓示：一是探索夏文化，僅注意田野考古，僅注意文獻記載，僅注意甲骨文的研究，都難稱得法，必須將三者結合，用「三重證據法」進行研究，才有可能取得成績。二是甲骨文的研究尤其重要，因為其中關於商代先世的記載，特別是關於商代先公的記載，時間上與夏是平行或重疊的，本身就可看作是關於夏代情況的實錄。饒公在文中首次提出自創的「三重證據法」，顯然主要是針對夏文化而言的。1996 年，饒公的助手沈建華女史對「三重證據法」曾有綜合評述。[12] 2008 年，曾憲通先生發表對饒公「三重證據法」進行全面詮釋的文章，指出文字材料最為饒公所重。[13] 需要強調的是，在曾憲通詮釋饒公「三重證據法」之前，至遲在 2003 年前，饒公又與時俱進提出了「五重證據法」。饒公將前揭「殷因夏禮」文章改名收入文集時，在該文最後增加了一篇〈補記〉，提出「古史五重證」，下分直接證據和間接證據：直接證據下分實物（考古學資料）和文獻，文獻下再分甲骨、金文材料和經典材料；間接證據下分民族學資料和異邦古史資料，並以圖表示意（圖一）。[14]〈補記〉升級的「五重證據法」，也顯然主要是針對夏文化而言的。以原來的「三重證據法」與後來的「五重證據法」比較：前者的田野考古，即後者的實物（考古學資料）；前者的文獻記載，即後者的經典材料；前者的甲骨文，即後者的甲骨、金文材料。後者增加了民族學資料和異邦古史資料。二者均將考古實物資料排在第一，不同的是，前者將傳世文獻（文

12　沈建華：〈「無法而法」為至法　「三重證據」貴求真 —— 饒宗頤先生的治學風範〉，《文物天地》1996 年第 4 期，頁 2-4。

13　曾憲通：〈選堂先生「三重證據法」淺析〉，《華學》第九、十輯合刊號（饒宗頤教授九十華誕國際研討會論文集），上海：上海古籍出版社，2008 年，頁 33-38。

14　饒宗頤：〈談三重證據法 —— 十干與立主〉，《饒宗頤二十世紀學術文集》卷一《史溯：神話傳說與比較古史學》，台北：新文豐出版股份有限公司，2003 年，頁 16-18。

獻記載）排在第二，後者將出土文獻（甲骨、金文材料）排在第
二。後者增加的民族學資料和異邦古史資料，也都屬於文獻資料。
或許有人會因此認為，饒公對於古史研究材料，最重考古實物資
料。其實不然。如前揭曾憲通先生所指出，文字材料才最為饒公所
重。這一點極其重要！

1999 年，亦即「夏商周斷代工程」啓動三年後（該工程 1996
年 5 月正式啓動），饒公發表談「古史重建」論文。[15] 需要指出的
是，本文的寫作，應在前揭「殷因夏禮」論文〈補記〉之後。因為
饒公認為重建古史的途徑有三：

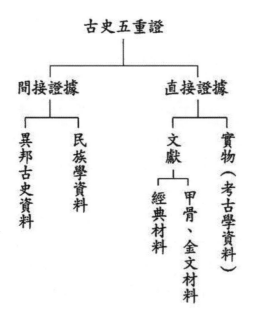

圖一：饒教授親繪五重證據法圖表

15　饒宗頤：〈古史重建與地域擴張問題〉，原載《九州》第 2 輯，北京：商務印書館，1999
年，頁 21-28，後改名〈論古史的重建〉，收入《饒宗頤二十世紀學術文集》卷一《史溯：
神話傳説與比較古史學》，台北：新文豐出版股份有限公司，2003 年，頁 7-11。下引饒
公云云，凡未另注出處者，均見本文，不再説明。

（一）盡量運用出土文物上的文字記錄，作為我說的三重證據的主要依據。

（二）充分利用各地區新出土的文物，詳細考察其歷史背景，作深入的探究。

（三）在可能的範圍下，使用同時代的其他古國的同時期事物進行比較研究，經過互相比勘之後，取得同樣事物在不同空間的一種新的認識與理解。

其中，第三條途徑提到異邦古史資料，寫作自然應在前揭「殷因夏禮」論文〈補記〉之後。值得注意的是，饒公在這裏將出土文獻排為第一條途徑，考古實物資料排為第二條途徑。因為饒公認為：「出土文物如果沒有文獻作為媒介說明的根據，直接的報道，只有考古學上的數據。」或者說：「僅有『物』的意義，沒有『史』的實證。」意思說：考古實物資料，如果沒有文獻（出土文獻和傳世文獻）解讀和實證，它只是考古學上的數據而已，對研究古史沒有幫助。

饒公在文中特別提到：「劉起釪先生在他的《古史續辨》序言，劈頭兒便談到《古史辨》第八冊的往事，我所擬的該書第八冊目錄，經於 1940 年在成都齊魯大學的《責善》第 1 卷第 3 期披露，至今已經歷了半個世紀。中間有些出版界人士要我照着該目錄重新加以編印，我因為工作關係沒有暇晷答應。其實，主要是我的古史觀有重大改變了。」這段話的意思是，饒公原來也是「疑古派」，贊同顧頡剛的「古史層累說」，但後來有了重大改變。饒公對於「懷疑古書種種的可信性」是極不贊同的，他認為動輒「懷疑」是一種「幼稚成見」。他在另一篇文章中也明確指出：「十年來新發現和新理解告訴我們許多事實，證明古書所說，還是可靠的！」[16] 他還指

16　饒宗頤：〈說巫 —— 甲骨文中的數字卦象問題〉，《饒宗頤二十世紀學術文集》第 2 卷，
　　北京：中國人民大學出版社，2009 年，頁 838。

出：「古代文明的高度常常超出我們的想像。」[17] 他特別強調：「我們要避免使用某一套外來的不切實際的理論去堆砌主觀架構，來強行套入，作出未能愜心饜理的解說，這是懶惰學究的陳腐方法。」他充滿激情地呼籲：「我們要實事求是，認真去認識歷史。今天三重資料（按指前揭三條途徑）的充分提供寶貴資料記錄，我們恍如走在山陰道上應接不暇，好像陳設滿漢筵席，讓我們好好去品嘗，時代要求我們去辨味、去咀嚼。我們現在可以見到的東西 ── 古史文物，已超過束皙時代汲塚所出的若干倍。古史的重建運動，正在等候我們參加，新的成果正待我們去共同努力。揭諦（go）！揭諦（go）！娑婆訶！」最後三個詞為佛教用語，意思是：去吧！去吧！會成正果的！

近代關於夏文化的研究，已經進行了一百年。河南偃師二里頭夏都遺址也已發現了六十多年。但關於夏文化是否存在？國內外仍有諸多不同看法。對於文明的界定，中國和外國，歷史學和考古學，標準雖然不盡相同，但有文字應該是共同的選項。然而，至今為止，並未發現夏文字。但難道沒有發現夏文字，就可以否定夏的存在嗎？這顯然是難以服眾的。只不過是尚未發現而已。蘇秉琦先生提出的「滿天星斗」（六大區系）到「多元一體」（中原文化為核心）的文化發展理論[18]，得到考古界普遍認同。前者屬於新石器時代，後者則進入了夏王朝。從文獻記載來看，孔子多次談到「夏禮」，《尚書》有〈夏書〉，《史記》有〈夏本紀〉，言之鑿鑿，夏之存在，是完全沒有問題的。《太平御覽》卷六一八〈學部‧敘圖書〉

17　饒宗頤口述、劉釗整理：〈甲骨文研究斷想 ── 為紀念于省吾先生百年誕辰而作〉，《史學集刊》1996 年第 3 期，頁 11-13。

18　蘇秉琦著，趙汀陽、王星選編：《滿天星斗：蘇秉琦論遠古中國》，北京：中信出版社，2016 年。另參秋蘭菁：〈滿天星斗，多元一體 ── 探索中華文明的起源〉，《國家人文歷史》2021 年第 15 期，頁 18-29。

引《呂氏春秋》曰：「桀將亡，太史令終古執其圖書出奔於商。」[19]
夏有文字也是完全沒有問題的。真正成為問題的是，在尚未發現夏
文字的情況下，如何研究夏文化？這就需要運用饒公專門針對夏文
化研究而新創的「三重證據法」、「五重證據法」、「三條途徑說」。
飯島武次先生主要運用考古實物資料寫出了《中國夏王朝考古學
研究》[20]，蔡哲茂先生主要運用文字文獻資料寫出了〈夏王朝存在新
證 —— 說殷卜辭的「西邑」〉[21]，說明即使沒有發現夏文字，也是
可以利用現有的考古實物資料和文字文獻資料，進行夏文化研究，
確認夏之存在的。饒公關於夏文化研究的成果雖然不多，但意義重
大，正在於此！

附記：我視饒公為師長，饒公待我為忘年之交。猶記 1995 年

19　呂不韋：《呂氏春秋·先識覽》作：「夏太史令終古出其圖法，執而泣之。夏桀迷惑，暴
亂愈甚。太史令終古乃出奔如商。湯喜而告諸侯曰：『夏王無道，暴虐百姓，窮其父兄，
恥其功臣，輕其賢良，棄義聽讒，眾庶咸怨，守法之臣，自歸於商。』」見《景印文淵
閣四庫全書》第 848 冊，台北：台灣商務印書館，1982-1986 年，頁 398。「圖書」作「圖
法」，又稱「守法之臣」，可見作「圖法」不誤。「圖法」指圖錄與法典，與「圖書」意
義不盡相同。

20　飯島武次：《中國夏王朝考古學研究》，東京：同成社，2012 年。另參飯島武次：〈二里
頭考古與夏王朝的真實存在〉，《歷史研究》2020 年第 5 期，頁 20-27。

21　蔡哲茂：〈夏王朝存在新證 —— 說殷卜辭的「西邑」〉，《中國文化》2016 年第 2 期（總
第 44 期），頁 47-51。按：本文認為：殷卜辭所見「西邑」，即傳世文獻《尚書》、《禮記》
與清華簡《尹誥》、《尹至》等所見之「西邑夏」；「夏」是周人對商之前朝的稱謂，商則
稱「西邑」。但從語言習慣看，商既稱「夏」為「西邑」，周稱「夏」為「西邑夏」，就
成為「夏＋夏」，顯得重複。是否有可能是商忌諱前朝的「夏」字，而有意迴避呢？因
為商之四季，卜辭也是只見「春」、「秋」、「冬」三字，而未見「夏」字。殷對農時與
季節不能說不關注。卜辭有「告秋」禮俗，祈禱秋天能夠豐收。還有「告麥」恒詞，雖
然存在不同解讀，但與麥子生長有關是無庸置疑的。據《禮記·月令》：「孟夏之月，農
乃登麥。」說明「告麥」時間應在夏季，但相關卜辭亦未見「夏」字。卜辭甚至連與「夏」
通假的字也未見。譬如「雅」與「夏」通假。《荀子·榮辱》：「譬之越人安越，楚人安楚，
君子安雅。」王先謙集解引王引之曰：「雅讀為『夏』，夏謂中國也。」卜辭未見「雅」
字。又譬如「牙」與「雅」通假。《尚書·君牙》：「穆王命君牙為周大司徒，作《君牙》。」
孔傳：「君牙或作君雅。」《禮記·緇衣》引《君雅》云云，鄭玄注：「雅，《書序》作牙，
假借字也。」卜辭亦未見「牙」字。「夏」、「雅」、「牙」均非冷僻字，卜辭皆未見，確
實很奇怪！附言：夏渌針對前輩學人認為殷商只有春、秋兩季，指出商代必知四季，這
應該是沒有問題的；但將卜辭中的「屯」改釋作「牙」，「春」改釋作「夏」，卻是有問
題的。見氏撰：〈釋甲骨文春夏秋冬 —— 商代必知四季說〉，《武漢大學學報》1985 年第
5 期，頁 79-85。

圖二：2002 年 10 月 16 日王素與內子李方在北京與饒公聚會

7 月至 10 月，我承饒公寵招，赴香港中文大學，依傍門牆，工作四閱月，其間，與饒公閒話，談到南宋王正德《餘師錄》曰：「文不可無者有四：曰體，曰志，曰氣，曰韻。」明謝榛《四溟詩話》謂「作詩亦然」。我接着漫談詩文行「氣」之道，饒公大為驚異，即以《選堂詩詞集》一部為贈。後來我敬呈《選堂詩詞集》書評一篇 [22]，饒公待我更開青眼，賜函稱「論拙詩，深入腠理」，而「知音之難，今古同歎」！沈建華女史也告訴我，饒公多次對她說：王素先生是我的知音。其實應該說：饒公才是我的知音。因為，我與饒公共同的興趣，並不限於詩詞，還包括書畫、甲骨、金文、簡牘、

22 王素：〈才人之詩・學人之詩・詩人之詩 ——《選堂詩詞集》窺管〉，原載《華學》第 2 輯，廣州：中山大學出版社，1996 年，頁 370-373，後收入郭偉川編：《饒宗頤的文學與藝術》，香港：天地圖書有限公司，2002 年，頁 95-104，增補收入《漢唐歷史與出土文獻》，故宮博物院學術文庫，北京：故宮出版社，2011 年，頁 533-538，增補再刊王素主編：《陶鑄古今 —— 饒宗頤學術藝術展暨研討會紀實》，北京：故宮出版社，2012 年，頁 174-187。

碑誌、敦煌吐魯番文獻等很多領域；當然，最有傳奇色彩的，是我
們合作研討敦煌出品西晉索紞寫《道德經》殘卷的真偽問題。饒公
與我先後都發表過關於索紞寫《道德經》殘卷的文章，饒公發表文
章時尚未有人說是偽作，我發表文章時已經很少有人說是真品。
2001 年，首都博物館公佈了敦煌出品西晉張儔寫《孝經》殘卷圖
版[23]，時代和書風與索紞寫《道德經》殘卷十分相近。2002 年 10 月
16 日，饒公由女兒清芬賢媛陪同到北京，下榻鄉人李嘉誠投資的
東長安街東方君悅大酒店，約我與內子李方前往一聚，商量就此題
目再寫文章。我與李方趕到酒店，與饒公相聚甚歡（圖二）。我與
饒公不久各撰一文，在《首都博物館叢刊》發表[24]，獲得歐美漢學泰
斗牟復禮（F. Mote）先生的讚許，也算一段佳話。相關情況，我的
〈鑑千秋三致意　參萬歲一成純〉一文已有交代，這裏不再贅述。
因此，驚悉饒公仙逝，內心悲痛，自是難以言表。又因喪紀在即，
而陸港遙隔，無緣親赴香江，舉銘旌、預執紼，送饒公遠行，更增
感傷。謹以此文，緬懷饒公對中華學術之貢獻，追思饒公對我本人
的仁惠恩澤。嗚呼哀哉！

23　首都博物館：《首都博物館二十周年紀念館藏精品擷英》，北京：燕山出版社，2001 年，
　　頁 204。

24　饒宗頤：〈索紞寫本《道德經》殘卷再論〉、王素：〈西晉索紞寫《道德經》殘卷續論 ——
　　兼談西晉張儔寫《孝經》殘卷 2〉，《首都博物館叢刊》第 17 期，北京：燕山出版社，
　　2003 年，頁 1-2、3-11。

王素：湖北武漢人。歷史學者、出土文獻整理研究專家。
1981 年武大歷史系碩士畢業。現爲故宮博物院研究員、中組
部代中央聯繫專家。「全國古籍整理出版規劃領導小組」成
員、「甲骨文等古文字研究與應用專家委員會」委員。參加或
主持《吐魯番出土文書》、《新中國出土墓誌》、《長沙東牌樓
東漢簡牘》、《長沙走馬樓三國吳簡》、《故宮博物院藏殷墟甲
骨文》、《故宮博物院藏有銘靑銅器》等出土文獻整理。個人
出版專著十八部，發表論文、書評等四百餘篇。

深切緬懷
饒宗頤先生

| 王　輝 |

　　我1978年考取四川大學歷史系碩士生，從徐中舒師學習漢語古代文字。入校後不久讀李孝定《甲骨文字集釋》，知道香港的饒宗頤先生1959年著有《殷代貞卜人物通考》，此前還有《日本所見甲骨錄》、〈海外甲骨錄遺〉等論文，是研究甲骨文的著名學者。同伍仕謙、繆文遠等老師說起來，才了解饒先生於古文字、考古、歷史、文學、詩詞、書畫皆深有造詣，是揚名海內外的文史巨擘。那時曾妄想：以後如能見到先生，當面請教，必是人生幸事。想不到後來還真的有了這個機會。

　　1980年，我寫碩士論文《殷人火祭說》。小文分析帝字在甲骨文中的用例，設想為禘之初文，是焚燒人、畜以祭祀天神，引申指天帝乃至商王。甲骨文中有木、束、索、寮、交、橋等大量用例，都是火祭。《說文》：「寮，柴祭天也。」《周禮·春官·大宗伯》：「以禋祀祀昊天上帝，以實柴祀日、月、星、辰，以槱燎祀司中、司命、飌師、雨師。」晉干寶《搜神記》：「湯既克夏七年，洛川竭，湯以身禱於桑林，剪其髮，自以為犧牲，祈福於上帝。」商代盛行火祭，對火極為崇拜。

　　《殷人火祭說》是我的處女作，青澀顯見。當時《甲骨文合集》剛剛出版，還未出齊，能利用的甲骨文資料主要來自日本島邦男的《殷墟卜辭綜類》，字形書主要也只是依靠孫海波的《甲骨文編》。多年後回過頭再看，小文存在不少問題。但小文 1982 年由四川大學學報叢刊第十輯《古文字研究論文集》刊出後不久，就被饒先生在一篇討論中東祆教（拜火教）的文章中引用了。我那時雖已年近四十，但因「文革」十年耽誤，學術上出道較晚，僅是一無名小輩，能得到饒先生這樣的學壇名宿垂顧，真是受寵若驚，這也大大增加了我學習和研究古文字的信心。過了幾年，四川三星堆遺址於建國後第一次發掘，其祭祀坑出土銅像多有被焚燒的痕迹，已故四川博物館前館長、考古領隊沈仲常先生在發掘報告中亦引拙文對此加以解釋。一篇小文，能得到兩位前輩肯定，差可自慰。

　　碩士畢業後的 1981 年，我到陝西省考古研究所工作。依所裏的規矩，新來者要先到考古工地學習發掘。我到秦都雍城、咸陽等工作站，跟隨陳國英、韓偉等先生學習，再後來到《考古與文物》編輯部工作。因為種種機緣，從 1984 年開始，我便以秦文字研究作為自己工作的重點。1990 年，拙著《秦銅器銘文編年集釋》由三秦出版社出版。1993 年，香港中文大學召開第二屆國際中國古文字學學術研討會，我與徐錫臺先生赴港，第一次見到饒先生，曾趨前問候請教。

　　1986 年，鳳翔南指揮村秦公一號大墓發掘結束，出土殘編磬 26 枚，我很快寫了論文〈秦公大墓殘磬銘文考釋〉，據磬銘「天子匽（燕）喜，龔（共）趄（桓）是嗣」斷定墓主為秦景公。考古界有不成文法，考古報告未正式發表前，研究論文不能發表，所以拙文十年後始刊於台灣中研院《歷史語言研究所集刊》第 67 本 2 分冊。在此期間，我已利用磬銘資料，寫了〈論秦景公〉（《史學月刊》1989 年 5 期）、〈由「天子」「嗣王」「公」三種稱謂說到石鼓

文的時代〉（台灣《中國文字》新 20 期，1995 年），及其〈補記〉（《中國文字》新 21 期，1996 年）。可能這幾篇小文引起了饒先生的注意，於是 1998 年招我到香港中文大學，寫《秦出土文獻編年》，作為他主編的「補資治通鑑史料長編稿系列」中的一冊。

在港寫作的幾個月，在我生平中是一段美好的時光。記得到港後不久，饒老來中大中國文化研究所，跟我說了他對叢書編寫的設想，寫作中要注意的問題。饒老賜對聯：「氣骨端凝仌（冰）雪淨，襟懷開朗月風清。」上款「王輝我兄正字」，下款「戊寅選堂」，鈐「饒印宗頤」「固盦」二印。饒老的字，出入篆隸魏碑，自成名家，我視之奚啻拱璧。中午，饒老招飯，沈建華、鄭會欣作陪，席間饒老談笑風生，極為愉快。

在中大時，我住會友樓。此樓是國學大師錢穆先生高弟余英時先生等捐建，傍山面海，環境清幽，幾十步外即是藏書豐富的錢穆圖書館。我平時寫作的地方在聯合書院教學樓一層饒老創建的香港敦煌吐魯番研究中心。中心在山上，沈建華、鄭會欣他們工作的中國文化研究所在山下。中心平時無人，只供外來學者用。屋中除二桌二檯外，三面通天花板都是一架架的書，大多是有關佛教、敦煌學的書，也有一些饒老的書。我寫作之暇，讀饒老的《老子想爾注校證》，或隨意翻讀佛教經典，大大開闊了學術視野。以至於回西安後我自購書，也常買一些佛經，讀之趣味盎然。在中大時，我也常與張光裕、沈建華、王人聰、曹錦炎會面，或看文物，或討論問題，或聊學人逸聞，或吃飯，其樂融融。

1998 年初，拙著《秦文字集證》正在台北藝文印書館排版，在港請饒老題簽，他很快就寫了。

在港時，按饒老的安排，我曾到香港中華文化促進中心作了一次關於漢字六書的講演。因為聽眾是普通學生和市民中的文字愛好者，所以我只能結合古文字作通俗講解，主旨仍不離清儒戴震的六

圖一：筆者在香港中華文化促進中心講演，左爲饒教授

圖二：饒老賜聯

書「四體二用」說。會間有人提問，饒老則發揮了他的「漢字樹」理論。饒老結合中外文物，討論文字起源，對我頗有啓迪。

2000 年，拙著《秦出土文獻編年》由台灣新文豐出版公司印行，饒老序稱：「三秦地區，近二十年來，出土文物豐富。秦陵以外，若鳳翔南指揮村秦公大墓石磬、禮縣銅器，皆曠世瑰寶。王輝君長年以來，服務於陝西考古研究所，經眼既多，造述尤夥，鴻文鉅著，久已沾漑學林矣。今之著錄，乃就歷年所得新資料，依其時代先後，條列排比，並附考證。起秦莊公未即位前《不其簋》，迄於二世三年，所收器物共 2145 事。凡此皆過去金石家錢竹汀、王蘭泉輩所未聞見，蔚為奇觀。作為拙編補通鑑繫年系列，尤見生色……本書將與馬氏之《秦集史》、徐氏之《秦會要》並行，大有功於史學。」饒老對拙著作了充分的肯定，說可以比肩前輩秦史專家馬非百的《秦集史》，以及清代孫楷原著、當代著名語言文字學家徐復訂補的《秦會要》。這當然讓我高興，但清醒後仍很惶恐。我知道拙著只是資料編年和一些粗淺認識，肯定不能望前輩項背。我理解饒老的話，更多地是對晚輩的鼓勵與督促。我會牢記饒老的教誨，把以後的事做得盡可能好一點。

與給其他書寫的短序不同，此序寫得較長。在序中，饒老還討論了秦人的族源、禮縣銅器的時代，特別是以兩千字的篇幅討論石鼓文的年代。饒老說：「王君考秦公一號大墓磬銘，據文中『天子匽喜，龔（共）趄（桓）是嗣』，斷為景公之器，是矣。連類論石鼓，亦為景公時物。故君書收石鼓文，次於盠和鐘之後，定其年代約秦景公五年或三十二年後數年之內。其證據除字形頗同於秦公大墓石磬之外，以石鼓有『天子囗來，嗣王始囗』之語，嗣王當指周王。在秦景公前後，周天子唯周靈王之子景王，或景王之子敬王可稱為嗣王。因景王季年有王子朝之亂，王室從此不寧，不可能遠涉汧渭。王君指出整個春秋晚期，僅秦景公有作石鼓獵碣一種可能。

所論甚有見地。由是言之,各家推論石鼓屬秦襄、德、文諸說,均不可信。君之考論已視前人為進步。」饒老對拙文作了部分肯定。但話鋒一轉,饒老則說他仍堅信石鼓文應作於周宣王時。饒老說:「愚一向以為石鼓為長篇聯章體,與雅頌可媲美。」饒老引石鼓文詩句與《詩·小雅·車攻》、〈吉日〉句子相比較;又說石鼓文「吳人憐丕」之「吳人」即《周禮·春官》之「虞人」,引揚雄〈羽獵賦〉,虞人為天子之官。饒老云:「涵咏十鼓之文,儼然王者氣象。尤以『天子永寧,嗣王始□』句,正類《吉日》之『天子之所』『以燕天子』之語氣,分明為周室獵於西陲汧渭之所作,非秦公偕天子同獵之措詞。蓋考文辨體,當先定其賓主,十鼓之詩,自以周王為主,秦人刻石,始皇相斯,皆文辭古簡,無十鼓之瑰麗。乃謂秦景出獵,並饗周王,於事理未合。十鼓信為自來畋獵文學之極品,後來衍生出漢人〈羽獵〉、〈長楊〉之鉅製,此非秦初列為諸侯局促一隅時所宜有。況出土文辭,除鐘磬較長篇外,至今未有第二類石鼓之製,故十鼓應為王室之作……余甚願學人放棄一般文字學觀點,撝搿字形之少數相似以論其時代;另從文學觀點,重新論此獵碣,或可取得更客觀之結論。」饒老批評包括筆者在內的很多學者只從文字學的角度看問題,光知道「撝搿字形之少數相似以論其時代」,卻忽視了從文學的角度考慮,以求「更客觀之結論」;又批評筆者「乃謂秦景出獵,並饗周王,與事理未合」。這批評很重,但語氣卻較委婉。二十多年來,我對饒老的說法雖不完全認同(我仍堅信石鼓文作於秦景公時),但也不敢吱聲。只是今年,拙著《秦文字集證》擬在商務印書館印行第三版,我才在相關章節的「校讀後記」中解釋了幾句。我理解饒老此說,乃是出於對石鼓文及中國文學的摯愛,以及他一貫堅持的求真求實、勇於探索的精神,這是永遠值得我們繼承和發揚的。寫序而能提出不同意見,饒老的正直也令我敬佩。現在,隨着年齡漸大,我有時也為朋友或晚輩的書寫

序或作書評，除了指出其優長外，間或也善意指出其不足，或就某些問題略述己見；對晚輩學者指出我舊作中的某些錯誤，多數也都能虛心接受。我想，這才是一個真正的學者應有的品格。這也是我深受饒老影響的結果。

　　1998 年之後，饒老仍時時關注着我學術研究前進的脚步。我每有新書出版，也多請饒老題簽。如 2002 年台灣藝文印書館印行的《一粟集 —— 王輝學術文存》、2008 年中華書局印行的《古文字通假字典》、2015 年中華書局印行的《秦文字編》、2016 年中華書局印行的《秦文字通論》等。

　　2006 年，香港大學舉辦「學藝兼修·漢學大師 —— 饒宗頤教授九十華誕國際學術研討會」，我受邀參加。會間，與會者參觀了饒老的書畫展，也去大嶼山東山看了饒老書寫木刻的心經簡林，對饒老的學問、才藝更加崇拜。記得壽辰當天，香港潮州同鄉會辦了壽宴，由幾名兒童演了講述少年饒宗頤勤學故事的潮劇，而饒老也

圖三：饒老九十壽宴前合影（前排右起：邢義田、筆者、饒老、李均明、陳永正）

樂不可支，與來賓會見，既像一位慈祥的長者，更像一位天真活潑的兒童。我不禁想：饒老生於潮州首富之家，但不同於一般公子少爺的玩物喪志，也不謀求繼承家產，經商擴展，而是嗜書如命，自學成材；他學貫古今，學通中西，識見遠超儕輩，能把學問做到極致；且又精熟琴棋書畫、喜美食、能舞劍、習瑜伽。對饒老來說，讀書、寫作、生活都是一種樂趣、一種享受，人生能達到這種境界的，古今極為罕見。

《秦出土文獻編年》出版後，受到好評。有幾位前輩和同行還希望筆者能隨時以文章的形式對之加以訂補。2002 年之後，我和幾位學生寫了四篇續補。2013 年，我與學生王偉（陝西師範大學文學院教授）編著的《秦出土文獻編年訂補》，將內容擴充到 4284 條，超過初版一倍。這年 9 月末，我到香港浸會大學參加《簡帛·古典·古史》學術研討會，會後同沈建華、李均明去港島看望饒老。當時饒老已 97 歲，由女兒、女婿陪同來飯店，精神仍好。饒大姐說，饒老已經不作文了，每天上午都在睡覺，但下午甚或前半夜仍在寫字、看書。我請大姐在饒老精神好時求給《訂補》題簽。回西安後不久，大姐就把饒老的字寄來了。2014 年該書由三秦出版社印行，遺憾的是因為編輯的疏忽，封面竟未用饒老的字，而用的是他們的集字。2022 年，王偉和他的學生孟憲斌編著的《秦出土文獻編年續補》即將由商務印書館印行，才用上了饒老九年前的題簽，算是稍補前愆。秦出土文獻的編年整理，二十多年來我一直在做，並為我的學生所繼承，但其最初，則是饒老招我到中大寫作開始的。從這個意義上說，饒老也是我學術上的引路人，大恩大德，我沒齒不忘。

饒老 2018 年辭世，享年 102 歲。日月不居，匆匆四載，但我對饒老的思念未或稍減。先生的學問、道德、心態，我們這代人恐怕無能企及了，但願自己還能讀書、學習，同時能像饒老那樣快樂

生活，為學術再做一點力所能及的事。

末了，附上我 1998 年在中大時寫的三首詩：

（一）薄暮中之填海工程

鏟車蠕動伴初月，躉船拋石猶未歇。

精衛不知飛何處，寧不來此做一瞥？

（二）聯合書院坊下瀑布

高坊雄峙小岑巔，下有飛瀑三疊懸。

琅琅聲聞百步外，恍如身在祇樹園。

祇樹園或稱祇洹祇陀祇樹給孤獨園，又省稱給孤園、祇園。園在古印度憍薩羅國舍衛城南，林木扶疏，池沼廣布，佛曾居此為僧徒說經。饒公在聯合書院教學樓設有「香港敦煌吐魯番研究中心」，其中多藏佛書。中心平時無人，訪問學者來，即在此工作。余居是室，寫作之暇，泛讀三藏經典，遂有此聯想。

（三）會友樓

傍山面海起層樓，俯視日日見群鷗。

時聚文友做佳會，吟嘯無須到九秋。

2022 年 5 月 12 日

王輝，1943 年生，陝西省高陵縣人。1967 年陝西師範大學中文系畢業，1978 年考取四川大學歷史系，師從徐中舒先生學習漢語古代文字。1981 年至今在陝西省考古研究所（院）工作，參加過考古發掘，長期編輯《考古與文物》，一度兼職陝西師大文學院，教授，博士生導師。研究重點爲周秦文字及古文字通假字整理。著作有《秦銅器銘文編年集釋》、《秦文字集證》、《秦出土文字編年訂補》、《秦文字編》、《秦文字通論》、《商周金文》、《儀禮注疏》（整理）、《一粟集 —— 王輝學術文存》、《高山鼓乘集 —— 王輝學術文存二》、《視月集 —— 王輝文存三》等。

饒公的長壽

| 吳振武 |

　　我和饒公接觸不算多，但他出的書卻買過不少，包括一些大本的畫冊。然而，認真讀過的則寥寥無幾。從前也承他老人家惠賜外間很難找到的《殷代貞卜人物通考》，這當然都靠沈阿姐（建華）幫忙。最喜歡的一本，當屬《固庵文錄》。接觸既不多，讀他老人家的大著又難說認真，就只能從我親歷的一些事來談談饒公的長壽。

　　記得 2018 年饒公謝世時，訃告上寫着「積閏一百零五歲」。毫無疑問，這不是一般的長壽。很多人看不懂「積閏」是什麼意思，這也不奇怪，傳統習俗和許多民間文化正日漸消失，區區語詞，也自然是越來越陌生了。而饒公，則正是一代文化的代表人物，這也可以「蓋棺論定」了。

　　一個人的長壽，因素會有很多。在我觀察，饒公的長壽，跟他的從容淡定、興趣廣泛、動靜有度、釋道襟懷……都有關係。

　　饒公腳力好。他年輕時是否開車，我不知道。晚年每週一次到中大，都是搭地鐵加步行，從大學站到他辦公室，不但要爬坡，路還真不近。所以 1986 年我們幾個師兄弟陪他從杭州去嚴子陵釣台遊覽，雖陰雨綿綿，他也是一口氣登上並不算矮的釣台。那年

他 70 歲，我們還不到 40，都自歉不如。2001 年，我和饒公同在長沙開會，陳松長兄邀我們去他家喝茶，但又反覆申明他住五樓且無電梯。陳兄是擔心饒公走樓梯爬五樓有困難。結果出乎預料，饒公也是一氣登上五樓，到二層樓時，還跟我笑說：你看，我才爬了一層，已經是二樓了。這腳力，這心態，不能不叫人佩服！

饒公顯然有良好的生活習慣。飲食少而精，無煙酒等嗜好，自不必說。他跟我老師于思泊先生一樣，都有晨起寫作的習慣，而且起得相當早。有一年我們在台北巧遇，同住在中研院的學術活動中心，每天早餐，只有我和饒公二人。讓我吃驚的是，連續兩天，饒公都在飯桌上，從西服內袋中徐徐掏出早起新寫的文稿命我幫看，我有補充意見，他則一一記在稿邊空白處。後來發表出來，還真把我提供的一些材料和意見引在文中，這自是叫人感動。饒公也打坐習靜，曾在一個飯局上，聽他和澳洲柳存仁先生大聊習靜心得，旁人都插不上話。柳先生也享高壽。

我們看饒公的書畫作品，會強烈感受到他的畫深受清代幾個和尚畫家的影響。看他喜歡寫的「心無罣礙」、「以無所思心，得大自在功」、「不染世間法，如蓮花在水」等，自然能察覺他的嚮往。回歸前的 1995 年，我在中大聯合書院和中文系訪學，有一次跟饒公一起在教員食堂吃飯，忘記因何話題，饒公遺憾中國人沒有一種宗教信仰，並以為將來的出路，是要有一種宗教信仰方好。他老人家的理想能否實現，我完全不能預測，但這是一個很能看出饒公思想的真實故事。

轉眼饒公謝世快五年了，我常想起他老人家，並時時念叨前輩不可及。最後引他的一件法書作結：

> 冰心一片具仙才，
> 作賦閒時便畫梅。

圖一：1986 年饒公遊嚴子陵釣台。左起：黃錫全、孔雲飛（曹太）、趙誠、曹錦炎、饒宗頤、湯餘惠、姚孝遂、吳振武、李若瑜（姚太）、何琳儀

圖二：與饒公在中大開會時合影，右一為作者

知有羅浮真本在，
雪中萬樹夢中開。

2022 年 8 月 5 日於長春

吳振武，男，1957 年生於上海，祖籍浙江杭州，歷史學博士。吉林大學前副校長，現任吉林大學考古學院古籍研究所匡亞明特聘教授。主要社會兼職有：中國古文字研究會會長（法人代表）、中國文字學會副會長、全國古籍整理出版規劃領導小組成員、全國古籍保護工作專家委員會委員、「古文字與中華文明傳承發展工程」首席專家。曾出版《吉林大學藏甲骨集》、《〈古璽文編〉校訂》等專著六部，獨立發表學術論文一百餘篇。

簡牘緣 ——
憶饒公二、三事

| 李均明 |

　　大學畢業後，可以說自己只做了一件事情，就是堅持不懈地從事出土簡牘的整理與研究，因而走過許多地方，也接受過多位恩師的教誨，結識不少的同行朋友：全國凡是有出土及收藏簡牘的地方，從全國各地到港、澳、台，大致都去過，也曾赴歐美日韓等參加與之相關的學術交流，但往來最多的還是長沙、蘭州、香港三地，曾四度在香港中文大學短期工作，累計約兩年左右，參加學術研討會及過境的機會則更多；事業發展的過程中，前輩的指點使自己少走許多彎路，倍感榮幸，而其中最具親切感的是饒公 —— 慈祥且儒雅，執中而不偏激，是我學習的榜樣，深刻影響着我下半生的行事風格，這一切皆可歸因於簡牘，故曰「簡牘緣」。

　　1991 年 6 月，經中山大學曾憲通師介紹，我結束在日本關西大學東西學術研究所的訪學任務後，取道香港回國，渴望拜見久仰大名的饒宗頤先生。到了香港的第二天上午，旋赴跑馬地饒公寓所促膝交談，聆聽先生指教。兩個多小時的談心，先從嘮家常開始，再切入簡牘主體，非常開心。

　　當談及我的祖籍在廣東博羅，是客家人，小時候雖在海外，住

的仍是客家大屋，可惜沒有機會到第一故鄉去看看時，饒公一下興致盎然地談起客家文化：從客家圍樓到客家美食之梅菜扣肉、釀豆腐等無一不通，也談及其先祖第十二世曾在潮州城賣客家豆腐，祖先曾在梅縣松口鎮銅琶村住過。知道饒公是地道的潮汕人，但與客家文化有着千絲萬縷的聯繫，所以終身致力於潮汕人與客家人的團結，《客家人》雜誌 2016 年第 1 期即以饒公為封面人物，彰顯其功績。2018 年 12 月深圳市潮汕商會給廣東客家商會贈送的，也是饒公題寫的「潮客一家親」墨寶花梨牌匾。

問及出身地，我說自己出生於印尼邦加島，那裏的海濱大多是雪白的沙灘，岸邊成排的椰子樹，風吹時沙沙作響，饒公話匣子頓開：說南洋風景確實很美，表示曾多次遊歷印尼諸島，侃談中爪哇的婆羅浮屠大乘佛教遺址、峇厘島的印度教。後來得知 60 年代饒公曾參考寫生稿及詠詩完成國畫《印尼都拍湖》的創作，90 年代又根據在印尼各地遊歷的素材，完成《爪哇秋色》稿冊，2005 年完成的《峇厘島神廟》，用金黃色彩勾勒出佛塔建築的輪廓，表現了佛國世界的輝煌，留駐了勝地美景。當我說為了找個比較好的學校，後來搬到雅加達讀書，放假時可以到茂物、萬隆附近的山地避暑時。饒公便說「是呀，那裏的山還有好多的故事傳說呢」。由於海拔高，山上的溫度確實比市裏涼爽許多。饒公所說應該就是覆舟山的傳說：一個頗為曲折的，關於達楊宋碧（Dayang Sumbi）和桑古里昂（Sang Kuriang）母子倆的悲情故事 —— 傳說覆舟山是被桑古里昂踢翻的大船形成的，但他自己也被洪水沖走了，過程頗為離奇。饒公遊歷此地後專門寫過〈念奴嬌・覆舟山・印尼最高火山也。用半塘韻〉。查詩詞網，文如下：

　　危欄百轉、對蒼崖萬丈，風滿羅袖。試撫當年盤古頂，真見燭龍噓阜。薄海滄桑，漫山煙雨，折戟沉沙久。

岩漿噴處，巨靈時作獅吼。 只見古木蕭條，斷权橫地，遮遏行人走。蒼狗寒雲多幻化，長共夕陽廝守。野霧蒼茫，陣鴉亂舞，衣薄還須酒。世間猶諾，火雲燒出高岫。

感覺饒公寫此文時心情頗為複雜，風俗民情使然也。我們在印尼歷經三代，上世紀 60 年代在排華浪潮中，全家隨着接僑船戈高里號歸國，從廣東湛江登岸，然後徑直乘火車到了廣西，在那裏唸的中學。談到廣西，饒公對它有着極深的情懷：他不僅對桂林山水讚賞有加，還感慨地說「我是抗戰勝利後從廣西出來的，在大瑤山的日子值得留念」，話語雖不多，內涵卻極為豐富。後得知 1943 年秋饒公曾應聘到遷往廣西桂林的無錫國專任教。1944 年日寇南侵，學校避入北流山圍村繼續辦學，饒公主講「文字學」和「歷代散文」，度過了最艱難的歲月，期間也完成了第一部詩集——抗戰史詩《瑤山詩草》的寫作。1946 年學校搬回無錫原址後，饒公回到了香港。2004 年秋，時隔 60 年後，饒公創作了一幅以勾漏山勝景為題材的國畫，在題款中寫道：

> 抗戰勝利之年，余執教國專，寓廣西北流，歷覽勾漏桃源諸洞之勝，有詩記之。頃追寫其景，猶夢中事也。甲申秋杪，選堂，八十有八。

陶鋼、陶桃著《饒宗頤在廣西》一書，記錄了饒宗頤兩進大瑤山，與廣西人民同甘苦、共患難，同仇敵愾的事蹟。切入簡牘主體後，首先向饒公匯報了在關西大學工作的情況和我國西北簡牘出土與整理的新進展：在大庭脩先生的主持下，關西大學東西學術研究所舉辦了居延漢簡研讀班，逐字逐簡進行研討，通過集思廣益，發現問題及解決問題，效果良好。關於西北漢簡，重點介紹敦煌漢

圖一：與饒教授在跑馬地新居合影

簡及居延破城子新出漢簡的情況。1978 至 1988 年間，敦煌出土多
批漢簡，尤其值得關注的是 1979 年在馬圈灣遺址出土的 1217 枚漢
簡，內容豐富，大量涉及玉門候官和大煎都候官，為研究這兩個候
官奠定了資料基礎，也為確定玉門關的位置提供了線索。1991 年，
中華書局出版甘肅省文物考古研究所編《敦煌漢簡》一書，公佈了
所有敦煌漢簡資料。再者，1990 年文物出版社出版甘肅省文物考古
研究所等合編《居延新簡》，公佈甲渠候官和第四隧遺址出土簡牘
近萬枚，其中能編聯的簡冊達數百，是以往所未見的。這兩批資料
的公佈，促進了簡牘研究的深入發展。當時也通報了正在進行的懸
泉置遺址的發掘，饒公聽後非常興奮。

　　西北文書簡大多出土於遺址中的灰坑，當初是做為垃圾被丟
棄的，所以殘片居多，能編聯成冊的則多發現於房舍遺址。對此，
饒公特別強調遺址與簡牘的關係。知道饒公曾首先提出過三重證據
法，在〈談「十干」與「立主」──殷因夏禮的一、二例證〉一文

李均明

中，提出要「將田野考古、文獻記載和甲骨文的研究，三個方面結合起來。」雖然此文是針對夏商文化的，但應用到簡牘整理，當包括簡牘自身與所在遺址及同出實物的關係，所以饒公特別重視遺址的性質，認為遺址性質與簡牘內容是不可分割的，所以對每一枚簡牘的出土位置乃至層位，都要引起充分的關注。

當時我也提出了簡牘文書簡的碎片化問題，充分展開討論，獲得饒公指點。對簡牘文書所見散札斷簡，除了盡可能做好綴合編聯外，還涉及對資料的整體掌控，即必須找出適當的架構形式把它串起來，以提高其使用效率及史料價值。以往許多學者多採用分類的方法構建體系，如羅振玉、王國維《流沙墜簡》將早期出土的敦煌漢簡按性質與內容分為三大類：一小學、術數、方技，二屯戍叢殘，三簡牘遺文。英國學者魯惟一《漢代行政文書》選擇居延漢簡中的 710 枚，按文書性質分為 40 多類。日本學者永田英正《居延漢簡集成》採用文書學的方法，對居延漢簡所見賬簿做了詳盡的分類。後來，我沿着文書學的路子，在《秦漢簡牘文書分類輯解》一書中將秦漢簡牘文書分為書檄、律令、簿籍、錄課、符券、檢楬六大類，其下再做二、三級分類。饒公無疑贊同文書學的分類方式，但指出其中還有很大的改進空間。同時又提出以繫年統合出土文獻的構想，比喻為「繫年排比，使如散錢之就串」，談了許多具體內容，當然也包括簡牘。饒公的構想後來通過「補資治通鑑史料長編稿系列」叢書得以實現。長編稿系列總序〈史與禮〉充分展現饒公的想法，重點有二：

一是極強的時空觀念，序文云：「吾國人習慣，時間觀念特強⋯⋯故古代史書，魯春秋與百國春秋之記事，大都『以事繫年，以日繫月，以月繫時，以時繫年』。杜預稱：『史之所記，必表年以首事，年有四時，故錯舉以為所舉之名也。』自汲冢所出紀年，暨晚近出土之雲夢大事記，莫不皆然。史家注重記事，為吾華史書傳

統之特徵，謂之編年一體。溫公之著通鑑，即援春秋之遺規而發展
為新體制者也。」「補資治通鑑史料長編稿系列」叢書正是沿襲這
一傳統時空觀而作之巨著。

二是重視資料的思想性，以禮為綱紀而明其義。提醒大家「近
人治史，過於重視史料，浸假有史學即史料之論。益以頻年地不
愛寶，新資料之出土，如瑤珠璇玉層出不窮。人競趨於新奇事物
之探索，史之舊義，淪胥以溺，幾無人過問。談史者重跡象而輕
義理……惟念甲骨、簡牘以至吐魯番文書、敦煌寫卷，皆近人所
重視之史料也。所記大都叢脞委雜，散乏友紀。究一事，窮一名，
著論者眾，殆如秦近君說字累萬言不能自休，葉彌茂而本彌乖，是
強其柯枝，而弱其幹也，顛倒之甚！學者終難以原始要終，得其條
貫。」主張對出土文獻所反映的社會背景、制度體系、人物思想乃
至風俗習慣要有全面的認識，才能了解其深層意義，不只是就事論
事，咬文嚼字罷了。而「禮」正是各種社會關係的集中體現，故饒
公云：「吾華重人學，史紀人事，必以禮為綱紀，此溫公之歷史哲
學，以禮字貫穿整部歷史，其說所以歷久而不磨者也。」

我與饒公合作撰寫的三部書，無一不遵從上述宗旨，但側重點
稍有不同。

《敦煌漢簡編年考證》一書側重於理順年代，內容的考證則以
按語的形式融入具體年代中。敦煌漢簡涵蓋年代比較長，最早見
「元鼎三年」（公元前 114 年），最晚為「永興元年」（公元 153 年），
歷史跨度達 267 年。編年以年代為序：其中以年號、年序完整者為
骨幹，如「五鳳二年」納入公元前 56 年位置，其下所見三月、七
月、九月則按月序排列，無月序者再置後。有年號無年序者置該年
號最後。有些簡牘雖然無年號、年序，但見月序及朔日（包括有日
干支而可推斷朔日者），亦可根據朔閏表及所見人物、事件等綜合
因素推定其具體年代。如《敦煌漢簡》（甘肅省文物考古研究所編，

北京：中華書局，1991 年版）1413、1414、1415 筆跡同，可綴合為一片木牘，據〈二十史朔閏表〉，牘文所見四至八月朔日與漢昭帝元鳳三年相應月份皆同，知其為該年曆譜，故納入元鳳三年（公元前 78 年）編年位置。有些簡文未見年號、年序，但根據所見人物或事件可推斷其年代範圍，如《敦煌漢簡》1755 之敦煌太守常樂、丞賢亦見於《敦煌漢簡》1304，而該簡見「五鳳二年」之年號、年序，則我們將 1755 簡附在「五鳳二年」（公元前 56 年）之後，表示此簡的年代當在五鳳二年前後二人任職期間。遵照饒公在此書《前言》所云「治漢簡當先通文例、明假借、審制度、稽名物、嫻熟史、漢常用字彙、慣語，以定其句讀」之導語，除了標點釋文，還在釋文後設按語，先對編年之定位給出充分理由，再詳細考證具體的事物與制度，例如將《敦煌漢簡》1449 簡定位在元平元年（公元前 74 年）後，指出該簡為買賣契約，漢簡稱之為「責（債）券」。然後考證其形式與契約制度，對較罕見的從契約做了特別說明：買賣契約中有時設附加條件，如簡文「過月十五日以日斗計」，屬懲罰性從契約。

　　《新莽簡輯證》一書不限出土地點，收錄西北各地出土的新莽簡牘。書中側重對名物制度的考證，分《釋文之部》與《考證之部》兩部分，但後者佔比過半。有明確紀年的編年始於居攝元年（公元 6 年），終於地皇四年（公元 23 年），歷 17 年。收入的 789 枚簡牘中，只有 197 枚有年號，其餘雖完全可確定為新莽時期物，但未知確切年代。《釋文附》輯錄諸書所見年代上限不早於新莽時期，但下限未能確定的簡文（有些可能是東漢初年的），供讀者參考。新莽簡用語特殊，可容易地從諸多簡牘中挑選出來：如數量詞「四」作「亖」，「七」作「桼」、「廿」作「二十」、「卅」作「三十」、「卌」作「三十」，貨幣稱做「泉」、「大泉」、「小泉」、「大黃布」，職官之「羲和」、「納言」、「作士」、「大使五威將帥」、「大尹」、「庶

尹」、「卒正」、「連率」、「六遂大夫」、「馬丞」、「徒丞」、「造士」，
地名之「六遂」、「保忠信鄉」、「閒田」、「甲溝」、「推木」之類皆
有別於兩漢用語。考證分為五大部分：一、數量詞與貨幣。二、職
官與秩級。三、郡縣與屯戍組織。四、詔書律令與司法。五、天鳳
三年西域戰役。上述考證不僅印證了史籍所見，亦補充了許多具體
細節。

　　饒公非常重視有關新莽資料的整合，為此書撰寫了比較長的前
言〈王莽傳與王莽簡〉，開端即云「1940 年余撰《新書序目》，刊
於齊魯大學《責善》半月刊第一卷第 3 期，作為該刊首篇，至今已
逾半個世紀，由於我的史學觀點的改變，故壓下遲遲未敢寫成書，
另一方面，亦在等待漢簡新材料的逐漸充實。」（早年還寫過〈西
漢反抗王氏者列傳〉、〈新莽職官考〉和〈新莽藝文考〉，諸篇簡體
橫排版刊於《饒宗頤二十世紀學術文集》卷 6）文中不僅有宏觀的
論述，亦有詳盡的考證。其中如對「初始」、「免書」、「王路堂」、
「封少昊之祀」、「以土德代火」、「折威侯匡」、「劉崇父蒲」、「保
忠信卿」、「黃室御」、「月令殘文」等的解析，言之有據。論述部
分主要闡明對待王莽的立場：堅持二分法，肯定其學術上的成就，
批判其政治上的反動。文云：「王莽和他的國師劉歆，在政治上是
失敗者，但在中國學術史上平情而論，應該給予應得的重要地位。
西漢成帝以後，學術上突出的貢獻，他們自是關鍵人物。」當然也
有批評，云：「王莽之拙於用，正坐於好時日小數，及事迫但求厭
勝的過度迷信，這亦是西漢經術迂謬的另一面反映。」政治上主要
是批判王莽的復古改制所造成的全局混亂，阻礙了社會的發展。文
云：「近人一般批評王莽，每每喜歡用『變法』二字，加諸他的身
上，其實他卻一味師古，失在於對古代制度的過度迷信，造成許多
災害。又好大喜功，發跡於符命，亦以符命亡國。漢兵臨城下，崔
發還說『周禮及春秋左氏國有大災則哭而厭之，宜呼嗟告天以求

救。』這簡直是囈語。對匈奴因被改名而抗命,勞師遠征,對外政策的蠻橫無理,更是鑄成大錯。有人說他有烏托邦精神,全不對頭。他喜歡改易名目,是出於對『改制』的誤解。董仲舒提出三代改制質文(《春秋繁露》第二十三),莽意以為制定則天下自平,能夠改制則可坐致太平,這是他的狂妄想法。他的濫改名號是一致命傷,往往一改再改,令人無所適從。他的師古、託古變成了泥古和惑古,像自製威斗隨行以像斗柄,自言『天生德於予,漢兵其如何』一類,完全是兒戲。」

2010 年之後,饒公曾約我到香港參加王莽史的寫作,由於當時我已應聘到清華大學協助李學勤先生進行清華簡的整理與保護,工作尚在初創階段,人手不足,不便離開,所以沒有成行,終成遺憾。待日後包括懸泉漢簡在內的重要資料公佈後,或有可能再完成饒公之遺願。

第三部為《居延漢簡編年 —— 居延編》一書,體例與《敦煌

圖二:與饒公合影,右起:李家浩、裘錫圭、曾憲通、駢宇騫、李均明

漢簡編年考證》相同。編年始於征和三年（公元前 90 年），終於東漢安帝永初五年（公元 111 年），歷時 201 年。又附晉武帝太康四年簡 1 枚及可能屬於漢章帝以後的簡牘 10 枚，收錄簡文凡 1780 例。其中新莽至東漢光武帝時期的冊書頗多，具較高史料價值。饒公序文對「復漢」、「更始」、「建始」、「漢元始廿六年」等特殊年號，又竇融事跡、班固行中郎將征北匈奴至居延、昭帝時蜀校士及犍為士卒參與西域工役事等專門做了考證。因為當時新出金關漢簡、地灣漢簡等屬於居延漢簡範圍的資料尚未公佈，無法收入，故此書僅算半成品。對整個西北簡牘而言，正如饒公所云「至肩水、懸泉之冊，誤竢其刊布以後，方可着手，猶有待也。」

　　我的首部論文集《初學錄》（蘭台網絡出版社，1999 年出版）結集時蒙饒公賜序，其中有一段寫道：「李均明先生顓志簡牘之業，從不旁騖，用心之細，牢籠之廣，辨析之精，早已度越前修，蜚聲海宇。」知道這是對我的激勵，深受鼓舞，決心不辜負前輩之厚望。同時也深深地感到內疚：其實我也有許多的興趣愛好，卻因為學術功底淺薄，無奈只能以勤補拙，集中精力，盡可能做好自己的本職工作，無力再顧及更多的事情了。僥倖的是愛運動的習慣仍常常情不自禁，而隨着年齡的增長，又在饒公的啟迪下，逐漸提升到生活所必需。記得在香港中文大學工作期間，每每與饒公碰面，他都要用很大的力氣跟人握手，且中午常以瑜伽打坐的方式休息，總給人以意氣風發，充滿好奇，童心永駐的感覺。有許多人在總結饒公的長壽之道，好心態固然是最重要的一條。例如齊魯壹點：《國學泰斗饒宗頤的養生之道》（《齊魯晚報》齊魯壹點官方賬號 2021-08-25）報道云：「有人將他與清末大學者龔自珍、王國維並提。他說，與他們二位比較，自不敢當，但我的好處是活得長命，龔自珍只活到 49 歲，王國維先生 50 歲，以他們 50 歲的成績，和我多活幾十年的成績比較，是不夠公平的；但龔自珍也的確『火氣』大了

一點，要不，可以更長命，成就更大；學問其實是積微之功，在於點滴之積累；人的生命如同蠟燭，燒得紅紅旺旺的，卻很快熄滅，倒不如悠悠火苗更長久地燃燒來得經濟。」可看出饒公在謙虛之餘也充滿着自信。從事出土文獻的整理與研究尤其需要長期的資料與經驗的積累，方能得心應手，而長壽也意味着更多的奉獻。況且對簡牘研究而言，近年來呈現的「井噴」狀態，新資料的湧現、新問題的提出，讓人目不暇接，驚喜不已，前景多麼誘人，更沒有理由不好好地活着來見證學術的繁榮！

我在香港中文大學工作期間，工作與生活上曾得到鄭會欣、沈建華二位學友無微不至的關照，多次應邀與張光裕兄打羽毛球，非常愉快，令人難忘，特此敬致謝意。

李均明，1947 年生於印尼邦加島，1975 年畢業於北京大學中文系古典文獻專業。畢業後入職中國文物研究所（今中國文化遺產研究院），曾任該所文物古文獻研究部主任、研究員，2008 年至今應聘爲清華大學出土文獻研究與保護中心研究員。長期從事出土文獻研究，曾參加銀雀山、居延、睡虎地、張家山等多地秦漢簡牘的整理及相關書籍的撰寫。已發表個人著作《簡牘文書學》等十七部、論文二百餘篇。

饒宗頤的「小學校」與法國皇港小學校

| 李曉紅 |

　　饒宗頤曾在汪德邁的建議和陪同下，兩次造訪鄉間皇港（Port-Royal des Champs）修道院和皇港小學校，並因此把香港大學饒宗頤學術館的外文定名為 "Jao Tsung-I Petite École（小學校）"。是什麼感悟了一代宗師？本文擬就此問題略作探討。

一、饒宗頤造訪皇港小學校的緣起

　　饒宗頤第一次去鄉間皇港時是 1993 年 11 月 25 日。他被授予法國高等研究院的名譽博士，是第一批榮獲該榮譽的三位外國學者之一。在參加巴黎索邦學府的典禮和授勳儀式之後，饒宗頤感到「心態反覺有點失去平衡，急需尋覓小憩來求安息。」慶典活動結束後，饒宗頤接受汪德邁的提議，在潮州同鄉陳克威、陳克光陪同下，二人在零下二度的寒冷天氣來到「距離巴黎只有四十公里的密林裏面另外一個世界」，[1] 皇港修道院所在地，探訪皇港小學校。

1　饒宗頤：〈皇門靜室的「小學」〉，摘自《饒宗頤二十世紀學術文集》卷十四，北京：中國人民大學出版社，2009 年，頁 198-199。

圖一：1993 年 11 月 25 日，汪德邁陪同饒宗頤第一次
造訪「皇港小學校」

　　皇港小學校「曉山寂靜，萬木齊暗，悄無人聲，先早已下降的
霜霰，吞噬了修道院屋頂的羅馬瓦，覆蓋上一片白色的縕袍，好像
象徵當年那些刻苦修行的冉森教徒（Jansénistes）捨身為尼脫離塵
俗虔事上帝的貞潔。」[2] 在〈皇門靜室的「小學」〉一文中，饒宗頤
對此的描寫更淒冷，他心中不忍，聯想到當年刻苦修行的冉森教徒
世界的寒冷……「面對着四人才可合抱的古松屹立不動與習習寒風
中表現『歲寒後凋』的節概，令人想起巴斯卡（Blaise Pascal, 1623-
1662）當年（1656-1657）隱居此地為冉森教徒侃侃申辯的十八件《地
方通信》（Les Provinciales）曾被人譽為天才作品所表現的不屈不
撓的精神。」樹的高大和不畏寒風的氣概，使他聯想到巴斯卡在王
權、教皇權雙重強權壓力下不屈的氣度。文中處處可見饒公對巴斯
卡文章內容熟悉的程度。接着，饒教授的感歎更在「寒」字上下功
夫：「此刻年律將窮，道院重門深鎖，方塘冷蔓，寒水淒然，益增
蕭條與神秘」，饒宗頤更提到：「道院於 1711 年受法王勒令拆毀，

2　同上。

幾歷滄桑，真令人充滿發思古之幽情。宗教和詩糅合的魅力產生了歷史上不少偉大人物，使這一座荒涼冷落的門庭成為法蘭西文化的溫床之一。」饒宗頤的思古幽情表達了他對宗教和國王權威勢力文化鎮壓之憤怒和對悲情的冉森派文人命運的同情。

饒宗頤在〈皇門靜室的「小學」〉一文裏觸景生情、觸「靜」生義，曾寫過這樣一段詩一般的話：

> 人在天地之中渺小得像一個不可知的斑點，亦像一根蘆葦，很容易被一陣風所摧折⋯⋯面對無限的宇宙，永遠的岑寂給人以無限的恐懼。在無限的周遭，處處可以是中心，而何處是圓周，卻煞費思量。

饒宗頤教授第二次來皇港，是在百齡高壽的時候。2017 年 6 月 26 日，在遠涉重洋到法國參加畫展開幕式的前一天，饒宗頤堅持要重訪皇港小學校。1993 年冬天饒宗頤和汪德邁來訪時，他們站立的同一個位置上，簇擁着饒門三代。饒宗頤在汪德邁、香港大學饒宗頤學術館副館長鄭煒明、筆者和旅法藝術家李中耀等人陪同下，重返這個凝聚了法國思想改革精神的重鎮。走進皇港小學校博物館，最醒目的藏品莫過於描繪當年培養出法國數學家、哲學家巴斯卡、劇作家拉辛（Jean Racine, 1639-1699）等「小學校」時代精英的巨幅歷史油畫（皇港畫家 Philippe de Champaigne）。饒教授仔細地看畫作，心情非常好，甚至有些激動。當天下午，筆者接到「皇港小學校博物館」領導的郵件，那位領導對有幸能夠接待饒宗頤教授一行人感到十分榮幸。饒宗頤以百歲高齡再一次來此圓夢，向法國古典學、向法國文學先驅致敬，先生對他者文明尊重與借鑑的精神可見一斑。

二、凝聚法國古典學（文獻學）精神的皇港小學校精英文化

　　冉森派教士自認為是十七世紀上半葉在法國流行的天主教的一個流派，該流派創始人為荷蘭神學家冉森（Cornelius Otto Jansen, 1585-1638）。在歐洲宗教史上，該流派與天主教的教派時分時合、若即若離，教徒們甚至可以多次在兩者間更換信仰。除了進行宗教改革外，冉森派教士還從事學術研究、文學創作和教育等活動。皇港小學校的老師和學生中有許多冉森派的信徒，學校與冉森派的理念多有交集，於是，皇港成為法國冉森派基督教之家。1637 年，在傳統神學與王權結合的背景下，皇港小學校在巴黎南邊的皇港修道院設立，成為法國初等教育改革的新開端，後來成為反叛王權與宗教勢力的重鎮。

（一）皇港修道院犧牲精神、冉森派的改革理念

　　鄉間皇港修道院（Port-Royal des Champs），修建於十三世紀。1204 年，與法國、英國皇室家族有諸多聯繫的法國女貴族馬蒂爾德・德・卡赫朗德（Mathilde de Garlande）[3] 選中了與佛德塞納（Vaux-de-Cernay）修道院相距不遠的一處叫 "Porrois" 的濕地，建立了「鄉間皇港（女）修道院（Abbaye Port-Royal des Champs）」。「皇港」一詞與法文 "Porrois" 的發音相關。人們只取 "Por" 和 "rois" 的法文發音，其實與 "港口 port" 並無關聯[4]。"roi" 法語本身指的是國王，"royal" 則有皇家的意思[5]，是「皇室家

3　Hans Urs von Balthasar *Pascal et Port-Royal*（《巴斯卡和皇港》）, Arthéme Fayard, 1662, p. 20.

4　*Noms de lieu d'île-de-France*（《法國中心「島」地名》）, M. Mulon, 1997.

5　此處加入「皇家」概念筆者認為是重要的，有些文章或書籍的作者或譯者翻譯此詞按「波爾羅亞爾」的音譯，此譯法欠妥。

族」之延伸。皇港修道院從一開始就與皇權聯繫在一起。[6]

十六世紀末到十七世紀初，出身於顯赫法官世家的阿爾諾（Arnauld）[7]家族的昂熱里克嬤嬤（Mère Angélique 1er Jacqueline Marie Arnauld）任皇港修道院院長。她主持的皇港女修道院以極簡生活、苛刻制度、與世隔絕的特徵著稱，其指導思想與冉森派傾向放棄世界，過隱居生活理念相通。1609 年以後，昂熱里克嬤嬤對修道院進行改革，嚴訂院規。此舉讓皇港修道院的「名聲」更為出名，吸引了大批出身顯貴的年輕女子來到此地，人數最多時達 80餘人。1625 年，皇港修道院的昂熱里克嬤嬤和部分皇港修女們前往巴黎躲避瘧疾，買下聖‧雅克（Saint-Jacques）街區附近的旅館[8]，發展為巴黎皇港修道院（Port-Royal de Paris, 今為一軍事學院）。直至1638-1639 年間[9]冉森派的一群苦修士[10]被法院驅散回到鄉間皇港，此潮流反覆達十年之久。

皇港修道院以犧牲精神和創立新思想理念而聞名。昂熱里克嬤嬤通過冉森派代表人物、胞弟羅伯爾‧阿爾諾（Robert Arnauld

---

6　參見 *Chroniques de Port-Royal*（《皇港紀事》），N° 55, Paris, 2005, p. 9. 此節文字主要摘譯自（美）布魯斯‧L‧雪萊著、何兆武譯的《基督教會史》（2012 年再版），並參見拉辛（Jean Racine）*Abrégé de l'histoire de Port-Royal*（《皇港史略》），Paris: Payot & Rivages, 2015, p. 29.

7　何兆武譯《基督教會史》譯為阿諾德，由於其中兩個字母發音是用英語發音。因此，筆者此處按法語發音譯此名：阿爾諾。

8　即今天地處 "Port-Royal 皇港" 大道上的「皇港軍醫院」所在地。

9　冉森派苦修士如：昂熱里克嬤嬤的侄子，律師、人文教育家安東尼‧勒邁斯特（Antoine Le Maistre 或 Antoine Lemaistre, 1608-1658）和他的兄弟西蒙‧勒‧邁斯特（Simon Le Maistre 或 Simon Lemaistre，參見拉辛 *Abrégé de l'histoire de Port-Royal*, p. 64.

10　「苦修士（Solitaires）」指退隱後生活在皇港的人，相當於苦行僧。在此刻苦修行、嚴謹好學，即被饒宗頤先生稱之為「宗教盟友（Solitaires）」，與汪德邁教授在〈饒公選堂之故事〉一文所稱的「皇港修士先生（Les messieurs de Port-Royal）」都是同一意思。將皇港修道院的修女和修士前特加「皇港」二字：皇港修女和皇港修士先生。本文擬採用「皇港修士先生」的說法。參見拉辛 *Abrégé de l'histoire de Port-Royal*, p. 62. 另參見饒宗頤：〈皇門靜室的「小學」〉，《饒宗頤二十世紀學術文集》卷十四，北京：中國人民大學出版社，2009 年，頁 172-173。參見汪德邁撰，李曉紅、周軼倫、房維良子譯：〈饒公選堂之故事〉，《國際漢學通訊》，2014-6，第 9 期，北京大學出版社，2014 年，頁 250。

d'Andilly，國務顧問、財政問題專家）約請到聖‧西蘭修道院的
住持讓‧杜維耶德奧拉納（Jean Duvergier de Hauranne，後被稱
其為聖‧西蘭，Saint Cyran, 1581-1643）修士來擔任皇港修道院精
神輔導神父[11]。1637 年聖‧西蘭修士創立皇港小學校。「修士先生
（Les Messieurs）」們推崇最偉大的古羅馬時期思想家聖‧奧古斯丁
基督教的哲學與文學思想，尊崇冉森派教義，愛好希臘文學、拉丁
文學，崇尚政教分離，拋棄優厚待遇、名利權位，孤獨隱修、自我
懺悔，饒宗頤將他們稱為宗教盟友（Solidaires）[12]。此理念正與饒宗
頤簡樸生活、嚴謹律己的追求相吻合，在他身上同樣體現了皇港時
代巴斯卡般的隱士精神。冉森撰寫的《奧古斯丁傳》在他去世兩年
後出版。這本書後來成為反映冉森派主要精神的著作，也成為皇港
小學校學習經典注疏的基礎之一。

　　因冉森派基督宗教宗旨於新教（Protestant）教義相近，不久便
遭皇室與教廷鎮壓，鄉間皇港修道院於 1709 年後被徹底鏟平[13]，皇
港修道院、皇港小學校自此夷為廢墟。

11　聖‧西蘭修士曾與冉森派創始人、荷蘭人 Jansen 冉森（Cornelius Otto Jansen, 1585-
　　1638）是比利時天主教魯汶大學（Université de Louvain）時期的同學。

12　「苦修士（Solitaires）」指退隱後生活在皇港的人，相當於苦行僧。在此刻苦修行、嚴謹
　　好學，即被饒宗頤教授稱之為「宗教盟友（Solitaires）」，與汪德邁教授在〈饒公選堂之
　　故事〉一文所稱的「皇港修士先生（Les messieurs de Port-Royal）」都是同一個意思。將
　　皇港修道院的修女和修士前特加「皇港」二字：皇港修女和皇港修士先生。本文擬採用
　　「皇港修士先生」的說法。參見 Jean Racine, *Abrégé de l'histoire de Port-Royal*, p. 62.

13　Madeleine Horthemels（1686-1767），*Port-Royal ou l'abbaye de papier*（《皇港或紙跡上的
　　修道院》），Yveline dition（伊芙麗出版社），2011, p. 9.

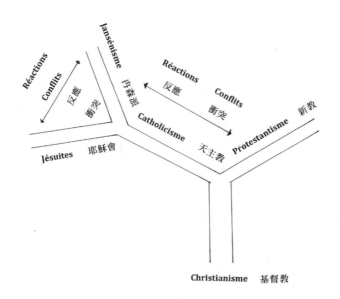

圖二：十七世紀法國宗教勢力關係示意圖[14]

（二）皇港小學校的治學方法、修行方式與古典學自學模式、精神生活隱修模式

聖‧西蘭修士於 1633 年將冉森派信仰與理念帶至法國。1633 至 1636 年期間，在皇港修道院，他用新思想教孩子，主張苦修[15]，認為教育會對人的信仰產生重要影響。從 1637 年開始，聖‧西蘭修士開始給小眾孩子授課。其中包括修士本人的侄子、拉辛的表姐等，後又增加了三個窮人家的孩子，這就是小學校最初階段。聖‧

14　基督教（le christianisme）分為三個分支：長期以來一直自認為堅守原基督教教義「普世價值」的天主教（le catholicisme）、出現於十六世紀的新教（le protestantisme）和東正教（l'orthodoxie）。在法國，主要是天主教和新教之間的分歧導致宗教衝突。冉森派只是天主教的一個流派，是羅馬教皇不承認的思想流派。冉森派與基督教一樣，反對只有教皇可以解釋《聖經》（此圖與圖解概念源自法國阿爾多瓦大學韋特 Myriam White 教授，在此致謝）。

15　Jean Racine, *Abrégé de l'histoire de Port-Royal*, pp. 51-60.

西蘭修士因牢獄之苦死於 1643 年。1651 年之後的皇港小學校是其最興盛時期。皇港修士先生們用改革精神教書，用啟發式方法論創新。小學校成為法國當時古典學的中心。聖・西蘭引入精神修養理念，但他仍遵循天主教改革路線。該小學教育具有嚴格的基督教特徵，講究科學方式，尊重宗教信仰。聖・西蘭對奧古斯丁主義觀念有所更改，把「救贖」放在首位，他敏銳地感覺到所承擔的人類責任感，並堅信每個人的道德應該完美無缺[16]，他的授課理念就是通過以身作則來啟發學生。

　　皇港的教學則具有明顯的綜合性因素。老師負責訓練學生在道德和宗教方面的情操，老師必須嚴格律己去教育和祈禱，只有週日方可休息。老師要求學生根據課本，不斷總結基督教真理，並長期以此為目的撰寫聖・西蘭倡導的神學。

　　皇港小學校並非免費教育[17]，生源多來自富有家庭。學校嚴格遵守相當人性化的作息時間。一份 1653 年以後的作息時間日程表示孩子們（對大孩子）五、六點（對小孩子）起床後即學習，到八點吃早飯。上午上課，十一點要自我懺悔吃及午餐。接着是閱讀歷史時間。休息個半小時或兩小時後再工作到三點。然後他們可以獲得一些零食，繼續上課到晚上六時。六時以後，遊戲活動可以讓孩子們玩到八時，晚上九時必須休息。聖・西蘭很滿意這樣一種他認為理想的治學體制。

（三）以冉森派為代表的法國十七世紀古典學（文獻學）貢獻

　　冉森派學者以改革的理念教授語言學、邏輯學、翻譯學、修

16　Louis Cognet（路易・高涅）, *Les Petites-Ecoles de Port-Royal*（皇港小學校）, cahier de l'ALEF, 1953, pp. 3-5, p. 19.

17　Ibid, pp. 19-29.

辭學。同時期的耶穌會提倡拉丁文，卻不學希臘文。皇港小學校教授更多古典文學如希臘文、拉丁文，並開始用法語教學，撰寫新版法語語法書，皆為前所未有。另一方面，傑出的拉丁問題專家（Latinist）、希臘問題專家（helléniste）皮埃爾·尼科爾（Pierre Nicole）、阿蒙（Hamon）醫生以及教育學家兼語法學家（le pédagogue et grammairien）克勞德·蘭斯洛特（Claude Lancelot）都曾在此授過課。

　　該校提倡著書立說。巴斯卡的姐姐雅克琳·巴斯卡（Jacquelines Pascal）[18] 在該小學任教，她寫過幾本將教學理論付諸課堂實踐的課本：《兒童守則》（*Règlement pour les enfants*）、《完美或不完美的修女形象：每日室內須知》（*L'image d'une religieuse parfaite et d'une imparfaite : avec les occupations intérieures pour toute la journée*）。至於巴斯卡創造新的閱讀方法，見於《對任何語言皆可使用的新簡易學習閱讀方法》（*Une nouvelle manière pour apprendre à lire facilement en toutes sorte de langues*）[19] 一書。具有古典希臘文基礎的克羅德·蘭斯洛特（Claude Lancelot）創立了法國歷史上第一部語法標準書：《皇港之語法學 1660》（*La Grammaire de Port-Royal 1660*）。儘管存在細微缺陷，但他「強制」性地使用法語語法，令書成功多次再版。克羅德·蘭斯洛特在 1665 年還出版了 *Nouvelle méthode pour apprendre facilement la langue grecque*（《新法輕鬆學習希臘語》）。安東尼·阿爾諾（Antoine Arnauld, 1612-1694）編寫的邏輯學教科書《皇港之邏輯學 1662》（*Logique de Port-Royal*）都

18　參見 C. Savreux, 1665, in-12°, p. 464.

19　根據法國國家圖書館 1962 年出版的研究《巴斯卡，1623-1662》（*Blaise Pascal, 1623-1662*），這篇文章收錄在《皇港之語法學》第六章，*Grammaire générale et raisonnée de port royal*，即：*La Grammaire de Port-Royal*（1660）。

是當時最前沿的著名教科書。由勒邁思特・德薩西（Lemaistre de Sacy, 1613-1684）先生解釋和完善的《聖經》的翻譯，從《聖經》中找出依據，給予合適的經注解釋。勒邁思特・德薩西打破用拉丁文或希臘文翻譯的慣例，特別用法文翻譯，這些舉動在當時是革命性的，驚世駭俗的。這本新譯本被譽為最完美的譯本，它以《皇港聖經 1657-1696》（*Bible de Port-Royal 1657-1696*）為書名聞名於世，沿用至今。

工具革新也是皇港小學校時期的創舉。他們用金屬筆替代羽毛管筆。這個在當時有爭議的小學校培育了像拉・羅什福科（La Rochefoucauld, 1613-1680）和德・拉斐特夫人（Madame de Lafayette, 1634-1693）那樣偉大的作家，甚至法國最偉大的劇作家拉辛也在皇港小學校汲取了極其豐富的文學與修辭學等精神營養。法國最偉大的科學家、哲學家巴斯卡受父親艾基納・巴斯卡（Étienne Pascal, 1588-1651）影響接受了冉森教義，同情冉森派並極力為其辯護。《致外省人信札》（*Les Provinciales 1656-1657*）[20] 中的 18 封信，揭露了耶穌會士們的虛偽，每公開一封就被人搶購一空，此信札當時被人譽為是天才的作品。巴斯卡《思想錄》書中閃爍着人文科學理念的火花，嚴謹縝密的邏輯思維能力，讓人看到他科學家的一面。同時，由於對上帝信仰的虔誠，他瘋狂地為《聖經》和所產生的奇跡辯護，他既理智又矛盾，顯現了他作為哲學家的一面。

由於皇港修道院的被毀，宗教鬥爭的參與者被驅逐出法國，至

---

20 巴斯卡「信札」的題目翻譯，饒宗頤先生翻成〈地方通信〉，實際上巴斯卡是假借一個巴黎人的名義，用虛擬語氣寫給「外省人」的「信」。參見饒宗頤：〈皇門靜室的「小學」〉，《饒宗頤二十世紀學術文集》，卷十四，頁 172-173。

今遺留文件很少。根據文獻所示 [21]，皇港小學校存在的時間是 1637-
1660，與冉森派興衰與被滅時間（1637-1660）相近。法國十七世紀
是國王、羅馬教皇、耶穌會與冉森派之爭最激烈的時代，某種程度
上可說，皇港小學校是法國十七世紀文化史的縮影，是聚集在鄉間
皇港知識份子（皇港修士先生和修女）教育鏈的統稱。當時皇港小
學校師資的智力與教學素質無人比擬，他們的古典學成就，包括語
言教學、實踐標準化、新教學方法的創新和以法語為基礎，不再使
用拉丁文，加上修辭學、翻譯學、語法學所呈現的高水準都令人佩
服。[22] 他們從耶穌會傳統教育系統中以拉丁文為主要教學語言的爭
脫出來，提出革新理念，嘗試新方法。部分教科書、教學筆記至今
仍為教育界沿用。冉森派書籍與文獻成為反耶穌會教權思想統治的
重要歷史資料，這場文化運動曾極大地鼓舞了當時新興的人文主義
思想。以冉森教派教徒為主體的鄉間皇港小學校被毀，悲劇式地留
在歷史史冊上，給人無盡的沉思。

三、饒宗頤對皇港小學校經典注疏精神之感悟

　　饒宗頤教授對皇港修道院及皇港小學校的兩次專訪，使他對西
方的古典學、對皇港小學校實施的經典注疏傳統、尤其是歐洲特有
對《聖經》解讀（或詮釋）的傳統有所了解。法國的社會、宗教和
文化變革濃縮在皇港小學校的興衰往事中。對饒宗頤教授來說，如
同揭開塵封歷史，讓廢墟前的這位東方學人產生極大共鳴。在第一

21　據悉為：Madeleine Horthemels, *Port-Royal ou l'abbaye de papier*（《皇港或紙跡上的修道
　　院》）、路易・高涅 Louis Cognet , *Les Petites-Ecoles de Port-Royal* 等皇港小學校遺存文件
　　記載。

22　據汪德邁教授介紹：「皇港小學校教授課程中沒有古文字學 paléographe」。

次參訪後的 2003 年，他將香港大學饒宗頤學術館的外文定名為 Jao Tsung-I Petite Ecole（小學校）即為明證。

中國的「小學」，又稱古代語文學。西漢時，文字學稱為「小學」。中國古代的小學是指兒童啟蒙教育的學校。最初，小學是為貴族子弟設置的。孩童入學必先要識字，掌握文字的形音義，加以使用。在漢代，學者將研究漢字的學問稱為「小學」，進階的教育則被稱為「大學」。

據《漢書・藝文志》記載，古代的字書，「以《史籀》為最早，之後有《倉頡》等。漢代以後，先後又有《凡將》《急救》《元商》等等。」[23] 對「小學」研究的傳統逐漸形成。「小學」的內涵隨着時代的發展不斷豐富。由於古人認為認識研究漢字的目的是為了讀懂經書，因此小學一度被看作是經學的附庸。到了清代，《四庫全書總目提要》將「小學」涵蓋為當時公認的三學：包括音韻學（釋音）、文字學（釋形）和訓詁學（釋義），重新成為經學一科。清末，在西方現代思潮影響下，章太炎等宣導以西方語言學、文字學等代替了「小學」。

（一）饒宗頤教授的知識基礎

饒教授從小在兩個世界裏自修潛研，一是家中「天嘯樓」的書山學海中學習；二是帶着光怪陸離的夢想靠雲遊四方學習。[24] 他曾說，有五個基礎來自家學，其中第三是目錄學，即訓練利用目錄增進學識，第五是乾嘉學派的治學方法。[25]

23　同上，頁 6。
24　陳韓曦：《饒宗頤學藝記》，廣州：花城出版社，2011 年，頁 2。
25　陳民鎮：〈閱讀饒宗頤：從天嘯樓到梨俱室〉，《中華讀書報》，2018 年 7 月 18 日。

饒教授之所以能夠成為學養深厚、觸類旁通的國學大師，正是基於幼年讀書時所獲得的扎實語文基礎。儘管他上學不多，但古代先賢、學者留給後人的「小學」文獻，在無意之間為他塑造了良好的概念和邏輯體系，成為一生治學的豐沃土壤。

（二）饒宗頤教授對「古文字」研究的貢獻

饒宗頤教授把古典語文稱作「小學」，他對古典語文基礎訓練非常重視，這一點來自他從小所受的教育與老師指引，後來在人生路上則求教於多國學者，以及他的對古文字學、「小學」探討的實例中，由此可見他對古典語言文字及古代典籍的重視。小學研究的是語言文字的來源、發展和使用，「求是、求真、求正」正是他自勉的學者境界。[26]

1. 饒教授對甲骨文研究

饒教授自幼攻讀清代儒士著作，推崇孫詒讓和顧炎武，也受他們影響。他研究樸學大師孫詒讓考釋甲骨文的開山之作《契文舉例》[27]。饒教授治學鑽得深入，則源於顧炎武的影響。

饒教授甲骨學研究的代表作是《殷代貞卜人物通考》（簡稱《通考》）。1954 年夏天，饒宗頤利用暑假期間到日本京都，專門探究那裏所藏的 3 千片甲骨。他特別重視甲骨文的研究，明白甲骨文在漢字發展中所起的關鍵作用，上承原始刻符符號，下啟青銅器銘文，是研究上古史最重要的第一手資料。他白天去京都大學人文科學研究所圖書館，考察流失到日本的中國甲骨，並作詳細記錄，晚

26　李焯芬：《國學大師惹爭議的人生智慧》，香港：新雅文化事業有限公司，2018 年，頁58。

27　陳韓曦：《饒宗頤 —— 東方文化座標》，廣州：花城出版社，2015 年，頁 14。

上把拓本帶回所住三緣寺繼續研究。研究甲骨文的巨大學術成果就這樣一點點地積累起來。從 1982 年起，他策劃主編了大型分冊資料索引《甲骨文通檢》一書，由沈建華負責編纂。饒教授對每一冊卷首皆撰有長篇前言，對相關的甲骨學問題進行深入分析探討，許多內容都代表了饒先生的新思考，具有很強的啟發性與指導意義。[28] 他還領銜主編了《甲骨文校釋總集》，這些著作都是甲骨文總結性的工具書。1959 年，饒宗頤《殷代貞卜人物通考》一書出版。全書以貞人為綱，卜事為緯，共計 80 萬字。[29] 根據鄭煒明考證：「從饒先生發表第一篇涉及殷代貞人的甲骨文論文是在 1946 年這一點看，到 1959 年出版《通考》，前後應至少花了 14、15 年功夫」[30]。該書經戴密微推薦，1962 年獲法蘭西學士院「儒蓮獎」（另譯作漢學儒林特賞，編者識）。對於《通考》一書的文字考釋和在甲骨學上的貢獻，復旦大學學者劉釗概括了以下幾點：

（1）開創以「貞人研究法」為綱，全面整理甲骨卜辭的新體例。

（2）對全部甲骨刻辭重新校勘，為學術界提供更為科學準確的資料。

（3）抉發殷周禮制，復原殷商社會真貌。

（4）精於文字訓釋，善於通讀卜辭。[31]

劉釗欽佩饒教授深厚的小學功底，認為他熟諳典籍，在甲骨文字訓釋上常獨具慧眼。

28　劉釗：〈談饒宗頤教授在甲骨學研究上的貢獻〉，刊《中國圖書評論》，2010 年第 3 期，頁 117。

29　陳韓曦：《饒宗頤——東方文化座標》，頁 59。

30　錄自 2021 年 7 月 16 日鄭煒明與筆者交談。

31　劉釗：〈談饒宗頤教授在甲骨學研究上的貢獻〉，頁 116-117。

2. 饒宗頤對簡帛方面的研究

饒宗頤將經注的視角同樣運用到了戰國簡與漢代馬王堆帛書的研究中。「1965 年秋，饒宗頤在紐約戴潤齋處親睹了楚帛書原物，積疑冰釋，因寫成〈楚繒書十二月名核論〉，證實帛書圖像首字即《爾雅·釋天》十二月名，遂成定論；又據楚帛書紅外線照片作〈楚繒書之摹本及圖像 —— 三首神、肥遺及印度古神話之比較〉及〈楚繒書疏證〉（並 1968 年），把楚帛書研究推向新階段。」[32]

1967 年，饒宗頤在美國哥倫比亞大學美術史及考古學系參加專題學術研討會，做了題為「《楚帛書》及古代美術與太平洋地區關係可能性」的演講，對大都會博物館藏的楚帛書做了真實性的考證，得到與會學者的贊同。饒教授〈從繒書所見楚人對於曆法、占星及宗教觀念〉一文被收入會刊。1985 年出版的《楚帛書》，是集饒先生 30 年研究之大成，他是第一位指出帛書即楚國「天官書」佚篇的人，結論被學界認為是最合理的解釋。

3. 饒宗頤對敦煌《老子想爾注》抄本及對敦煌變文的研究

饒宗頤在少年時代已經開始接觸老莊思想。1954 年，他在新亞學院講授「老子」等課程。前後三年間，他借助教學，對道教思想文化與道學進行研究。

1939 年，饒宗頤第一次在葉恭綽的香港寓所接觸到敦煌文物及敦煌學，後來赴日時的所見所聞又促使他開始這一研究。上世紀 50 年代，饒宗頤在報上得知日本人把流失在英國的敦煌文獻拍成微縮膠卷。他的友人方繼仁出資買下一套微縮膠卷送予饒教授，以此支持他的研究。1954 年，饒宗頤出席在英國劍橋大學召開的

32　曾憲通：《選堂訪古留影與饒學管窺》，廣州：花城出版社，2013 年，頁 92。

英國皇家亞洲學會主辦的第 23 屆東方學家國際會議，發表的論文《老子想爾注校箋》正是他深入研究微縮膠卷中北朝寫本《老子想爾注》殘卷的結果。[33] 饒宗頤成為研究敦煌本《老子想爾注》的第一人，他曾說，最先與敦煌學結緣就是因為從事《道德經》校勘的工作。[34]1956 年，他於香港東南書局出版《敦煌本老子想爾注校箋》一書，首次破譯今存於大英博物館編號 Stein 6825 的敦煌遺書中殘卷。此著填補了學術的空白，在法國受到高度重視，並引發後來歐洲道教研究的長期計劃，法國道教思想研究權威康德謨（Maxime Kaltenmark, 1910-2002）將之列為教材，道教專家施舟人（Kristofer Marinus Schipper, 1934-2021）深受其影響，他尊饒宗頤為道教文獻研究的開拓者。[35] 汪德邁（1928-2021）在文中曾說過，戴密微是漢學家，非常欣賞饒宗頤的學識。當時戴密微在巴黎國立圖書館從事編目工作及整理研究伯希和的敦煌資料，他決定邀請這位沒有大學學歷，比他本人還年輕十五歲的中國學者來巴黎工作[36]。

從《敦煌本老子想爾注校箋》初版（1956 年）至 1991 年 11 月與上海古籍出版社再版（再版書名為《老子想爾注校證》），饒宗頤的研究長達 40 年之久。據鄭煒明博士介紹：「其間數度修訂其學說，該書影響歐洲漢學家、中國道教史學家超過半世紀。」[37] 施舟人這樣評價：「道教研究伊始，陳垣、福井康順、馬伯樂等都只是

33　李焯芬：《國學大師饒宗頤的人生智慧》，頁 30。

34　饒宗頤：〈我和敦煌學〉，原載於《饒宗頤二十世紀學術文集》卷八（上），台北：新文豐出版股份有限公司出版，2003 年，頁 292。

35　同上。

36　參見汪德邁：〈我和我的老師饒宗頤先生〉，本文為汪先生 2015 年 3 月 17 日於香港中文大學「饒宗頤訪問學人講座」上的演講，李曉紅譯。後以中文同題發表於香港中文大學《中國文化研究所通訊》，2015 年第 2 期。參見汪德邁：〈中國文化探微〉（由深圳大學饒宗頤文化研究院編纂，劉洪一主編：《文明通鑑叢書》第一輯，商務印書館，出版中），頁 58。

37　鄭煒明：〈饒宗頤：大先生，小故事〉，《北京日報副刊》，2018 年 2 月 6 日。

一種比較籠統的歷史探索，無人敢把早期的道書當作一項專門的研究主題。不少中國及日本學者認為，道教資料可以推斷他的年代和其他歷史情況就足夠了，無需深入研究它的內容。就此而言，饒宗頤先生是道教研究的開拓者。他不僅把蒙塵已久的重要文獻搶救出來，並加以各種嚴謹的注釋與考證。可以說，在他之前，從未有人如此科學地研究道教文獻…… 饒宗頤先生的成就使法國學者非常佩服。《老子想爾注》為他們提供了一個了解漢代思想的全新角度。」[38]

1954 年劍橋會議結束後，戴密微特邀饒宗頤到巴黎的法國國家圖書館敦煌文獻資料庫，對伯希和搜集的敦煌經卷資料做編輯整理工作，辨識至今仍存於法蘭西學院、巴黎塞努齊博物館和吉美博物館的 26 片甲骨文殘片。饒宗頤教授研究敦煌寫本，他可以親手觸摸敦煌文獻原件。據香港大學饒宗頤學術館館長李焯芬回憶：「饒宗頤難以按捺住心中的激動。他知道敦煌文獻藏於英國的數量最多，但藏於法國的卻是最精的，因為拿走這些文獻的是懂中文的法國漢學家伯希和。他拿走的都是他細心篩選的精品。1965 年 12 月，在戴密微的建議下，法國國家科研中心正式邀請饒宗頤到巴黎協助研究敦煌文獻，由饒先生的法國學生汪德邁做他的助手。」[39] 汪德邁曾經說，饒宗頤白天在法國國家圖書館伯希和收集敦煌經卷的資料庫工作，晚上回汪家繼續工作直至深夜。[40] 饒宗頤在這段時間裏，對吉美博物館所藏的伯希和帶回的敦煌經卷精品 220 件進行研究，並在研究敦煌經卷的基礎上，寫出大批有原創觀念的論文，吉

38　參見陳韓曦：《饒宗頤 —— 東方文化坐標》，頁 65。

39　李焯芬：《國學大師的人生智慧》，頁 31-32。

40　汪德邁：〈我和我的老師饒宗頤先生〉。

美博物館至今仍保存不少饒宗頤所做敦煌研究手稿。饒宗頤與戴密微密切配合,幫助出版伯希和文庫書籍。根據法國國家圖書館寫本部中文館藏編目負責人羅棲霞介紹,饒宗頤還對法藏敦煌樂譜進行研究:「我於 1956 年初次到法京,看了 P.3808 號原卷宗……」。[41] 羅棲霞還介紹說,饒公研究了大量法藏敦煌曲子詞,他用中文校錄歌詞並着手恢復原貌。饒宗頤還關注過佛經唱誦音腔的研究問題。例如,饒宗頤研究過的敦煌樂譜正面為寫卷的《長興四年(933 年)中興殿應聖節講經文》,樂譜抄寫在它的背面,為一種符號型樂譜……。《敦煌曲譜》雖僅有 25 首,但古奧難辨,在饒宗頤之前,中外學者幾乎無人能讀懂這「音樂天書」。[42] 1964 年,饒宗頤與戴密微商定做《敦煌曲》校錄,精心印製了一大批不被人熟悉的曲子詞寫本,並糾正訛誤。饒宗頤發表《巴黎所見甲骨錄》、《敦煌白畫》、《敦煌曲續論》,並與戴密微合作發表《敦煌曲》。[43] 撰寫《敦煌白畫》一書時,他曾談到他學習唐代白描,並於甲骨、楚帛書、侯馬盟書以及流沙墜簡等出土文物上的文字等所下過的功夫,學習其線條及其結體,並嘗試自己創作古文字書法作品。

關於敦煌變文,饒宗頤如是說,所謂變文,本來是指經文的附屬品,源於陸機《文賦》「說煒曄而譎誑」的「說」,與佛家講誦結合後,隨着佛教在華的發展,逐漸形成的一個新文體的變種。但從「變」這一觀念加以追尋,文學有變種,藝術有變種,兩種同時

41　饒宗頤:〈我和敦煌學〉,頁 293。

42　2019 年 3 月 29 日,阿爾多瓦大學文本與文化研究院、索邦大學遠東研究院聯合主辦「中西方詩畫會通研究:文字與圖像的交叉啟示」國際學術研討會期間,筆者參觀法國國家圖書館時,根據羅棲霞對《饒公研究過的法藏伯希和敦煌漢文寫卷簡介》的口述記錄整理。

43　參見歐明俊:〈互鑑與會通 —— 饒宗頤與汪德邁學術思想比較〉,刊《文明通鑑與文化創新 —— 第二屆深圳大學饒宗頤文化論壇論文集》,深圳大學饒宗頤文化研究院出版,2019 年 11 月 26-27 日,頁 41-42。

發展，和漢字的形符與聲符互相配合，文字上的形變演化為文學上
的形文，文字上的聲符演化為文學上的聲文。劉勰指出的形文、聲
文、情文三者，性與聲二文都應該從文字講起，所謂變文，事實上
應該有形變之文與聲變之文二者。可是講變文的人，至今仍停留在
「形變」這一方面，古樂府中仍保存「變」的名稱。饒宗頤認為：「余
一向主張，變文在文學與藝術上的發展，有以下二途：（1）形文：
沿此推進，注重變相，是繪畫的成就。（2）聲文：樂府中有所謂
『變』，佛曲在唱誦時的轉度方法，即唱腔的形成，竟陵王延請僧
人作特殊的訓練，此與聲調的辨別分析是兩回事，前者是音樂學，
後者是語音學，不容混淆。」[44] 關於變文，筆者請教汪德邁教授，
他說：「關於變文，中國文字從唐朝開始就已經改革了。唐朝的和
尚用文字的『字』來表示口語，不再用文言，用的是白話。為什麼
呢？因為他們要給百姓傳播佛教，用口頭的『話』來寫口語。他們
是最早知道表音文字的中國人，引用的是從印度來的文字 —— 梵
文，用梵文的方法來寫中文的白話。變文不但受佛教影響，而且還
是佛教徒創造的。」[45] 變文應如何歸類（或定義）的問題，中國古
文字學家常耀華這樣說：「變文恐怕歸入訓詁學最合適」，他分析
說：「不過，訓詁學跟文字學之間並沒有明確界限。渾言不分，析
言有別。」[46] 綜上，充分反映了饒宗頤教授善於從古今中外文獻中
搜索、比對、聯想，以達「貫通融合」的研究方式。饒宗頤極其重
視古典文學的修養，這正是他看到皇港小學校教育理念時，油然而
生共鳴的原因。他認為，一切之學必以文學植基，否則難以致弘深

44　同上，頁 95。
45　根據 2021 年 7 月 19 日汪德邁與筆者談話錄音整理。
46　根據 2021 年 7 月 29 日常耀華與筆者談話錄音整理。

而通要眇。

4. 在語言文字的研究基礎上開拓新領域

儘管小學在中國長久以來被認為是輔助性、功能性的學問，但是，語言文字上差之毫釐，彼此之間的交流便謬之千里，更毋庸談追求真理、傳承知識。語言文字是一切文明得以延續和發展的基礎和重要載體。冉森派摒棄了舊知識份子用拉丁文豎起的壁壘，改用法語教學，又將語言以科學系統的方法進行標準化規範化，讓所有孩子可以通過科學方法來掌握語言，獲得知識，實現個人的發展，可說是將文化交還給人民的先驅。作為鍾愛古文字和碑銘學者的饒宗頤，除了中國的古文字研究外還研習過印度摩珩‧佐達羅（Mohenjodaro）圖形文字，還向印度婆羅門種姓學者白春暉（V.

圖三：饒宗頤、汪德邁、鄭煒明、陳漢威、李曉紅、李中耀等 2017 年 6 月 26 日於皇港修道院舊址

V. Paranjape）學習梵文，並向法國亞述學者蒲德侯（Jean Bottéro, 1914-2007）請教蘇美爾文字。

　　饒宗頤繼承傳統「小學」研究之路，並在此基礎上開拓新領域。自 1993 年饒宗頤第一次去皇港小學校尋訪後，在北大百周年紀念論壇上他曾提出新經學的理論，並充滿信心地預期二十一世紀將是中國的一個「文藝復興」時代的到來。

四、皇港小學校的經注傳統和反叛精神對饒宗頤的啟示

（一）追求開放的學術氛圍

　　皇港小學校所教、所傳承的正是法國古典學（文獻學）的精髓。饒宗頤崇敬他方文化精英，他在重視中國古典學的同時，也非常希望了解西方古典學，因此當汪德邁建議他去皇港小學校參觀時，他一次再一次地尋訪皇港小學校，充分體現了他對自由開放思想的追求，對他方文明的尊重，和對法國思想改革精神的重視。

（二）文化的殊途同歸

　　饒宗頤對知識的學習和了解把握得非常準確。也許他對某些東西了解不多，比如對《聖經》的理解，對信教人方法論、世界觀的理解（汪德邁語）[47]，但是他對巴斯卡《思想錄》等有普世價值的著作卻看得很準確，《思想錄》反映了巴斯卡受過皇港小學校經典注疏學方法論的訓練。

　　饒宗頤〈皇門靜室的「小學」〉一文反映了他對巴斯卡《思想錄》根本精神的理解。巴斯卡曾在書裏提到「人是什麼」的問題：

47　根據 2021 年 7 月 19 日汪德邁與筆者談話錄音整理。

「人只不過是一根葦草，是自然界最脆弱的東西；但他是一根能思想的葦草。用不着整個宇宙都拿起武器才能毀滅他；一口氣、一滴水就足以致他於死命了。然而，縱使宇宙毀滅了他，人卻仍然要比致他於死命的東西更高貴得多；因為他知道自己要死亡，以及宇宙對他所具有的優勢，而宇宙對此卻是一無所知。」[48] 饒宗頤教授也許希望做一名隱士，隱居山林著書立傳，像皇港修士們一樣迷戀人文科學，像孟子一樣「逃空虛而有足音跫然」，追求「不可思議的覺醒」。這就是他把皇港小學校稱為「皇門靜室」的「靜」的心跡之一。他在「無限空間的永恆」之中思考着，沉思着，發問着……他願意像巴斯卡文中所說，做一根思考着的蘆葦，提倡「發問」的科學研究精神，追求高尚的精神。

（三）對中法學術研究中「自由思想」的提倡

饒宗頤希望建立中國的「小學」。饒宗頤把學術館視同皇門靜室的「小學」一樣，他認為法國皇門靜室小學擁有相當於中國古代學術史上的「小學」傳統。拉辛寫過有名的《皇港史略》[49]，把古典語文學科稱為「小學」，這和中國的傳統語文的形、音、義完全一樣，足見對於古典語文基礎訓練的重視，中外是一致的。[50] 饒宗頤希望大家正視傳統的古文字學，提倡古文字學、小學。他覺得自己的學問所知仍然不多，「剛好 Petite 是小的意思，École 是小學校、小學的意思，他就是要以此自喻所知不多，學問小……」[51]，所以

---

48 *Pensées sur la religion et sur quelques autres sujets, Br., Nos 347.* 中文參見巴斯卡著，何兆武譯《思想錄 —— 論宗教和其他主題的思想》，北京：商務印書館，1986 年，頁 157-158。

49 拉辛：《皇港史略》。

50 陳韓曦：《饒宗頤學藝記》，頁 140。

51 見鄭煒明：〈饒宗頤：大先生，小故事〉一文。

他的學術館，只是一個 Petite École（小學校）。當然，這個小學不完全是中文表達的「大學」與「小學（文字學）」意義中的「小學」意思，皇港小學校只是孩童讀書的小學校，而香港大學設立的以饒宗頤學術館命名的小學校則不是一般教育機構，是安排各類與教育有關係的學術活動與事務，並進行研究活動及出版的書院。饒宗頤有他想表達的更深層意思。他寄希望於這個「小學」以實現他心中理想的框架，這是他多年來學術的志趣和期許。

結語

饒宗頤〈皇門靜室的「小學」〉一文裏詩一樣的語言是「文明與文化」世界的泛指，是對那個特殊年代冉森派中多名皇港小學教師具有的高超神學知識和深厚文學修養的禮贊。皇港小學校的這批社會文化精英具備尖端的智力素質，對不同學科有深層了解，對自己宗教信仰有虔誠執着的追求，對人文科學有着超前研究，對古典學有更新精神。他們與傳統決裂的反叛精神，導致在鄉間皇港和巴黎皇港的小學校產生改革意念與新思想。那裏的治學方法、修行方式與古典學自學模式、精神生活隱修模式等都得到饒宗頤的共鳴。這就是西方「宗教和詩的柔和」，是在法國文學界、思想界、宗教界裏，經新舊、古今、生死較量之後產生出來的凝固在古典學裏的魅力：貧、寒、簡，然而豐富、熾熱、高深，耐人尋味。饒宗頤曾說過：「名字代表着文化內涵。」[52] 皇港小學校體現了歐洲變革時代文獻研究的新理念，法國的古典學理念讓饒先生感想良多，促使他

52　施議對、施志詠編纂：《文學與神明 —— 饒宗頤訪談錄》，北京：北京聯合出版公司，2019 年，頁 75。

決定給學術館新的命名。2003 年，饒宗頤的體現歐洲經典注疏學傳統的 "Petite École"（小學校）的命名，準確地反映了他對新古典學精神的理解。

原載彭玉平、郭麗娜主編：《環球與邂逅‧想像與詮釋 —— 近現代法國文學中的世界與中國書寫》，廣州：廣東人民出版社，2022 年。

李曉紅，女，旅法學者。法國阿爾多瓦大學外國語言文明系副教授、巴黎索邦大學遠東研究院研究員、香港大學饒宗頤學術館名譽研究員、中國廣州市饒宗頤學術藝術館顧問、國際考古學暨歷史語言學學會會長。博士論文《神龍：中國古代龍圖像學》（*Céleste Dragon, Genèse de l'iconographie du dragon chinois*）曾於 2001 年獲法蘭西學院儒連獎（Prix Stanislas Julien）。主要從事中國古代龍鳳文字與圖像研究、中國書畫造型藝術、中國近代留法藝術史、法國漢學史以及敦煌學研究。

確立學術自尊心 ——
追隨饒宗頤先生問學的日子

| 余 欣 |

　　2000 年夏，我剛考上北大歷史系博士生，適逢藏經洞發現一百周年學術會議在敦煌召開，導師榮新江教授讓我去旁聽學習。去敦煌賓館見了榮老師，他即對我說，敦煌的政治、軍事、外交，我已經做得差不多了，你來做敦煌社會史。我計劃讓你參加歸義軍史編年工作，這是饒宗頤先生主持的「補資治通鑑史料長編稿系列」中的一部。你現在就着手準備，明年春天去香港跟饒先生問學並完成書稿。我不假思索就愉快地答應下來，完全沒想到這段經歷將決定我未來治學的基調。

　　訪學是由香港中華文化促進中心和香港中文大學敦煌吐魯番研究中心資助並邀請的。仲春，初到中大，兼任饒公學術助手的鄭會欣教授和沈建華教授幫我安頓好並帶我熟悉環境。敦煌吐魯番研究中心，其實只是在新亞書院誠明館的一間大辦公室，裏面放了幾個架子敦煌學的書，還有一台舊電腦。鄭老師說，書都是饒公從家裏拿來放在這裏的，今後這裏就是你工作的地方。我把北京帶來的一大疊 3.5 英寸磁片轉錄到電腦上，就開始為完成書稿而緊張地忙碌起來。

大約過了一週，突然接到鄭老師電話，說饒公來了，要見你，快過來吧。我立刻趕到中國文化研究所去拜見。饒公一見面，就親切地拉着我的手說，你很年輕呵。我忐忑不安的感覺頓時消失得無影無蹤。當時《香港中文大學文物館藏簡牘》剛剛出版，桌上放了一冊攤開的樣書，我忍不住翻了翻。饒公見我很有興趣，不以為怪，就為我講解戰國楚簡《緇衣》，又講了序寧簡，說這是祭祀禱神有關的簡牘，很值得關注。我又翻到後面的松柏解除人形，饒公說這件材料最有意思，也最難以索解，我以前寫過一篇論拘鉸復重的文章，解決了幾個問題，你可以找過來看。今天來不及細講了，我先請你吃飯吧。

午餐是在校內的一家茶餐廳。饒公興致很高，談鋒甚健，完全不像耄耋老人，論衡學術，臧否人物，既不失幽默又極為犀利。很多是我聞所未聞的，乍一聽十分驚愕，但感覺饒公只是本真地表達他對學人學術的看法，而不是老於世故地故作持平之論，不禁又平添了幾分敬意。

回到中心，我立刻找了饒公的〈記建興廿八年「松人」解除簡 —— 漢「五龍相拘鉸」說〉來讀，發現和 1907 年斯坦因在敦煌附近長城遺址發掘的人形似有關聯。饒公教導我，治史最重要的方法是用力於關聯性。循着饒公提示的思路，人形解除方術成為我二十年來不斷追尋的課題，發現它們超越了地理、種族與文化的障礙，自烏拉爾山脈、中央亞細亞、南西伯利亞、蒙古高原、塔克拉瑪干大沙漠、河西走廊，直抵朝鮮、日本，如此廣袤地域內均有流傳，幾乎是沿着絲綢之路橫越了整個歐亞大陸。這些器物究竟是什麼性質？它們有何宗教意義和實際效用？在歐亞與東海的信仰世界裏究竟意味着什麼？施術者、信受者、協作者是誰？使用實踐是怎樣的？如何起源，如何傳播，又是如何疊加、變異的？諸多問題促使我不斷地追尋和思索。我曾提出一個基本解釋：人形是古代方術

的一大類型,與原始植物崇拜和驅魔信仰息息相關,並且與解土、鎮墓方術有共同的淵源。將人形插入土中的目的,是為了驅除入侵者。後期的發展,被用來替死者領受罪厄罰謫,替生者解除殃禍注咎,同時還可以起到辟邪禳祓的功能,保護墓葬或建築,於是又帶上了濃厚的解除方術色彩。這一方術在整個歐亞均有流佈,並且表現出與原始巫術、偶像崇拜以及道教解注術糅合的傾向,在信仰世界裏有着悠久而深刻的影響,有助於我們從精神層面理解絲綢之路在人類歷史進程中所發揮的作用,同時也為文明在互動中演進提供了新的範例。2007 年 11 月,在哥倫比亞大學佛教研究講座上,我做了「從吐魯番到奈良:絲綢之路上的人形方術」的報告,較早向西方學界介紹了「松人」解除簡。近年來,在武威、嘉峪關又不斷發現新材料,從而得以不斷激發思考。2017 年 5 月,芝加哥大學舉辦「古代中國的祈願、祭祀與墓葬文獻工作坊」,夏德安教授主持專門研讀這件「松人」,我又介紹了饒公的觀點。在我看來,這一主題的開拓,對於重建方術的世界史,探究古代歐亞文明的思想和宗教的豐富內涵以及文明之間的環流與共振,具有極其重要的價值,而這一切的因緣實導源於饒公的啟迪。

第一次見面非常輕鬆愉悅,但據後來鄭會欣老師講,其實是我通過了「小測驗」的緣故。饒公一開始對我很不放心,說榮新江自己不來,派了這麼一個年輕的學生過來,也不知道他到底行不行。香港是花花世界,他不要一來到處去玩,不好好做正經事。於是鄭老師就每次路過研究中心窗前的時候留意一下我的動靜。他向饒公報告,余欣很不錯,每天一早就來研究室,坐在電腦前寫作,一直到晚上九、十點鐘,燈都是亮的,甚至週末都在那裏。所以才有了首度召見,之後饒公每週來研究所必請吃飯。茶餐廳的點心精緻美味,饒公六藝皆通,笑談之間,縱論古今中外,往往三言兩語,令我茅塞頓開,對我而言不啻舌尖加學術盛宴,故而時時翹首以盼饒

公來所裏的日子。

　　然而不久就迎來了一場「大考」，那是關於書稿的體例問題。之前榮老師和我商量體例的時候，說可以做成史料繫年，也可以做成史事繫年，前者容易一些，後者比較難。你打算怎麼做？我年少氣盛，說既然做了，容易的有什麼意思，要做就做最難的，將兩者合而為一。我的想法是，現代學術成立以來，歷史學研究「考史」者眾，「修史」者稀。可以趁此機會做一個大膽的實驗，仿照《資治通鑑》而有所創新，探索集史傳、考證、史料繫年為一體的新史學範式。因此我建議將書名題為《沙州歸義軍朝野繫年錄》，並擬定了如下體例：

　　1. 有關沙州歸義軍時期政治、經濟、軍事、外交、宗教、民生之敦煌文書與傳世史料，無不資取，以事繫日，以日繫月，以月繫時，以時繫年，逐條排比，勒為一編。

　　2. 本書之體式，仿照《通鑑》，而略加變通。正文敘史事，小字注明史源，次則間加考訂，猶如《考異》與《胡注》。

　　3. 重要文書，如詔令、牒狀，常於正文及考證中徵引，其文中俗字、異體字、通假字、錯別字，徑改為通行簡體字，不出校。

　　4. 考證中徵引前賢時彥之觀點，亦以著者加發表年份及頁碼之形式括注，以示不敢掠美之意。

　　榮老師給予充分支持，來中大前已完成了差不多二十萬字的初稿，之後又奮力撰寫了十餘萬字。當我將書稿呈進教正時，不料饒公卻對體例提出了異議。體例事關根本，如果不能得到饒公認可，不但之前的工作要全部推倒重來，而且對接下來的修撰也會造成極大的麻煩。我一時慌了神，心急如焚，打電話向榮老師請示。榮老師的意思，體例不能動，你看怎麼禮貌地向饒公說明，爭取得到理解。我對體例做了小的改動並連夜給饒公上了一道「陳情表」：

饒公選堂先生惠鑑：

　　謹據耳提面命及鄭會欣先生電話所轉達之尊意，將前三頁之體例略作改動，以傳真方式呈進，不知是否符合先生之要求？若先生以為差強人意，以下將依此續作。

　　原本將史料與考證標出，主要考慮以清眉目，便於讀者省覽利用。其史料部分大致相當於王素先生大著之法則，而正文（綱）及考證（模仿通鑑考異與胡注）則為王氏書所無。冀合史事繫年、史料繫年二者為一體。此體例係綜合各家之長，與榮師往復探討之結果。先生以為不甚妥，以晚學之愚鈍度之，蓋先生總序所云：「談史者重跡象而輕義理。前代『義理為禮之文』之勝義，久已闇晦而不彰。竊為此懼。余向者有撰『史理學』之擬議，而未遑着筆。惟念甲骨、簡牘以至吐魯番文書、敦煌寫卷，皆今人所重視之史料也。所記大多叢錯委雜，散乏友紀。究一事，窮一名，著論者眾，殆如秦近君說字累萬言不能自休，葉彌茂而本彌乖，是強其柯枝，而若其幹也，顛倒之甚。」先生恐晚學所著是書亦作煩瑣考證，而與先生本意背道而馳，兼有文氣不暢之弊。先生所言，皆為至理，晚學敢不銘記在心！晚學亦以為，歷史學即一系精神哲學，史學之真義在求其會通，非徒為史事之考辨，史跡之鋪陳，與先生所言可謂不謀而合。先生之《史理學》不知何時可公刊而嘉惠士林，晚學跂踵而待也。晚學著此書，亦注意盡力避免流於蕪雜，然歸義軍時期文書既繁多而零碎，又無紀年者頗眾，故不得不費筆墨著錄史料且略加考證，實不得已也。今遵先生教旨，而作如上改訂，將「史料」、「考證」隱去，淡化此痕跡，尚期勉合先生之意。

　　先生學藝雙精，當世學者罕有其匹，晚學仰慕已久，

今能親炙教誨，幸何如之！不知先生何日有暇，晚學可往
府上拜詣？

末學 余欣 頓首

二〇〇一年三月廿二日

修改後的樣稿，示例如下：

大中二年歲次戊辰（848）

　　一日，張議潮率眾被甲噪於州門，粟特裔沙州豪傑
安景旻、吐蕃部落使閻英達等群起應之。吐蕃守將節兒驚
走，議潮遂攝州事，自稱沙州刺史。議潮遵吐蕃之制，與
沙州蕃漢百姓重立咒誓，永拋吐蕃。沙州既定，議潮修繕
甲兵，尋率軍東征吐蕃瓜州大軍鎮。與蕃軍戰，白刃交
鋒，破其重圍，蕃軍大敗，屍橫遍野，議潮進據瓜州。敦
煌、晉昌收復已訖，遂題箋修表，遣押衙高進達等，東北
走天德城，紆道馳函，上達天聽。後數載，沙州文人作
詩頌此事云：「聖烏庚申降此間，正在宣宗習化年。從此
棄蕃歸大化，經營河隴獻唐天。」又云：「從來邦有道，
不及大中年。」議潮，敦煌縣神沙鄉人，德宗貞元十五年
生，其祖出南陽白水之脈。父謙逸，曾曲事吐蕃，任敦煌
郡大都督兼部落使、賜紫金魚袋並萬戶侯。謙逸雖居高
位，內中實苦之，時屬艱危，不敢外顯心跡，惟縱情山
水，明哲保身而已，故頗得令名。然終鬱鬱寡歡，銜恨而
卒。後人贊曰：「高蹤出俗，勁節超時，譽滿公卿，笑看
榮辱。屬以羯胡屯集，隴右陷腥羶之風；國恥邦危，塵外
伴逍遙之客。」議潮少有大志，齡當沖幼，嘗書〈封常清
謝死表聞〉、〈無名歌〉等表狀詩文以自勵。及長，以俠

義聲聞於鄉閭，四方豪傑慕其風骨，咸樂從之遊。時吐蕃勢衰，議潮知其運盡，誓心歸國，乃徐思光復之策，娶妻宋氏，結親李氏、索氏、閻氏，皆沙州名族也，復與景旻等謀，潛備甲仗、兵刃，結納勇士，遂圖之。

【史料】《新唐書》卷二一六下〈吐蕃〉下；《通鑑》卷二四九大中五年正月條；《勅河西節度兵部尚書張公德政之碑》（S.6161＋S.3329＋S.11564＋S.6973＋P.2762，藤枝晃 1964，64-69 頁；唐耕耦等 1990d，198-207 頁；榮新江 1993a，207-212 頁／1996，400-405 頁）；《辛未年（911）七月沙州百姓一萬人上回鶻天可汗狀》（P.3633，池田溫 1979，613-614 頁；唐耕耦等 1990c，377-380 頁）；《沙州志》（S.788，唐耕耦等 1986，42 頁；鄭炳林 1989，56-59 頁；王仲犖 1993，143-149 頁；李正宇 1998，205-230 頁）；《闕題七言詩》（P.2762，徐俊 2000，179 頁）；《詠孝經十八章·聖治章第九》（P.2747 ＋ P.2648A ＋ S.8459 ＋ P.2468B ＋ P.3386 ＋ P.3582，徐俊 2000，259-260 頁）；《封常清謝死表聞》（P.3620，饒宗頤 1983-1984，85-88 頁）；〈諷諫今上破鮮于叔明令狐峘等請試僧尼及不許交易書〉（P.3620，陳英英 1982，509-520 頁）；〈無名歌〉（P.3620，饒宗頤 1983-1984，86 頁；徐俊 2000，387-388 頁）；〈謹上河西道節度公德政及祥瑞五更轉兼十二時共一十七首並序〉（P.3554v，陳祚龍 1966，101-104 頁；饒宗頤 1971，195-196 頁；任半塘 1987，1345-1346 頁；齊陳駿、寒沁 1993，8 頁）；〈藥師琉璃光如來贊並序〉（P.3551）；P.3556〈張氏墓誌銘並序〉（鄭炳林 1992a，400-409 頁）。

【考證】據《通鑑》卷二四九大中五年正月條《考異》引《實錄》，沙州最初上表唐朝者尚有安景旻與閻英

達，知二者同為沙州首義領袖。景旻姓安，或為原從化鄉
粟特人後裔。而粟特人於吐蕃統治敦煌時期，頗受奴役
（池田溫 1965，87-89 頁）。景旻者，或即敦煌粟特人首
領，所謂沙州豪傑是也。其為議潮副職，亦見〈行城文〉
（P.2854，事見大中五年）。英達乃曾任吐蕃沙州都教授崇
恩之表弟，〈僧崇恩析產遺囑〉第 25、49 行有「表弟大將
閻英達」（P.3410）。又，由〈部落使閻英達狀〉（P.3281），
知其曾任吐蕃轄下之漢人部落使，故明英達係出身敦煌
大族而握有武力者。景旻、英達二人皆為議潮陰結之英
豪也。張謙逸之任職吐蕃部落使，或在閻英達之前。鄭
炳林云：〈藥師琉璃光如來贊並序〉（P.3551）中「清河張
氏敦煌郡大都督賜紫金魚袋並萬戶侯」即《張氏墓誌銘》
（P.3556）所謂「高祖謙逸」及《大乘無量壽經》（S.3303）
背題所見張謙逸，即議潮之父。〈贊〉中「都督夫人安氏」
及《回向文》（S.1164）提及之「安姃」，即議潮母安氏
（鄭炳林 1992a，306 頁；鄭炳林 1993）。若此推測不誤，
則景旻或議潮之姻親。鄭炳林且據張氏與索、李、閻、宋
諸敦煌大姓之姻親關係，論說議潮以此方式建立政治軍事
聯盟，積蓄力量，以備起事（鄭炳林 1999，57-58 頁）。
而《勅河西節度兵部尚書張公德政之碑》云：「由是形遵
辮髮，體美織皮，左衽束身，垂肱跪膝。祖宗銜怨，含恨
百年。未遇高風，申屈無路。」鄧文寬據此推論議潮父蕃
佔時期含冤而死，議潮之起事，實由國恨更兼家仇（鄧文
寬 1995，132 頁）。鄭炳林則據〈謹上河西道節度公德政
及祥瑞五更轉兼十二時共一十七首並序〉（P.3554v），稱
議潮與其父張大都督一道赴吐蕃王城邐些拜謝重恩，張大
都督死於道途，議潮隻身返回敦煌。「銜怨」云云，當指

此事（鄭炳林 1996d，86 頁）。茲略取之。

《新唐書》、《通鑑》記議潮推翻吐蕃統治，易如反掌。以之解釋奪取沙州，當大致不差；然瓜州乃吐蕃大軍鎮所在（Uray 1979，314 頁），取之絕非易事，不經苦鬥，誠難得手，必經酷烈野戰，方得克定瓜州。今從《勅河西節度兵部尚書張公德政之碑》。

議潮生長蕃中，必諳吐蕃故事，其與沙州百姓再立呪誓，實乃穩定民心之重大舉措。今據〈辛未年（911）七月沙州百姓一萬人上回鶻天可汗狀〉所記入錄。

《勅河西節度兵部尚書張公德政之碑》稱大中二年即有授議潮兵部尚書，送河西旌節事。然其時沙州使者未達長安，授官送節之說，必為碑文作者附會之詞（榮新江 1996b，64 頁），今不取。

議潮之生年及籍貫，從倚山說（倚山 1998）。議潮其名，史籍或作「義潮」，今從敦煌寫本。

據說饒公看完，講了一句，余欣不愧是浙江人啊。我想饒公講這個話，大概是因為浙東學術既重思想，又重考證，博采兼容，尤其是清末民國間不少學術大家出自兩浙，奠定現代國學根基的「羅王之學」，羅振玉、王國維皆為浙人之故。總之，饒公對改訂後的體例表示滿意，並希望早日撰成出版。饒公對一個方二十出頭的後生小子的辨議，不但不以為忤，反而表示優容和獎掖，體現的是一位真正的學者雍容大度，對學術的敬崇，對後輩的尊重與愛護。遺憾的是，因歸義軍近二百年之史事所涉至廣，相關研究論著層出不窮，在香港完成初稿後，我和榮新江老師都未能專注於此，但又有唯美主義情結，為追求「學術之徹底性」，雖幾度拾掇，復置於篋中，直至饒公仙逝也未能刊行，成為「賦得永久的悔」。每念及

圖一：饒宗頤教授主持作者在香港中華文化促進中心的演講

茲，愧疚難當！

　　訪問學人除了撰寫書稿，還有另一個任務，就是要在香港中華文化促進中心做一場講座。來之前對香港的唯一了解就是羅大佑的《皇后大道東》。沒想到我平生第一次公開講演，地點就在皇后大道東，而且是由饒公親自主持。講座題為「唐宋之際的敦煌：中國中古時代的庶民生活」。由於沒有經驗，準備的內容幾乎囊括了社會生活的方方面面。提要在中華文化促進中心印的 2001 年 4 月節目單上登了一個很大的預告，雖然寫得稚嫩，卻預示了此後的努力方向，並成為博士論文開題的初步構架。提要曾得到饒公的首肯，抄錄如下：

　　　　世界上歷史悠久、地域廣闊、自成體系、影響深遠的文化體系只有四個：中國、印度、希臘、伊斯蘭。⋯⋯而這四個文化體系匯流的地方只有一個，這就是中國的敦煌和新疆地區（季羨林先生語）。所以，敦煌雖然從行政建制上而言，遠遠不及大唐帝國的首都長安，但是由於它位於絲綢之路的咽喉，乃出入西域必經之門戶，四方輻輳，

日臻繁華，自漢代以來，即享有「華戎所交，一都會也」之盛譽，其地既是東西方貿易中心，又是中外文化交流之樞紐，其鮮明之國際都市性格並不亞於西京。

由於中國古代史家傳統使然，傳世史料多以國家政治活動為核心，民間社會的資料基本上是摒棄於傳統史家的視野之外的。欲研求普通民眾群體之史跡，常令人生「無米」之歎。以至於梁任公先生抨擊道：「二十四史者，二十四姓之家譜而已。」言雖偏激，並非毫無道理。所幸一個世紀以前，敦煌藏經洞出土了數萬件文書，不僅中古時期敦煌社會史研究驟獲寶貴資料，且於重估整個中國古代民間社會亦可謂添一不可多得之「無盡藏」。況且，唐宋之際是國際史學界公認的大變革時代，這為考察這些寶藏更增添了一種「高附加值」之旨趣。然而，自二十世紀初中國現代史學建立至今，仍主要關注政治事件、經濟制度方面，於庶民生活僅是零星涉及，未嘗深究之。八十年代以後，此類論著稍見增加，但往往或失之於瑣屑，或流於獵奇，真正從純學術角度深入探討者並不多。竊以為，歷史研究只有從結構形式的表層切入到社會生活的深處，才能重建完整的人類歷史真實，並進而詮釋其當下意義。

本演講即為此理念指導下近年來所作研究之一部分，主要以敦煌文書為依據，輔以壁畫、絹畫、照片等圖像資料，介紹唐、五代敦煌庶民的物質生活和社交活動：衣（布料和款式）、食（主食、蔬菜、肉食、酒類）、住（居住面積和環境、地產價格）、行（馬、駱駝）、宴會和民間結社（組織機制、功能、民主思想、婦女結社），等等，希望能與聽眾共同去觸摸那絢麗多彩的活生生的歷史畫卷。

圖二：作者在饒宗頤教授家中合影

　　此前做講座的均為著名學者，而海報上我的身份寫的是北大歷史系博士生。會有人來聽嗎？我不免有些不安。演講那天是 5 月 12 日，香港已經很熱了，我穿了一件 T 恤就興沖沖地去了。進了會場，發現坐滿了人，饒公已正裝端坐在主持人席上，才知道自己不懂規矩，年輕莽撞了。那時還沒有普及用 PPT，講座的圖片，是請高敏儀小姐幫我製作成膠版幻燈片放在投影儀上的。饒公簡短介紹後，我就開講，原定兩個小時，滔滔不絕講了兩個半小時。如果不是饒公提醒，可能還會超時更多。不知道是緊張還是過於興奮，我竟然忘了使用幻燈片，但聽眾都很有禮貌，沒有打斷或中途離席的。結束後，我為自己的失禮，向饒公道歉。未料饒公卻非常高興，說講得很好，超時不要緊，我就怕你沒太多東西可講。你的研究都特別有意思，將來可以寫成一篇出色的博士論文。饒公的話給了我很大的鼓勵。演講的效果，似乎確實不錯，之後數週還經常有熱心聽眾發郵件或打電話請教問題，甚至還有到敦煌吐魯番研究中心登門拜訪。

　　除了撰寫書稿，我的訪學的另一個主要目的是為博士論文確定框架。香港中文大學各個圖書館的藏書非常豐富，因為研究室和宿舍在新亞書院，所以起初新亞的藏書利用較多。新亞館中有不少大部頭的考古報告和藝術史圖書，為後來特別注重考古實物和圖像資料的治學取徑打開了視野。五月以後，新亞圖書館因裝修而閉館一個月，我不得不將目光轉向崇基學院圖書館。崇基是有基督教傳統的學院，館藏宗教類書籍特別豐富，尤其是日文和西文宗教類刊物相當齊全。我就把《東方宗教》、《印度學佛教學研究》、《駒澤大學佛教學部研究紀要》、*Religions*、*History of Religion* 等從創刊號翻到最新一期，迸發出很多思想的火花，後來博士論文的民生宗教社會史理論建構實植根於此。

　　六月初，時在普林斯頓讀博士的陳懷宇師兄來香港短期訪問，想去拜見饒公。恰好之前我已得到饒公邀請，於是稟明饒公一同前往。饒公府上是在香港最為繁華的跑馬地，一棟公寓的上下兩套，一套用來居住，另一套用來放書。這在寸土寸金的香港可謂豪宅，但並不是我原先想像中的那種有前後花園的獨棟別墅，陳設也頗為簡單，但牆上掛着古琴和書畫，彰顯主人雅量高致。饒公藏書以研究所需為主，並不以蒐集珍本秘笈為意，但有不少貌似冷僻實則開拓學術荒途的奇書，正可見選堂集諸學於一堂，汪洋恣肆，茫無涯際，我等如入寶山，讚歎不已。

　　饒公學藝兼美，精擅書畫，書法因深厚的學養而自具神韻與趣味，氤氳滋潤，元氣淋漓。我有備而來，乘機向饒公求字，是從饒公編著的《中國史學上之正統論》上抄下來的鄭思肖《古今正統大論》中的一節文字：

　　　大抵古今之事，成者未必皆是，敗者未必皆非。史書
　　猶訟款，經書猶法令。憑史斷史，亦流於史；視經斷史，

庶合於理。謬例、失實、泛書，史之通弊，最不可不察。

饒公看了，說鄭所南的這段話我也很喜歡，哪天寫好了送給你。這幅墨寶，一直掛在我的書室中，每抬頭所見，心中總是充滿了溫情和敬意。

午餐是在附近的一家潮汕食家，吃的是饒公的家鄉菜。饒公講古代華南與中亞往來的東西交通問題，甚為要緊。廣州南越王墓出土的銀盒，廣東遂溪南朝窖藏出土的銀碗上有粟特文銘文，伴出的鎏金銀缽上的動物花卉紋樣與韓國慶州皇南大塚北墳出土銀缽相同，新疆焉耆七個星老城村發現的銀碗上同樣有粟特文銘文。這些重要的出土銀器表明先秦以來漢地與波斯、大秦即存在文化交流，西域絲路交通可以推至周穆王時代。又隨口徵引《廣弘明集》、《歷代法寶記》中的材料，認為「浮圖」出自大夏語，佛教傳入至少可以往前推到西漢時期。東漢末年，交州已成為中亞胡商聚居拓殖之地。日南作為南海對外的障塞，與西域的關隘同等重要。東冶是漢代海路的重要中轉站，遂溪屬徐聞管

圖三：饒宗頤教授書鄭思肖語贈作者

轄，徐聞和合浦同為國際貿易中心。遂溪銀器表明入華粟特人在南方也有交往貿易，日南障塞也是粟特人從事貿易的主要地方。高昌國與南方政權也時有交往。饒公還提及不少其時最新的考古發現，如寧夏固原南郊隋唐墓地出土的《史訶耽墓誌》，山西太原出土的《虞弘墓誌》，還有一些不為人所知的傳世文獻中的重要材料，如袁宏《後漢紀》、《職貢圖》中波斯國使題記所引道安《西域諸國志》等。饒公的博聞強識，對於新史料的敏銳，超拔之洞見，還有許多極具想像力的觀點，令我們非常震撼，印象極其深刻。其中有些已為後來發現的考古材料所證實，如吐魯番洋海張祖墓出土《永康九年、十年送使文書》，記錄闞氏高昌對外交往的情況，往來使者有從南朝來的吳客。新近，咸陽成任墓地出土的東漢晚期金銅佛像，為早期佛教入華和佛教造形藝術發展史提供了新的證據。

　　席間上了一道麵食。饒公一語雙關地說，我要面，你們要不要？面就是臉面。學者都好面子。面子就是學術的尊嚴，學者的自尊心。我們一定要先樹立學術自尊心，然後才能發揚中國文化的偉大傳統。你們要不要面？我們忙不迭地應道，要，要，我們都要面！饒公哈哈大笑，此情此景，恍如昨日。後來，我看到饒公為《中國書評》創刊號的題字就是「確立學術自尊心」，心頭為之一顫。當今學界有太多缺乏學術自尊心和敬畏心，每每以純粹學者自我標榜，實則已徹底被權力或利益所異化，講的都是學術，心裏全是生意。饒公此語大約就是針對此而特為標舉。我覺得這是饒公對我最值得珍視的的教誨，時常反躬自省，夕惕若厲。

余欣，北京大學歷史學博士，浙江大學古籍研究所教授、博士生導師，普林斯頓高等研究院研究員。曾任復旦大學歷史學系教授，日本學術振興會外國人特別研究員，法國社會科學高等研究院、巴黎高師、普林斯頓大學、京都大學訪問教授。主要研究領域爲敦煌學、博物學、寫本文化與中古宗教社會史。出版《神道人心：唐宋之際敦煌民生宗教社會史研究》、《中古異相：寫本時代的學術、信仰與社會》、*Savoir traditionnel et pratiques magiques sur la Route de la Soie* 等專著，在《歷史研究》、《世界宗教研究》、*Central Asiatic Journal*、*Cahiers d'Extrême-Asie* 等學術刊物發表中、日、英、法文論文近百篇。主編《中古中國知識・宗教・制度研究書系》、《中古中國研究》集刊。

我與《甲骨文通檢》

沈建華

　　如果說一種學問背後都隱藏着一幅幅活生生的人生故事，那麼展現你面前的那一封封信裏，流淌着就是人性最真實的情懷。從 80 年代初之後的十多年裏，有誰相信，一位學人為了一部《甲骨文通檢》，給她父女倆，累積寫下了 60 多封信。而這部工具書，不但成就了他的夙願，也見證了一份君子的承諾和堅守，這就是我熟悉的饒宗頤先生。三十年前往事，已經變得模糊淡忘，如果能喚起我的記憶，那麼就讓時間停留在這些信札中吧。

　　我的父親沈之瑜，新中國成立後就長期在上海從事文博事業，並擔任上海博物館館長，「文革」中由於父親受到政治審查，我在農村插隊幾次上大學都被落選，當時對我刺激很大，我就決定利用家裏的藏書，在父親的指導下，開始系統學習甲骨文專業書籍，那些年的讀書給我精神那種快樂和滿足，至今仍讓我懷念那段青春歲月，我也就此與甲骨文字結下了不解之緣，並將我帶上一條未曾預期過的人生之路。直至 1978 年我從宿縣工廠作為專業人才調入安徽省博物館，才真正開始從事專業的文史工作。

　　我第一次見到饒公，是 1981 年九月在山西太原召開的第四屆古文字會議上，參加這次會議的除了內地眾多古文字專家外，記得

圖一：1982 年中秋與饒公登黃山商討《甲骨文通檢》體例

還有許多海外學者，其中有吉德煒（David N. Keightly）、周鴻翔，還有正在攻讀博士的夏含夷（Edward L. Shaughnessy）先生，當時他還很年輕。因這次會議我得以結識饒公，而後來編輯《甲骨文通檢》，更是改變了我的人生軌跡，在這之後的二十六年中，我的研究與饒先生的學術事業始終交織在一起，也可以說，我的學術生涯一直得到饒公的指導與關懷。

1980 年代初，中國社科院胡厚宣先生主持大型專案，計劃將海內外公私所有包括著錄的甲骨整理編成《甲骨文合集》，並陸續出版。當時還有海外加拿大、英國甲骨收藏相繼問世，加上新出土的小屯南地甲骨發現，可以說 1980 年代以來是甲骨文研究的黃金時代，資料的集中給研究甲骨提供了一個前所未有的優越環境。1982 年春天，饒公應李一氓先生邀請，出席北京全國古籍整理會議，會後李一氓先生請饒公吃飯，講到四人幫打倒後，全國要開展恢復古籍整理的規劃，饒公在海外有一定影響，希望能予以支持，籌劃出一個項目來。面對將近十萬片的甲骨，怎樣才能更好的被不同專業的學者利用？饒公從北京回到香港後十分興奮，他想了好幾天，於是決定編一部甲骨文綜類的項目。當年九月饒公遊覽黃山，先到了

合肥，當時陪同還有中華書局趙誠和許禮平二位，然後與我集合一起去黃山，至今我還很清楚記得，最初的策劃和構思是在黃山賓館產生的，那天正好是 1982 年的中秋節。

1983 年 1 月 31 日，父親應香港市政局邀請參加「上海博物館珍藏中國青銅器展覽」開幕式。在香港的那段日子裏，父親有更多的時間與饒公一起參加各種社交活動，此時饒公與父親商談，準備編纂甲骨文綜類工具書，邀請父親一起參與。自此編纂《甲骨文通檢》的這一計劃正式啟動，在這之後的歲月裏，父親為該書編纂投入了大量的精力，直到生命的最後一天，他還在伏案工作。

1983 年 4 月，經饒公積極籌措，在香港北山堂基金會的資助下，我應邀到香港中文大學訪問一年。前期來訪的還有姚孝遂、趙誠兩位先生，他們先與饒先生籌劃編纂一部類似島邦男《殷墟卜辭綜類》甲骨文工具書。幾經考慮，趙誠先生和姚老師覺得在香港還不具備編纂這樣一部大型工具書的條件，準備到內地組建班子。[1] 當我趕到香港一週後，兩位先生一個月簽證到期，也就返回內地了，我可以想見當時饒公的落寞和失望心境。

留下我一人在香港中文大學，還有近一年的時間，怎麼辦？饒先生向我提出要做一個「多快好省」不同於內地版的甲骨整理方案。經過反覆權衡，我覺得可以做一個甲骨文分類詞彙索引，當時主要考慮的是不牽涉內地出版版權，將已出版的每條卜辭進行分類，擇選抄出彙集，這樣可以被不同專業的學者利用，方案出來，饒公頗為讚賞。最初我們設想將分為幾冊，即：一、先公先王、貞人；二、地名、三、天文氣象；四、職官人物；後來又增至：五、

1　姚孝遂先生回吉大後，帶領一批研究生在杭州奮戰，主持編纂《殷墟甲骨刻辭摹釋總集》（上、下冊）和《殷墟甲骨刻辭類纂》（上、中、下），此五本巨著於 1989 年由北京中華書局出版，至今成為甲骨學領域不可替代的工具書之一。

田獵；六祭祀（上、下）；七、文字。

　　那時我完全沒有意識到，獨立承擔這個項目，其實是一件十分艱巨的事。在香港中文大學的那段日子裏，早出晚歸，千頭萬緒的工作，我就像一隻被趕上架的鴨子，沒有後退的可能，只有一頭扎在已出版的《甲骨文合集》分冊裏，開始做詞彙摘錄釋文卡片，每一片卜辭含有不同類別的內容，如祭祀、田獵、職官、天象等等，少則十幾張，多則上百個詞條。在那個年代電腦沒有普及，[2] 全部用手抄錄，需要有極大的耐力和靜心。如此大的項目，單槍匹馬，如果沒有一個團隊，按今天眾人的想法，簡直有點不自量力，當時我不知道哪來的這股瘋勁，竟然有如此膽識和勇氣。在那個激情燃燒的 80 年代，幾乎每個人都在省思自己的道路。既然已經選擇，我

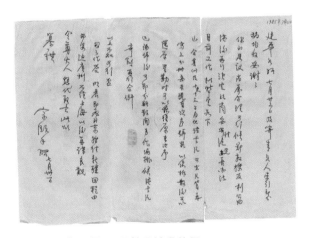

圖二：1985 年 7 月 31 日饒公給我的信

2　1983 年我訪港期間，時任香港中文大學秘書長陳方正教授，已開始嘗試用電腦輸入甲骨釋文，當時尚有許多技術條件限制，沒有成功，只好放棄。1996 年陳方正所長與饒公、我還有其他學者合作，用了整整十年，終於建立了甲骨文、金文、簡帛的全文電子資料庫檢索系統，受到海內外學者關注，雖然還不完善，但影響很大，成為甲骨學界創舉。我有幸參與此項工作，以後在此基礎上又做了許多與甲骨文相關的工作。很感謝所長對我的支持與信任，這可以說是我一生最難忘的經歷。

就不能讓饒公再失望，無論如何也要把《甲骨文通檢》完成做好。
然而這部《甲骨文通檢》竟然使我與饒公，與香港中文大學中國文
化研究所結下了長達十七年的因緣，這是我後來怎麼也沒有預料
到的。

　　1984 年 4 月我回到合肥安徽省博物館，那裏的環境遠不如上
海學術條件便利，於是我做了一個大膽決定，停薪留職，回上海家
中編《甲骨文通檢》工作，這一決定得到父母的全力支持。1987 年
是一個人心思變、騷動的年代，上海掀起出國潮，我也隨之捲入這
個潮流，1988 年經胡厚宣、李學勤先生引薦，我作為輔助研究員
參加了日本東京大學東洋文化研究所松丸道雄主持《甲骨文字字釋
綜覽》項目。自此以後，饒公與我和父親用了近十年的時間，滬、
港、東京三地六十封通信，為學術史上留下一段佳話。

　　這些信絕大部分是饒公與我和父親討論《甲骨文通檢》編書
分類和詞彙及體例問題。對於甲骨文的分類，不光需要擁有對類目
原始甲骨資料的知識掌握，同時還要不斷了解吸收甲骨學界的新成
果，好在父親可以為我提供內地甲骨書籍和論文資料的最新資訊。
在此期間，我不時收到饒公來信的鼓勵和指導，1987 年 5 月 21 日
饒公來信：

　　　　人名、地名、數量如是龐大而複雜，是以後研究甲骨
　　文之重心（若干難以辨認之文，皆在其間）。如何區分？
　　是一難事！五期小字，須追溯摹本，及參考研究者成果，
　　不必倉卒從事。分作二本，很是合理，惟人名、地名往往
　　互混，僅能從上下文例加以推敲決定，望與令尊及朱先生
　　共商體例。

　　當時在制定《甲骨文通檢》分冊分類提綱，父親邀請了三位

上海年輕甲骨學者，即上海博物館濮茅左、復旦大學葉寶民、朱順龍，徵求他們意見，特別是 1988 年我離開上海來到東京，茅左也參與了《通檢》很多工作，情誼隆厚，每每念之，深為銘感。分冊分類提綱，經過反覆切磋，寄給饒公審閱補充修改。1985 年 3 月 24 日饒公來信：

> 聞小屯南地釋文已出版，上海必已見到。法國甲骨錄一書亦出版了，不甚重要，英倫藏龜不久亦必問世，均可並收拜富，使通檢得為完璧。分類計劃已看過，一些小問題，候見面再談。

80 年代改革開放初期，海外甲骨資料還是很難看到，只要饒公在香港能買到新書，或看到重要的學術論文，他認為《通檢》需要收錄補充的話，會立即寫信並將資料複印，往往等不及郵寄，就托人從香港帶來，1987 年 5 月 21 日來信：

> 《天理》影印本此刻諒已收到，望即補充索引寄下，全書即告成功。項已收到，缺頁候影寄。《丙編》在綴合上極重要，《小屯》分甲、乙、丙、丁四編，丁編為坑位元記錄，現亦逐漸刊佈矣。

《甲骨文合集》13 冊計 41965 片卜辭，要一片一片摘錄，五年下來，我做了十幾萬張分類卡片，家裏的衣櫃被我改裝成了卡片檔案抽屜。我用顏色和線條來區分每張卡片的類別，繁瑣不堪。正是這項工程，極大地考驗了我的毅力和耐心，然而我又何曾想到，日後為這部《甲骨文通檢》，我竟然一擲十年歲月，感謝我的父母，那些年給予我精神撫慰和溫暖，若不是他們給了我一個避風的港

灣安頓，我何以能扛得過那些感情倍受困擾的日子。從 1984 年至 1991 年，用母親的話說，我就像一個吉普賽人，居無定所，合肥、香港、東京、上海，游離世外。如果說生命本是一場漂泊的旅途，那麼我遇到饒公是偶然，也並不偶然，那些年我付出的不是普通人能承受的代價，而得到的也不是普通人能獲得的厚愛，為此，我要感謝命運。

《甲骨文通檢》[3] 第一分冊「先公先王」初稿已經完成。此時內地新的甲骨資料也已陸續問世。根據饒公的意見，我又開始補充《小屯南地甲骨》、《英國所藏甲骨》、《天理大學參考館所藏甲骨》資料索引。

在此期間，我又接到饒公來信（1987 年 4 月 1 日），要求我在《甲骨文通檢》第一冊全稿後，將日人高嶋謙一《殷墟文字丙編通檢》先公、先王、先妣、貞人這一部分索引作為附錄補充。見饒公 1987 年 4 月 1 日信：

> 前寄去《丙編通檢》一書「貞人」及「先公先王」部分。請將其片號打出如：
> 王亥 003、100、112……
> 亐．032、047、051……
> 可以作為我書附錄，以便檢者。此書十分有用，滬上如無，請函知，當令人購一本寄上。「大夒」097，此條欲補於第一頁。如是。下面號碼便不必移動。

---

3 饒宗頤主編、沈建華編著：《甲骨文通檢》第一冊「先公先人」；第二冊「方國地名」；第三冊「天文氣象」；第四冊「職官人物」；第五冊「田獵」。香港：中文大學出版社，1989 年至 1995 年出版。自 1995 年我參與所裏建立漢簡帛書電子資料庫的工作後，「祭祀」分上下冊，此項工作進行了一半，以後再也沒有機會完成，至今是我心裏最為糾結內疚的一件事。

　　甲骨學界都知道，高嶋謙一編撰《殷墟文字丙編通檢》一書，[4]（以下簡稱《丙編通檢》）是在張秉權編著《殷墟文字丙編》[5]（以下簡稱《丙編》）的甲骨資料基礎上，編撰的一部甲骨辭彙索引工具書。眾所周知，《丙編》大部分甲骨，早已被《甲骨文合集》精選收入了。也就是說，我書凡引用《甲骨文合集》片號中，實際上已經包含了高嶋謙一《丙編通檢》中的先公、先王、先妣、貞人這一部分，比如「大夔」就已被收錄在《合集》24963 片。饒公提出要增補此書，豈不是多此一舉的重複勞動嗎？當時我十分困惑、不解。「作為編撰甲骨工具書，為方便讀者，作者往往都盡量提供資料完備，饒公想法也是如此。」父親的這一番解釋，我心存疑問得到釋懷。

　　就這樣，我按饒公要求將《丙編通檢》中的先公、先王、先妣、貞人索引增補附在書後，同時在凡例引用書目中增補了《丙編通檢》。其實為讀者提供多一種方法檢索甲骨資料，完全出於饒公的初心，但他無論如何也想不到，此舉日後竟造成一場學術公案，成了饒公 30 年來內心的最大隱痛。1991 年 1 月 17 日在東京我收到饒公來信，與我討論地名體例時，附加了一句：「《丙編（通檢）》資料從第二冊起削去不收。」沒做任何解釋，讓我懵了，以往的信中饒公對《丙編通檢》向來是主張增補的，見 1988 年 9 月 26 日年來信：

　　　　《丙編通檢》資料作為附錄，首冊體例如此，以後亦當列出作附錄。《丙編通檢》方法甚佳，一字多處兼收，極便尋檢。

4　高嶋謙一：《殷墟文字丙編通檢》，台北：中央研究院歷史語言研究所專刊之八十五，1985 年。

5　張秉權：《殷墟文字丙編》附考釋，（上二、中二、下二總六輯）台北：中央研究院歷史研究所影印本，1957、1959、1962、1965、1967 年。

　　究竟什麼原因突然要「削去不收」？我猜想可能饒公與我當初的想法不謀而合，心中不免暗喜。

　　1991 年 10 月，我告別了三年九個月的日本旅居生活，第二次應饒公之邀，來到香港中文大學中國文化研究所，繼續《甲骨文通檢》的工作。時隔八年，幾經輾轉，似乎多添了幾許滄桑之感。記得抵港第二天在金鐘地鐵站內的小咖啡館與饒公小聚，饒公詼諧地用「尺蠖之屈，以求伸也」的古語形容我這次來香港的選擇。與饒公談話中我才獲知 90 年台灣中研院院士評選會上有人宣讀投訴來信，稱《甲骨文通檢》一書有掠美之嫌，我才恍然大悟，知道饒公為何取消《丙編通檢》的真正原因。生平第一次見到饒公臉上憤懣帶着激動的情緒，令我驚愕，看得出來這件事對饒公精神造成傷害程度之深，使他壓抑了很久。作為參與者，沒有人比我更清楚此事

圖三：參加 1993 年 11 月 20 日廣州饒宗頤畫展

的真相，由於自己在編輯上的失誤，負有不可推卸的責任，給饒公聲譽蒙受莫須有的恥辱，我請求饒公給我機會澄清，我期待這一天到來。

機會終於來了，1994 年夏天饒公去澳洲渡假，寄到所裏的信件由我負責接收，8 月 4 日美國學者何炳棣先生來信，談及關於 1990 年中央研究院十九屆院士評選會議事件，信中提到：

> 兄似有欲向中院提出補償名譽之意。弟對此意具有無限同情，並願盡力支助。目前所極需者為事件真相及始末（誠如面示，人名索引不足十頁）。內中如有程式上小小疏忽之處，亦請解釋。此項解釋及聲明收到之後，弟當再與兄縝密函討推行步驟。

從信中知道，何炳棣教授當時極需了解事件真相始末，我已等不及饒公回港，立即給何炳棣教授寫了一封信，表述編輯事情的經過和真相，並將《甲骨文通檢》第一分冊凡例和附錄影印說明，展示日人高氏《丙編通檢》，已列入《甲骨文通檢》所引用資料來源十本書目之一，由於編輯上缺乏規範，疏漏署名，以致造成後來不必要的誤解。但凡稍有常識之士都會看得清楚，這明明是一個編輯上的疏漏，作者完全可以通過香港中文大學出版社或直接與我溝通的方式予以彌補，[6] 使我困惑不解的是，這個問題何以被台灣某些人用來小題大作？中研院史語所在處理這件事上，恐怕連《甲骨文通檢》一書都沒有仔細調查閱過，就輕易地將此事提到議事日程上，對饒公人格和心靈上造成的侮辱和傷害，恐怕是永遠無法撫平的。

---

6 我當時就在東大東洋文化研究所高嶋謙一研究室參加《甲骨文字字釋綜覽》項目，與高嶋先生同一間辦公室。

如果要掠美的話，試問又何必在凡例和附錄注明《殷墟文字丙編通檢》一書以示區別呢？[7]《甲骨文合集》已經收入了《殷墟文字丙編》甲骨資料，我們的目的是為了給讀者多提供一個更好的參考資料，明明這番好意介紹，換來的竟是這般羞辱，讓人情何以堪！

還好，饒公沒有時間理會這類困擾，他有太多的工作要做，每週一出現在研究所辦公室，要處理海內外信件、書籍、雜誌、學生論文、校稿等等，每天有大量的工作和寫作等着他去做，饒公來不及煩惱，他依然像個頑童，有次告訴我：「今天凌晨，我是用一隻睡意朦朧的眼，花了一小時寫了〈一隻眼與二隻眼〉這篇隨筆。」說完哈哈大笑，這就是我眼裏的饒公 —— 天真、好奇、心無旁鶩，沉迷於他的世界裏，從不對人設防。

何炳棣教授沒見到我以前，以為我是一個男士，收到我的信不久，9月3日給饒公來信：「收到吾兄助手（現原信屢尋未獲，其尊名不記得），我本想幾天內即給他回信（特別是由於他的信非常誠懇動人），但我不得不去加拿大短期旅遊休息。」他認為中研院在處理此事有過失，「我意不但兄聲譽應恢復，且應重被提名。」信中所悉並不是饒公單一事件，還有毛漢光先生。何炳棣教授的來信，盛情厚意，所表露出一個學者無私無畏，伸張正義，我被他的人格魅力深深打動。對饒公精神慰撫無疑是溫暖的，也是最欣慰的，簡直是雪中送炭。後來在港時見到他洪鐘般的聲音，高大身軀，一下子讓我聯想起古代小說中披劍俠士。

今天這些信件向世人展示，揭開塵封的往事，既是對饒公聲譽的澄清，也是還原三十年前編輯《甲骨文通檢》的真相，讓歷史作一公正的注腳。對我而言，壓在內心的歉責與不安，在此終於可以

7　詳見饒宗頤主編：《甲骨文通檢》第一冊，香港：香港中文大學，1989 年，頁 21；附錄，頁 30。

向學界和饒公作一交代，了卻多年以來一樁心願。

　　從 1991 年 10 月到 1995 年，《甲骨文通檢》第二冊方國地名、第三冊天文氣象、第四冊職官人物、第五冊田獵，相繼由北山堂基金會資助香港中文大學出版社出版。這次來港，讓我第一次感受到生命的快意和釋放，我終於可以放下一切，盡情盡意地享受工作帶來的快樂和興奮，我有幸第二次成為北山堂基金會利榮森先生的資助對象。利先生以一個生命對另一個生命的溫暖，伸展了我學術生涯的機遇。如果說饒公改變了我的人生，那麼利先生多年以來對我的學術資助，給了一份父母不能替代的關愛，斯人已去，留下我綿綿無盡的感恩與思念，座落在北大校園「斯坦福利榮森中心」的小院，每當我經過，就想起那個漸行漸遠的背影和歲月，內心總有一種無法抑制的傷感。

　　《甲骨文通檢》第一冊這部書剛出版時，香港與內地交往甚少，說實話學界並沒有太大反響，後來隨着第二冊地名出版，我注意到越來越多地受到學界的關注，特別是饒先生的前言，可以說積聚了他這些年壓在心裏長久的思考，以及對商代地理形成的看法，商代地理始終是當下史學界最為關注的重要課題，許多問題還有待去研究。1999 年甲骨發現一百周年，已出版的中國社會科學院歷史研究所總結與回顧甲骨學史，王宇信、楊升南主編的《甲骨學一百年》一書中，提到了這部《甲骨文通檢》確定的地名和統計數字，以後又在其他學者的文章中對饒公的評價，[8] 包括著名學者李學勤教授在他的文章中經常引用《甲骨文通檢》資料。去年浙江大學文化遺產研究院曹錦炎教授，帶領團隊申請國家重點科研專案，依

8　宋鎮豪主編，孫亞冰、林歡著：《商代地理與方國》曰：「饒宗頤先生疑即《左傳》所謂『單伯邑』，在河南近畿，其說至確。」北京：中國社會科學出版社，2006 年，頁 131、186-187。

據《甲骨文通檢》分類分冊索引片號，將附上甲骨釋文，使其更加方便完善供學者參考。今天我才真正體會到《甲骨文通檢》的價值所在。

從今天的眼光來看，《甲骨文通檢》這套書由於受當時條件限制等原因，還有不盡如意的地方，而且存在很多錯誤。但饒公作為主編，能夠將每一篇《甲骨文通檢》前言專題，梳理和考證，發揮得如此縝密，每一篇前言都有上萬字，極為少見。既是對商代甲骨卜辭的系統研究和積累，也可以看出他對商代社會一個整體的史學觀，這都給後人研究留下很多啟發和思考。正如他在《文化之旅》引言中所說：「我一向觀世如史，保持着『超於象外』的心態，從高處向下看，不跼促於一草一木，四維空間，還有上下。」我想這就是大家風範，也是饒先生與其他學者不同之處。

1990 年 11 月 7 日父親在睡夢中安然去世，沒有留下任何遺囑，卻留下滿屋子的書和手稿，從那時起，我開始逐步整理饒公給我和父親的信，記得饒公曾對我說：「我不敢相信自己，可以為一部書，給你們寫了如此多的信，這是我一生未有過的奇跡。」如今父親已經離去，留下文革隔離審查時用的一把素面摺扇遺物，饒公為紀念他，欣然提筆賦《金縷曲》一首，「猶記得，滬濱聯轡。綠醑黃花屢盡興，每念君，撫卷漫屑涕。」每每吟誦，涕淚泫然，對我而言，它承載了兩代人二十年的守望與承諾。

翻開 1980 年代，帶着歲月斑痕的信箋，恍若隔世一般，就像觸摸一個鮮活人的情感世界，那些流逝的舊人、舊事、舊情、舊景，總讓人有種無端的感動與莫名的傷感，是什麼？我說不清楚。

今年饒公度過了百歲生日，用他自己的話來形容：「我這一生好像是漫漫路途上求索的苦行僧，一輩子在苦旅中折磨自己，沒有人知道我的大部分時間是在寂寞中度過的，我把研究學問當作生活一個部分，才能臻於庖丁解牛、目無全牛的化境。」對於學問，饒

公近乎於純粹宗教式的虔誠，以他獨特生命方式超越了自我，超越了那個風雨時代。那麼今天重溫這些信函，或許是種寬慰，儘管我們留不住時間的傷逝，但是它留住了那個時代人的情義與信任；留住了那個時代人的真誠與清正。在這個物欲橫流的時代，讓我找回一張平靜的書桌，好像聽見饒公又向我說些什麼。

寫於 2016 年 12 月 8 日

本文為筆者編《饒宗頤甲骨書札》

（上海：中西書局，2017 年）的序言，現增加標題，並略作修改。

沈建華，女，1953 年生於上海。1969 年初中畢業，1970 年插隊安徽宿縣。1975 年至 1978 年在宿縣化肥廠當工人。1978 年 9 月作為特殊人才調安徽省博物館特級書畫庫房保管部，後任助理研究員。1983 年至 1984 年任香港中文大學名譽副研究員。1988 年至 1990 年任東京大學東洋文化研究所輔佐研究員（非常勤[9]）。1991 年至 1995 年任香港中文大學中國文化研究所名譽副研究員。1996 年至 2008 年任香港中文大學中國文化研究所副研究員。2008 年 10 月至今任清華大學出土文獻研究與保護中心副研究員。

9　非常勤：是日語中的非正規僱用受聘職員，定期出勤，規定時日上班。

獨尋綠隙紅蔫外

| 胡曉明 |

一、文化盛會，蔚爲壯觀

 2015 年，喜值饒宗頤教授百歲華誕。香港特區政府及香港各界人士，以及兩岸三地及海外的眾多學界人士聚集一堂為老先生祝壽。12 月 4 日至 8 日間，香港大學及饒宗頤學術館、香港中文大學等十餘所香港高校和研究機構以此次盛會為契機，共同在香港大學主辦了「饒宗頤教授百歲華誕國際學術研討會」，旨在學習、繼承饒先生的輝煌成就和學術貢獻，發揚、光大其畢生志趣和崇高使命，更以學術研討之相繼不絕、眾彩紛呈的形式，為饒先生送上一份特別的賀禮。共有來自內地及海外的兩百餘名學者受邀參加了本次學術討論會。數日間，香江港島，人文鼎盛，蔚為壯觀。

 12 月 5 日，雨夜之後的一個星期天的早晨，空氣異常清新。九點之前，香港大學黃麗松講堂已經座無虛席。許多人相互問候寒喧；然而臨近開幕式開始的那一個片刻，會場突然變得非常安靜。主持人、香港大學饒宗頤學術館副館長鄭煒明博士告訴大家：老壽星大概還有幾分鐘就會到來了。大家似乎屏住呼吸，等待着一個親

證奇跡的時刻。饒公在醫生的攙扶下緩緩走進會場的時候，全場起立熱烈鼓掌。鄭博士代表主辦方——香港十四所院校機構對到會的兩百餘名學者表示歡迎，他先邀請香港十家大學的代表一一上台就座，合影留念，然後邀請香港大學校長馬斐森（Peter W. Mathieson）教授和香港中文大學副校長霍泰輝教授分別致英文、中文歡迎辭；兩位校長均高度讚揚了饒宗頤先生對中國文化和學術研究的巨大貢獻，以及對香港學術界的特殊意義和重要價值。之後由學界派出代表為饒公百年華誕敬致手書賀詞，其中八十五歲高齡的詹伯慧教授的賀詞《壽納百福》尤為引人注目。詹教授是「嶺南詞宗」詹安泰先生之子，父子二人與饒先生可謂兩代世交；詹教授也是出席本次會議的學者中最年長者。

饒宗頤學術館館長李焯芬教授主持了之後的主題演講部分。他分別邀請了饒公畢生所研究領域裏幾位國內外第一流的學者，來討論和評價百歲老人選堂先生的學術生涯和傑出貢獻。首先是北京師範大學人文宗教高研院、山東大學儒學高研院院長許嘉璐教授，他向與會學者簡要介紹饒公在眾多領域中的傑出成就、開創之功和他令人驚歎的學術生涯，以及對中華文明與文化的巨大貢獻，最後寄寓了學術界各方人士對饒公的美好祝願。之後是敦煌研究院名譽院長樊錦詩教授，以「從敦煌學研究來看饒宗頤先生的治學精神」為題，並以敦煌學研究為例，總結和讚揚了饒先生對學術保持敬意、廣博而宏通的視野、首創與開拓的精神，力求源流、求真務實、從不盲從的治學精神。

接着，美國芝加哥大學夏含夷（Edward L. Shaughnessy）教授介紹自己在饒公的啟發下對青銅器的研究；由香港能仁專上學院的單周堯教授介紹饒公在書法藝術方面富於變化的特色和實例；並由饒公的兼任私人醫生陳漢威先生介紹饒公所以能夠長壽的秘訣和養生之道。陳先生從香港成為全世界男性最長壽的地區講起，講到饒

宗頤自十四歲起，練了幾十年的「因是子靜坐法」，講到他的以學養心，以及一個重要的傳統中醫精神即「治未病」（《素問》「不治已病，治未病」）。毫無疑問，饒公的長壽並健康生活，道成肉身，本身也是中國文化極高明而精微的現身說法。幾位嘉賓的發言，使與會的眾多學者再次領略了饒宗頤先生的博通視野、豐富學養、崇高精神和人格魅力。令人十分驚奇的是，百歲老壽星饒公不僅參加了開幕式，而且坐在下面興致勃勃聆聽了大部分的主題演講。

接下來的三天時間，與會的各方學者分別從饒宗頤先生所傾心研究的諸多領域出發，分為六個分會場，分別對不同的選題進行討論。其中，有對饒宗頤先生及「饒學」的專門報告和講演，分為饒宗頤教授的學術研究、文學創作、藝術創作及其他等四個門類；還有對饒宗頤先生所提倡的「華學」課題之專門研究，分為甲骨／古文字學、簡帛／上古文獻、考古學／上古史、中外文化交流、敦煌學、歷史研究、民族與邊疆、宗教與哲學、文獻學、藝術研究、古典文學等十一個門類。因與會學者及提交之論文數量眾多，會議分為十二節進行。在會議期間，來自全球各地的學者齊聚一堂、激烈討論，或對饒公的學術成就和文藝創作進行中肯而多面的評價；或從饒公所涉及的諸多學術領域出發，提出自己新的發現和貢獻。整個研討會的進程十分緊湊，但並未影響來自各個學科領域的學者們相互交流探討，共致新知。

二、江南 —— 饒公心目中的文化情結，家國之思

饒公是華東師範大學名譽教授。這次華師大中文系共有彭國忠、朱惠國、楊焄和我四位教授以及博士生楊帆參加討論會並提交了學術論文。我還寫了一首七律賀詩（見後）以表祝福。其中有一個小插曲，我參加香港大學饒宗頤學術館孫沁、羅慧女史的有關

《江南春集》這一場報告會時，想起了二十年前的一段往事。

《江南春集》詩作最早作於 1984 年，是饒公一段遊學蘇州及江南的詩詞創作。初次發表於 1985 年，後來有續寫與改作。這也是饒公唯一存有原始草稿且有極為豐富研究資料的詩集。孫、羅兩位文獻校勘的工作十分細緻，不僅弄清了《江南春集》發表以來的各種版本，還充分依據饒宗頤學術館珍藏手稿版，整理出了《江南春集》的完整版，並準確校正了創作的三個時間段（1984 年、1984-1985 年、1985-1993 年），孫、羅二位的工作基本還原了詩人完整細緻的寫作過程。手鈔本的研究是文學研究的一項重要課題，而如此細緻豐富複雜的手鈔本十分罕見，這樣的還原不僅有助於理解饒公的創作，有助於文藝心理學、詩詞作法的研究，而且也為細讀批評及古今文學比較等領域提供了一個範本。這時，我忽然想起我手上也有一首饒公的〈江南春〉，這首詩可能正是當年的作品，可以提供給孫、羅二位作版本校勘。

那是 1994 年下半年，我在香港中文大學做訪問學者。其中一個重要課題即是《饒宗頤先生口述史》。與饒先生每週有兩三個小時的談話。我們有時候在大學餐廳，有時候在中國文化研究所的會客室，或饒公的辦公室，有時候就在他跑馬地的家裏。聽饒公的談話是一種奇妙的享受，他談風極健，完全不必擔心有冷場。而且他不是那種仔細斟酌字句、或抑揚頓挫式地談，而是親切隨和，沛然莫之能禦地與你談話。他常常會大段背誦章太炎等前人的文章，信息量大，記憶力驚人。我後來的成果，部分收入《饒宗頤學述》（香港商務印書館，1996 年。後來未有時間補充修訂，所以一直未出版內地版）一書。記得快要離開香港的某一個初冬的晚上，星空很亮很高，天氣有些冷，我在外面散步，突然接到饒公的一個電話，他知道我快要走了，說：「我給你寫了一幅字。」我高興極了，因為我雖然心裏一直想得到饒公的一幅墨寶，但卻不好意思主動向饒

圖一：〈江南春〉組詩其中一首

公要字，他畢竟那麼忙。而饒公真是善解人意。接下來的話更讓我莫名驚喜：「我寫完之後，發現紙還留有多的空白，我又在後面給你畫了一幅畫。」他說得這樣輕鬆隨意，而我於是乎就有了饒公的詩、書、畫合一的一幅作品。這幅作品上面的詩與文如下：

> 流水人家曳柳條，秋風曾繫木蘭橈。閶門暫慰它年夢，暮雨疏煙過六朝。
>
> 曉明吾兄東歸滬瀆，寫此贈別。戊寅選堂書舊句，以詩為畫，倘謂是乎？

所謂「舊句」，正是〈江南春〉組詩其中的一首。饒公以此送別一個後生小輩。他知道我即將回上海，而上海正是江南的所在。他在這裏，不僅用中國送別文學的時地人相結合的老傳統來表達對忘年小輩的一份感情，而且更重要的是，我這次透過孫沁、羅慧的研究，更了解到江南原來是他上世紀 80 年代重返內地時流連忘返之地，也是他長期在海外對華夏文化中心的魂牽夢縈之地。因此饒

公寫了那麼多的詩詞，作了反覆認真細緻的修改，這表明江南一地，在饒公心目中，原有深厚的文化情結，有悠久的家國之思。唱歎生情，他透過與一個小輩的送別，也傳遞了這樣的深情厚意。

二十年後，我講這個故事，那個微冷的冬夜高而明亮的星空，依然如在眼前。

三、古琴悠悠，祝「壽而康」

12月7日，會議在黃麗松講堂落下帷幕。鄭煒明博士對三天的會議進程進行了簡報，用論文量、類別以及參會人數等幾組資料說明了會議的圓滿成功（其中一個感人的花絮是志願者非常用心、認真投入，有志願者把她的媽媽都動員來了），三天的會議不僅令到會的學者獲得彼此交流新知的平台，也同樣凝聚了香港學界各位同仁的辛勤付出。本次會議是一次學術盛會，是文化與文明的盛會，也是對饒宗頤先生學術生命的最佳祝賀。最後，由曾經教授饒宗頤先生古琴技藝的嶺南容家之第五代傳人 —— 容克智先生，一連為到會學者演奏了饒公最喜愛的《搔首問天》、《鹿鳴操》、《塞上鴻》三曲，尤其是其中的《塞上鴻》，是饒公親自打譜、容氏長期保留曲作。因而饒公也是古琴藝術的文化傳人。琴聲悠悠，使眾人的思緒不禁緩緩回到饒公在上世紀的香港，獨自撫琴、懷念故國的寧靜夜晚。

除了學術界為慶祝饒宗頤先生百歲華誕準備的這次思想盛宴之外，香港特區政府和香港各界人士也於12月6日在香港會展中心會議廳為饒宗頤先生舉辦了慶賀生日的一百桌的盛大晚宴，中間圍繞着一個蓮花狀開放的主桌。荷花，是饒公最愛的花，他家客廳裏掛壁的也是一幅蓮荷圖。我想起「出淤泥而不染，濯清漣而不妖」，饒公真的可以算是把荷花精神發揮到了古今之極致。我又想

起「接天蓮葉無窮碧，映日荷花別樣紅」，不正是今天盛況以及文化中國的寫照麼？香港政界、商界及參與本次會議的學界相關近千人士前來為饒公賀壽。香港特別行政區行政長官梁振英、中央政府駐香港聯絡辦公室主任張曉明出席壽宴並致辭，表達了對饒先生於中華文化的守護與開創之功的讚揚，並祝願其生命之樹和學術之樹常青。饒公講了幾句話，大意是向在場的每一位嘉賓送出美好祝願：希望大家「壽而康」。壽而康，這正是本次壽宴的主題，也是所有人對饒公的衷心期盼和祝福。尤為可貴的是，饒先生雖行動不便，仍堅持全程參加了壽宴，並長時間輪流與大家分組合影。我在合影結束的時候，輕輕拉了一下饒公的手，他的手溫和而柔軟，像一個小孩子的手，那一刻，令我十分驚訝。

在會議進行的同時，香港中央圖書館也舉辦了題為「香江藝韻．饒宗頤教授百歲學藝展圖錄」的展覽，其中內容多與饒公來香港之後以及近年來之生活和藝術創作相關涉；除了大量的書法藝術作品之外，還展出了饒宗頤先生的詩詞手稿以及平時彈奏的古琴。雖然筆者前去參觀已經是最後一天，但仍看到許多香港民眾參觀，品味大師的創作、人格。饒公曾經說，是香港成就了自己，沒有香港便沒有饒宗頤。他又說，做學術要有孤獨感，不孤獨做不了學術。而他正是這樣一直實踐自己的學術理想，為故國繼絕學，為後人開新路。展覽中有一副對聯十分矚目，是饒公今年為本次壽宴所題寫：「高樓風雨、南海衣冠」。風雨如晦、雞鳴不已；衣冠南渡，海天蒼蒼……這正是饒公經歷風雨、定居香江、獨上高樓的學術生涯之真實寫照。

四、饒公的在場，就是華夏的大氣場

總結來說，這次祝壽活動及學術研討會有幾個特點：

一、這是香港學術文化的一次前所未有的盛會。香港全部十所大學都參與慶祝活動，出力、出人、出錢、出學術，借着饒公這樣一個德高望重的文化符號，集結力量、凝聚認同、溝通人心，不啻為香港傳統人文學術的一次充分展示，一次響亮發聲。當然，從更大的意義上說，也是香港文化的一場浩大的禮花閃爆，是香港絕非文化沙漠的一次有力的明證。

二、香港與華夏傳統文化的深度接近。香港畢竟是一中西交通的大樞紐，百年老港，歐風美雨侵淫，西化極深。然而香港回歸不僅是身體的回歸，更應是靈魂的回歸。回歸日久，文化與家國認同上的回歸，漸次明顯。這回香港政府眾多高官的出席，以及社會各界的重視與熱心參與，一方面表明饒公百歲壽辰的福星高照，人皆喜樂，另一方面也藉此機會，充分表明香港社會對中華文化傳統加深的敬意，因為饒公就是中華文化所化之人，他的出現，就是華夏的大氣場，他就是一個了不起的象徵。

三、「華學」這一學術概念傳播漸廣漸遠。我剛剛參加上海舉辦的第六屆中國學國際學術年會。我所理解的「中國學」，比較偏向於當代中國，也更偏向於國際政治的話語角逐、經濟、外交，以及哲學宗教的溝通理解，有助益於中國大國形象的重塑。而「華學」則更為厚重更為寬廣，紮根於數千年來自軸心時代以還的傳統中國，有助益於文化上的深度了解與文明的前瞻對話。在饒公的推動下，區別於西方話語主導的「漢學」與當代國際政治主導的「中國學」，「華學」也越來越成為學術界同樣醒目的另一面旗幟。

總之，饒公百歲誕辰的慶祝活動，得天時、地利、人和，其中的有些因緣，後人無法複製，可能是數百年一遇的大盛事。如所周知，百年前的 1915 年，陳獨秀在上海創辦了《青年雜誌》，從此拉開了近代中國第一次思想解放運動新文化運動的序幕。陳獨秀絕不會想到，新文化運動百年之後，舊文化不僅打不倒，而且還借着它

不死的精靈 —— 優秀的文化傳人，展現其中生機勃勃、光景常新的風采。我想起饒公有一部重要的著作《符號・初文與字母 —— 漢字樹》，詳細論述了漢字作為華夏文明的一棵大樹，結滿了非常多的文化果實。而陳寅恪先生也有一個關於中華文明著名的「大樹預言」：「如經冬之大樹，本根未死，終必復振，亭亭如蓋，又可蔭庇數十人矣。」中國新一代文化人，既要接續「五・四」的真精神，又要傳承祖宗的舊法寶，喜新而不棄舊，參古定法，望今制奇，中華新文明越來越顯示出沉穩的智慧。

五、「獨尋綠隙紅蔫外」解讀

我覺得很有必要解讀饒公一首十分重要的言志詞作，這可以先從我寫給饒公賀壽的七律詩〈賀選堂先生期頤之壽〉講起：

> 天遊嘯傲一書城，
> 萬古中流自在行。
> 靭發韓江吞眾派，
> 疆開學海立先旌。
> 獨尋綠隙紅蔫外，
> 恍聽南天北斗聲。
> 萬壑蒼松齊揖罷，
> 繞梁深處五弦清。

最末一句「萬壑松」是饒公藏有的一張宋代名琴，可以描述上述琴聲的現場。第一句，饒公早年讀書在其父饒鍔老先生的「天嘯樓」之中。第二句，用先生傳誦已久的名句：「萬古不磨意，中流自在心。」

重要的是第五句：「獨尋綠隙紅蔫外」，這就是用饒公的那首著名的詞，饒公標舉「三境界」說，施議對教授有專門的解讀，相當有啟發性。但我聯想到近代有名的「落花」意象，認為還可以從饒公的文化意識角度，來作新的解讀。下面是我的試讀：

「漫芳菲獨賞，覓歡何極」為第一重境界。這是饒公在二十世紀苦難的中國歲月中，堅守中華文化本位，孤獨而執着地研究與傳承絕學，在其中享受到充實的人生快樂。

「看夕陽西斜，林隙照人更綠」為第二重境界。這是饒公在中華文化遭受踐踏的歲月裏（我 1994 年訪問饒公，他怕我聽不清楚，親筆在我的採訪本寫下「踐踏本位文化」六字），在花果飄零的境遇中，從文明中汲取生機，從而安頓自己的生命。

「紅蔫尚佇，有浩蕩光風相候」為第三重境界。這是饒公在晚年，貞下起元，剝極復來，華夏文明經冬復蘇，花落而春猶在，浩蕩光風，又重啟文明復興時代的一大預言。

王國維在《人間詞話》中說，古今之成大事業、大學問者，必經過三種境界。靜庵先生在二十世紀初，中國文化遭受滅頂之災的時刻，淒涼而熱烈，執着而悲壯。然而饒宗頤在為人修學中的「三境界」，另有一番風景，接天映日，浪漫高華，其人其文其事，莫非是古典中國來到現代世界的一個美妙的故事？

六、心經簡林與香江因緣

香港大嶼山，二十一世紀初新增添了一處絕美的風景：心經簡林。從昂坪的寶蓮禪寺一路往海邊走，可見由 38 條高大木柱組成的戶外木刻群，將饒宗頤先生的漢簡心經書法作品，鐫刻在來自非洲的巨木之上，樹立於向海的山頂。我初觀心經簡林的心情，是大震驚。噫！天風蒼蒼，海水茫茫，想不到香港會在這麼一個地方，

集佛教的《心經》、饒宗頤的書法、非洲的巨木與自然的山林天海奇觀,融為一景,給人以超越的身心靈神之體驗。心經簡林是無牆的禪寺,以宇宙天地為牆院;也是虔敬的信徒,終日乾乾以登高;是問道於天的大疑大惑,又是靈根深植、遠離一切顛倒夢想的高僧大德。那些木質特為斑駁蒼老,猶如出土的殿木;那裏山嵐特為寂靜蒼涼,似有原始的召喚;而書法又特為誠懇真切,猶如童子對母親的承諾。整個意象,既崇高壯偉又含蓄低徊,既真實厚重又空無一物,承以涵蓋乾坤之力,而指向蒼茫無限之境。

有了此一方風景,香港的大嶼山,有了新的深度與高度。正如香港有了饒宗頤這樣的學人。

國學宗師饒公宗頤先生在 2018 年立春之後的晚上,平靜地走了。他一生強探力索,開風氣、出奇兵,在許多陌生的領域開荒播種,在許多新鮮的風景中着人先鞭,現在終於休息,放下了手中的筆,放下一身的道、學、藝,不再勞作。不知為何,我的眼前出現的竟是香港大嶼山心經簡林的那幅畫面,那一根根高高矗立的漢簡木柱,清臒而蒼勁有力,引人向上,執着盡力,向外,向山頂、南海、高天、白雲之外的無限遼遠,而身後是寶蓮禪寺的悠悠晨鐘,是鬱鬱蔥蔥的常青山谷與樹林……

在這裏,我不想再重複我過去寫過的,關於饒公的學術成就 —— 那些表述已經太多,人云亦云,輾轉相襲 —— 其實饒公不是一個通俗作家,他的學問恐怕不是一般知識大眾所能懂得;甚至他喜歡畫的蓮花,也不是普通人所能知賞的。想當日,1994 年我申請香港 UGA(香港大學同學會基金會)的香港研究項目,臨填表格之時,除了饒公,我還想到金庸。同樣是自學而成正果的大師,同樣是中國千年文化在香港的燦爛結晶,這兩個人都令人着迷。金庸先生是有井水處必有金迷,老嫗能解,雅俗共賞;而饒公曲高和寡,甚至隨着時間的流逝,知道與喜歡金庸的人一定會更多。然而

我還是選擇了解讀有難度的饒公。我讀學術史,深知饒公是最後一個文人,其時代典範意義,其與吾國學術文化史的重要相關,絕非喜歡的人數多不多,可以簡單決定的。而他與文化中國的共同意義,可能需要更長的時間之後才能真正顯現。

那年,我住在香港中文大學的雅禮賓舍,制訂了一個頗有雄心的計劃:做饒公的口述史。掘井及泉,以一人見一代之學術文化史。一開始在中大文化所的咖啡室,後來在范克廉餐廳以及跑馬地山村道饒公家,為期3個月,訪談15次,積40多小時的錄音帶,饒公娓娓道來,珠玉紛呈⋯⋯然而後來在香港教育圖書公司出版《饒宗頤學記》,卻不是我的初衷。「咄!你要做我的學記?」一開始饒公聽我說起訪談的定名時,覺得這事兒有點難。我以為反正是饒公講,我記錄,後來才曉得,這要消化多少東西!跟在巨人背後散步,「奔走駭汗」(這個詞是陳榮先生對饒公的評論)。因而寫完了學記,我想放一放。可是饒公自己拿去出版,他認為寫得不錯,後來多次向人推薦。並且,多家電視台要拍饒公的記錄片,他專門寫條子:「到上海找胡曉明」。由於我只寫到1994年,此後二十多年饒公還有很多學術成果,多家出版社找我續寫,可是我後來學術興趣多變而轉移,雖也有文章發表,卻再也回不到饒學了。我想,饒公看重這半部《學記》,原因可能是能見其大,主要的精神已經寫出來了,接下來的也不過只是房屋裝修、增添傢俱,以及園林佈置而已。莊子主張「支離其形」(〈人間世〉),「非愛其形,愛使其形者」(〈德充符〉),饒公最懂得此中奧秘。

譬如我在《學記》裏一開始即強調了「香港因緣」,表彰饒公對香港有深情有感恩,講了方繼仁、葉恭綽和王雲五,講了中國文化中天時、地利與人和的意味,饒公都深以為然。「如果我不出來,可能人都沒有了⋯⋯後來我整個人都改變了。」在二十世紀山河破碎、天災人禍,以及教訓、代價、時代交的學費的背景下,

饒公這話聽來，實有無限的歆幸、無限的感慨。我今天再來想這個事，香港與文化中國的因緣，在內地與香港之上，還有一隻看不見的手：中國文化的命運之手。先是讓饒公勞其筋骨，苦其心志，給他各種人脈、條件、資源，以充分醞釀、潛伏、預備，然後延伸、輻射、放大、開拓，古老的中國文化借饒公聰慧的手，先織成一塊漂亮的錦繡，即他一生研究的漢字、敦煌、絲綢之路，時機一到，即擴大、變化，變成新的學術絲綢之路、新的敦煌重鎮。成為內在於學術本身的一種文化自覺。饒公晚年提倡的「華學」、「新經學」等正是這樣的新「絲路」。他在眾多的學問上開荒拓宇，播種植木，而後人補種成林，文化漸成蔭蔽眾人之大樹，香港因而成青青河畔草，綿綿思遠道的文化綠洲。此中文化生命的根本邏輯，其實正是自由精神的邏輯。我記得當時饒公說：

> 香港是一個破了 model（模子）的世界，你還沒有活動就給你限定了，這種 model，作為管理是比較方便，但對於人的天性，興趣的發展，我就不敢說好了。所以我是一個不能進入 model 的人。我這個人非要搞七搞八，因為我有這個能力。

饒公治學途徑的開展，也是一個不斷破其模子的過程：經過了一個由本土傳統學術 —— 海外漢學 —— 舊學新知相融貫的過程，三個階段他都能盡其能事、致其曲折，故其學問境界能得其大，可謂「更行更遠更生」。他的學思歷程，正是中國近現代學術進程中一個盡人事、會天時、得地利的典型。如今，哲人雖已去，萬古中流去復還，其典範，對於未來中國學術發展，極富重要啟示意義。

那年專案結束時，我在 UGA 基金會的報告會上說：「香港這個地方，從地圖上看，只是小小的一個點兒，但是近半個世紀以來，

卻產生了好幾位中國傳統人文學術研究的第一流人物⋯⋯香港其實是一個非常有助於中西方學術文化交流的寶地，饒公透過香港結識了歐美漢學、日本漢學和西亞印度學問方面的重要人物，使他成為一座連接中西、中印、中日、中美、中泰文化的橋樑，與其說這是香港對饒公的一份厚賜，不如說是香港通過饒公這樣一位中國文化所化之人，對中外文化交流作出的重大貢獻。應該感謝 UGA，不僅是各位對我的幫助，更重要的是 UGA 破了一個先例，從此開始把眼光注意到人文學術，香港人文學術對中國的貢獻是一個值得研究的好題目。」

七、文化老英雄的新構想

敬愛的饒宗頤教授於立春的一個晚上平靜辭世。我得知這個消息，頗感意外。他老人家生命最後一年還去了一趟巴黎，開辦他的蓮花畫展，身體只是有些弱，清癯而已，終於，他還是放下了他的筆。這些年來，我想與饒公通話都比較困難，家人把他保護起來了。想當初，二十五年前的那個秋冬，我與他老人家每週都要聚談兩次，問他很多問題。有幾回還跟他一起走路、乘校車、轉地鐵，再從金鐘轉計程車到跑馬地山村道饒宅，看他的印度巨書、字畫及那張枯木般的宋琴。後來那些年，我只要想要字，饒公便有求即應。2014 年我校圖書館新裝修，大廳裏缺少文氣，我請饒公賜墨，他大書「志于道據于德依于仁游於藝」，一週內即快遞到手。饒公集學問與藝術於一身，以其博洽周流、雅人深致的境界，成為當代的國學宗匠。同時，他的文化世界觀具有自信、自足、智慧、圓融、和諧的特點。在他的文化世界裏，東方與西方沒有鴻溝，古代與現代沒有裂罅。饒宗頤先生的學問、藝術與文化人格，是特殊的時代因素所造就的學術文化史現象。這一範式所樹立的標格，將對

於未來的中國學術具有重要意義。

　　有一件當代學術史上的重要事情很多人都不知道。大概是 2006年的一個秋天，饒公到上海，住在國際飯店，我和內子去看望他老人家，當時還有陳允吉教授在場。第二天，饒公打電話來，要我帶他去看王元化先生：「我有一件重要的事情要向他報告。」我很快安排了這次見面。記得我去接饒公，他從國際飯店出來，堅持要乘地鐵。一路上跟我講香港以及全世界應對禽流感十分慌張，殺光了所有的雞鴨。「人類越來越脆弱。」他跟王先生約好，在上海圖書館的貴賓室裏見面，這次談到的重要事情，原來是敦請王先生出面，主持一個大型項目《新編經典釋文》。如所周知，陸德明《經典釋文》的產生背景是在南北統一的初唐，他鑑於當時經典舊音太簡、微言久絕、大義愈乖，後人攻乎異端，歧解紛出，在校理群書的基礎上，「精研六典，採納九流」，著為釋文，遂為大唐盛世經學的再起，奠定極好基礎。在饒公看來，當代經學的發展，由於（一）出土簡帛書的新資料大量出現；（二）二十世紀以來積累的釋古成果極豐；（三）學風丕變，由疑古、五四反傳統而激進的學術漸回歸於理性平和；（四）政府鼓勵國學復蘇——因而一個新的《經典釋文》，即集大成、去瑣碎而重大義的新經學文本，已經呼之欲出，需要有一個強有力的人來推動這件事情，他想到了王元化先生。

　　為什麼他覺得元化先生能做這個事情呢？當時，元化先生主持了上海市最大的古籍整理項目《古文字詁林》，同時主編《學術集林》，聚集了東西南北海內外相當多的重要學人，儼然成為 1990年代後學術復興的標誌。饒公看在眼裏，他也是這兩個項目的參與者，他十分認同元化先生既重視文獻與文本，又推崇大義，既發掘傳統又不棄西學，既回歸儒學又儒道兼通的學術取向，似乎比北京的中國文化書院更有活力也更有創造性。所以他對我說：「王先生

是當代的阮元！」而饒公一直要構想「新經學」，打算對於過去經學的材料、經書構成部分，重新進行一次總檢討，把老莊也收入其中，超越《十三經》，由此而建立我們的新文化主體性 —— 饒公思慮深遠，願力極大，絕非老師宿儒所能夢見。

當然元化先生後來沒有接受。元化先生也十分認同饒公的理念，然而他畢竟太忙，《詁林》與《集林》兩事已經夠重了。再加上進入二十一世紀後，他的健康狀況已明顯下降。這事雖然未成，然而值得在當代學術史上留下一點記錄，讓後人也知道文化老英雄當年的勇氣、理想與大關懷。

原載 2015 年 12 月 5 日《文匯報》

原載《汕頭大學學報（人文社會科學版）》

2020 年第 36 期（原文標題爲〈萬古中流去復還〉）

胡曉明：華東師範大學中文系終身教授。現任華東師範大學圖書館館長、文學研究所所長、校學術委員會委員。兼任教育部人文社會科學重點研究基地中國現代思想文化研究所副所長、中國美術學院南山講座教授、復旦大學中華文明與國際研究中心研究員、中國古代文學理論學會會長。個人主要著作有：《中國詩學之精神》、《萬川之月：中國山水詩的心靈境界》、《靈根與情種：先秦文學思想研究》、《詩與文化心靈》、《文化的認同》、《江南文化詩學》、《重建中國文學的思想世界》及〈「江南」再發現：中國文學與歷史上的江南認同〉等論文數十篇。

飲水思源憶饒公 ——
關於饒宗頤先生的點滴回憶

| 郝春文 |

　　饒公是名滿天下的學術大家，在書法和繪畫創作方面也取得了
很高的成就，可謂學藝雙馨。特別是當今的學術研究日益專門化，
絕大多數學者難以跨越學科間的界限，甚至在同一學科之內，也被
細分為諸多二級學科和專門領域，學者大都在某一狹小的領域內從
事專門研究。就歷史學研究的現狀而言，雖然多數研究者可以在某
一斷代史或專門史取得重要的成果，但能打通不同斷代史或專門史
的學者就很少見了。而像饒宗頤先生這樣能在多個學科門類取得重
要成果的學者，在已經很難見到了。但歷史經驗表明，跨學科和交
叉學科研究往往能為學術研究提供新的發展契機。所以，饒宗頤先
生的跨學科研究現在特別值得提倡和發揚。

　　因為各種機緣，我有幸與饒宗頤先生有過多次接觸，每次都留
下了難忘的記憶。

一、初見饒公

　　第一次見饒公是在 1998 年，我赴台灣訪學返回內地的途中。

當時內地的飛機不能直飛台灣，所以訪台的內地學者都要先到香港，再由香港赴台。從台灣返回內地也還是必須經過香港中轉。按香港的制度規定，訪台的內地學者在經過香港時，可以在香港停留一週。所以我在從台灣返回時，安排了在香港稍作停留。當時，好友趙和平兄正在香港中文大學訪問，我就請他幫我在中文大學預定了兩晚的房間，主要是希望借此機會能拜見久仰大名的饒公，同時也順便到香港各處看看。

和平兄向饒公轉達了我的請求後，饒公答應在跑馬地住所附近的一家餐館請我吃飯。因為和平兄已經對香港比較熟悉，所以那天是由他陪我從中文大學乘車到吃飯地點。我們剛到不久，饒公也緩步走來。初見饒公，給我最大的感覺是平易近人，像一和藹可親的恂恂雅士，完全沒有碩學鴻儒的架子。席間我們談到了敦煌曲子詞的研究，饒公說起日本學者與任二北先生關於敦煌曲子詞的爭論。饒公認為日本學者對任先生的批評是對的，得到了和平兄的附和。我當時認為日本學者對任二北先生的批評並不公正，所以就冒出了一句：「日本人也太不說理了。」我的態度弄得饒公與和平兄都很尷尬，這個話題就聊不下去了。事後回想起來，當時是我太冒失了。因為饒公和任二北先生有關敦煌曲子詞也有爭論，本來饒公說起這個話題是想借日本人的看法來說明任二北對饒公的批評是錯的。我在中間一攪和，饒公心中的尷尬恐怕要甚於和平兄。

現在看來，我當時的看法不能說沒有道理。任二北先生致力於敦煌曲子詞研究幾十年，不僅在二十世紀 50 年代就出版了《敦煌曲初探》和《敦煌曲校錄》，並且在 1987 年推出了三巨冊《敦煌歌辭總編》，應該是世界範圍內整理和研究敦煌曲子詞貢獻最大的學者。但任先生關於敦煌曲子詞整理和研究是長於疏解，廣徵博引。當然，文字校錄任先生也是重視的。據周紹良先生回憶，「文革」期間，任二北先生曾專程從揚州到北京圖書館查閱敦煌遺書的

縮微膠片。為了查閱敦煌曲子詞的圖版，任先生住在北京旅館內，每天到圖書館閱讀縮微膠片。在當時，能下這麼大功夫的學者，在內地應該是為數不多。長期以來，學界多斤斤於任先生有關敦煌曲子詞文字校錄的一些錯誤，有意無意地淡化了任先生關於敦煌曲子整理和研究的歷史性貢獻，我至今也認為這是不公正的。但由於任先生當時沒有條件到國外去看曲子詞原件，所以原件上的朱筆塗改和用朱筆添加的文字，他在黑白照片上都無法看到。而饒公和日本學者有條件到法國和英國去看原件，可以依據原件校正任先生所錄曲子詞的錯誤。可惜任先生不了解以上情況，於是認為饒公等改動的敦煌曲子詞釋文是臆改的，添加的文字也是擅自添加的。如果就事論事，任先生對饒公的指責和批評當然是錯的，但也確實是事出有因。我當時為任先生打抱不平，主要是認為不能因為以上小錯就否定任先生的巨大貢獻。問題是請我吃飯的是饒公，並不是任二北先生，我作為客人不但沒有順着主人的意思讓主人開心，反而說出了令主人難堪的話，更何況請客的還是令人尊敬的前輩！現在想想我當時的表現真是少不更事。但饒公並未和我計較，我們又轉移話題聊了很久，最後是滿座皆歡。飯後饒公還請我到他的家中聊了一會，說明饒公是真的沒有未計較我的冒失和魯莽。這件小事說明饒公確有大人的雅量和胸襟。

二、饒公到首都師範大學講學

1999 年，首都師範大學決定聘任饒公為顧問教授。饒公攜女兒饒清芬來校接受聘書並作學術講座，歷史系領導讓我負責具體接待工作。那次饒公就住在我們學校的招待所內，我安排饒公參觀了我們系的文物室和資料室。中間還安排饒公與我校著名書法家歐陽中石先生會面，中石先生代表首都師範大學書法研究所聘請饒公為該

所顧問，饒公愉快地接受了。記得那天中石先生有點拘謹，可能是怕耽誤饒公的時間，剛說完正事就起身要告辭。我感覺應該讓兩位大家好好聊聊，於是就對歐陽先生說，多坐一會無妨。中石先生才又重新坐下來和饒公攀談。中石先生告訴饒公，他右眼近乎失明，所以在聊天時得讓饒公坐在他的左邊，他才能看得見。他戲稱自己是左球明（諧音左丘明）。

因為排程比較緊湊，而饒公那時已經年逾80，所以活動中間我建議找個休息室稍事休息。饒清芬小姐告我，饒公可以通過調息達到解除疲勞、恢復精力的目的。我就近找了一間辦公室，讓饒公獨自在辦公室打坐調息，我們幾個陪同者在外面聊天。半小時後，饒公就精神煥發地走出來了。看來饒公得以健康長壽，有自己的調養之道，應該是一個重要的原因。

饒公的講座，因為和我上課的時間衝突，我未能聆聽。不過我

圖一：1999 年饒公應邀訪問首都師範大學

特意把講座的地點安排在學校的國際會議廳，那是當時我們學校最大的公共空間了。演講由寧可師主持，校長齊世榮先生也參加了。演講結束後，齊世榮先生做了講評，對饒公的學術給予了很高的評價。活動結束後同事告我，演講的效果很好，熱烈而圓滿。

三、饒公邀我訪問香港中文大學

2003 年，饒公邀我赴香港中文大學訪學三個月，時間是 9 至 12 月。對我的邀請屬於饒公在香港策劃並推動的「敦煌研究計劃」。這項計劃是分批次邀請並資助內地中青年學者到香港中文大學「敦煌吐魯番研究中心」做一至幾個月的學術研究，期間提供宿舍和一間辦公室，辦公室裏面配備有部分重要圖書，也可以借閱香港中文大學的圖書資料。這項計劃啟動於 1991 年，第一個邀請的是中山大學的姜伯勤教授，其後陸續邀請了項楚（1991）、榮新江（1992 和 1995 先後兩次）、王堯 (1993)、王素（1995）、鄧文寬（1997）、陳國燦（1997）、趙和平（1998）、陳明（2000）、余欣（2001），我是最後一個。在此期間，還有幾位雖然研究課題不是敦煌吐魯番方面，但也是由「敦煌研究計劃」支持並邀請的，依次是劉釗(1995 年至 1996 年)、胡平生(1997 年)、王輝（1998 年）、陳偉武（1999 年）、劉昭瑞（1999 年）、李均明（2000 年）、陳煒湛（2002 年）等。此外，還有張湧泉、黃征和楊銘雖然沒有到香港，但也接受了這個計劃的資助。

從以上名單可以看出，饒先生邀請的中青年學者都是一時之選，但他們在內地都有繁忙的教學任務和其他工作。在香港訪問期間，他們既沒有教學任務，也沒有各種雜事的煩擾，可以專心就自己設計的研究課題從事學術研究。唯一的要求是在港期間或回內地後完成一部書稿，交由台灣新文豐出版公司出版。以我為例，雖然

圖二：2003 年應饒公之邀訪問中大

從事中國古代社邑研究二十多年，但始終不能集中一段時間把相關成果整合起來。直到接受饒先生的邀請，才在香港利用三個月的時間完成了《中古時期社邑研究》一書。可見，饒公設計的這種類似閉關式的短期學術研究，對中青年學者出成果是十分重要的。所以，饒宗頤先生策劃並推動的「敦煌研究計劃」推出了一批優秀人才和成果，從而推動了中國敦煌吐魯番學和古文字學的發展。

假如和香港各大學教師的工資相比，「敦煌研究計劃」給受邀者提供的研究津貼並不算多，但可以滿足受邀者在港期間的各種支出。如果不是大手大腳，還可以略有盈餘。鑑於當時內地的工資水準很低，盈餘部分對改善受邀者的家庭生活也不無小補。特別應該說明的是，「敦煌研究計劃」雖然是以香港中文大學為邀請方和駐地單位，但經費是饒公通過「香港中華文化促進中心」籌措的，多數是個人捐贈。可以說，饒公是靠個人的影響和魅力推動了「敦煌研究計劃」的實施。

我在香港中文大學訪問的時候，正碰上饒公身體不好。他在

2003 年上半年得過一次小中風，雖然很快就控制住了，但完全恢復需要較長的時間。我 9 月到中文大學報到的時候，他的身體也還在恢復中，那時他已經不像以前那樣每週都到中文大學，只是我剛來的時候他特意過來和我見過一面，以後的三個月間，似乎他只來過兩三次。平時有事，可以找饒公的助手鄭會欣和沈建華。他們兩位，特別是鄭會欣兄給了我很多具體幫助。饒公送了我一冊他的書法集、一冊繪畫集、一本論文集，我把書法集和繪畫集放在枕邊，每天晚上睡前翻看一會，心中常常湧出對饒公多才多藝的欽羨之情。

香港中文大學的藏書很豐富，雖然散在不同的圖書館，但訪學人員都可以借閱，借還手續也都很簡便。所以在這裏從事學術研究感覺還是很方便的。中文大學的缺點是平地太少，多數建築都是建在山坡上（香港大學也是如此）。在校區內來來往往都是要上山或下山。校內有校車提供來往的擺渡服務，校車往返各書院和辦公區，期間上下都是盤山路，每次都是九轉十八彎。我每次乘校車都是提心吊膽，也很佩服香港司機高超的駕駛技術，對於生長在北方平原的人來說，對這種建在山坡上的大學很不習慣。包括我們住的宿舍也是建在半山坡上，給人不穩定的感覺。剛到的時候我很長時間晚上都睡不好，總是擔心半夜會從山坡上滑落。

四、參與和饒公有關的重大活動和慶典

2003 年以後，有關饒公的多次重大活動和慶典都邀請了我，我也都參加了，其中 2010 年在莫高窟舉行慶賀饒公 95 歲華誕給我的印象較深。那次饒公以 95 歲高齡親臨莫高窟，但我卻錯過了開幕式。那天我和杜斗城幾人飯後一起散步，杜斗城說他認識到會場的路，所以我們沒有和其他代表一起乘車前往。但當我們走到莫高窟

圖三：2015 年在應賀饒公百歲華誕宴會上與饒公合影

前時，才發現會場不在那裏。這時候已經到了開幕式開始的時間，而我們幾個卻不知道會場在哪裏。突然我們聽到高音喇叭在呼叫我到主席台就座，這時才知道會場在距離莫高窟有一段路程的國際會議廳前，但從莫高窟前返回到國際會議廳前走路大約需要十分鐘時間，等到再趕過去我也沒法在眾目睽睽下登上主席台了。杜斗城一再向我道歉，而我也失去了一次與饒公同台的機會。還有 2012 年在上海西郊賓館舉行「海上因緣 —— 饒宗頤教授上海書畫展」，那次姚明也參加了。雖然在電視中多次看到過他，但現場看到小巨人還是讓我很震撼。他一出場，我們其他人瞬間都變成「小人」了。

最後一次與饒公見面是 2015 年參加在香港舉辦的「饒宗頤教授百歲華誕慶典」，那次參加者有千人之多，我本不好意思上前和饒公打招呼。所幸鄭會欣兄向饒公請示，准許我上前和饒公打個招呼。在我和饒公握手的時候，會欣兄還幫我們照了相，成為我和饒公的最後一張合影。那次和饒公握手，還能感到他的手很有力量。

2003 年我在香港訪學時，感覺饒公的身體並不太好。那時他站

立講話或致辭，時間稍久一點，看上去都會有站立不穩的樣子，都要靠手扶麥克風的立柱作為支撐。給人的感覺已是風燭殘年。但後來的十幾年間，每次再見，都感覺他的身體比 2003 年的時候好，而且越來越好，最終竟能闖過了百歲大關。所以，我一直認為饒公真的很了不起，他不但創造了諸多學術奇跡，也創造了戰勝衰老的長壽奇跡。這一方面應該是由於他調養有道，保養有方，更重要的是因為他具有寬廣的心胸和仁愛之心，所以能夠達到「仁者壽」的境界。

五、饒公對內地學術的推動和扶持

饒公與內地學術界一直保持着密切的關係，他對內地學術的推動和扶持表現在很多方面。上文提到的邀請內地中青年學者訪港就是一個方面。另一個重要方面則是推動創辦新的學術刊物、資助優秀學術著作出版。

在上世紀 80 年代和 90 年代，內地的學者研究熱情高漲，但專業期刊較少，論文發表的園地有限，專著的出版也很困難。內地從事敦煌吐魯番學研究的中青年學者也同樣遭受到這樣的困擾。在這樣的背景下，饒公多方籌措資金，策劃並支持在內地創辦新的學術園地、資助優秀學術著作出版。

1995 年，北京大學榮新江教授在季羨林、周一良和饒宗頤等先生支持下，和北京的一些朋友謀劃創辦《敦煌吐魯番研究》，以書代刊。最初的創辦資金由饒公募自「香港中華文化促進中心」和「泰國華僑崇聖大學中國文化研究院」。該刊於 1996 年正式出版，季羨林、周一良和饒宗頤三位先生任主編，榮新江主持編輯部工作。季先生和饒先生還親自為創刊號撰寫宏文。自 2005 年，即《敦煌吐魯番研究》第八卷開始，由我任編輯部主任，主持該刊的編輯

工作。至 2018 年饒公仙逝以後，編委會推舉我繼任該刊主編。《敦煌吐魯番研究》自創刊至今，二十多年來，已陸續出版 20 卷，發表論文和書評近千篇，很多在敦煌吐魯番學產生過重要影響的論文都是在這本雜誌上首發的。《敦煌吐魯番研究》用稿以論文品質為準，不論資歷，在提高雜誌論文品質的同時陸續向學術界推出了一批中青年學者，很多青年學者都以在此刊上發表論文為榮。

自《敦煌吐魯番研究》創刊至饒公去世，饒公募集的資金一直在這本刊物的出版資助中佔有重要地位。饒公去世以後，香港大學饒宗頤學術館繼承饒公的遺願，至今仍然堅持為雜誌的出版提供部分出版資助。

在推動學術著作出版方面，饒公策劃並主編了「香港敦煌吐魯番研究中心叢刊叢書」和「補資治通鑑史料長編稿系列」，由台灣新文豐出版公司陸續出版，不收取出版資助。這兩個系列先後出版的著作有 20 多種，包括饒宗頤《敦煌琵琶譜論文集》、饒宗頤《敦煌琵琶譜》、姜伯勤、項楚、榮新江《敦煌邈真贊校錄並研究》、榮新江《英國圖書館藏敦煌漢文非佛教文獻殘卷目錄》、張湧泉《敦煌俗字研究導論》、楊銘《吐蕃統治敦煌研究》、黃征《敦煌語文叢說》、池田溫等《敦煌文藪》（上）、姜伯勤等《敦煌文藪》（下）、王素《吐魯番出土高昌文獻編年》、王素、李方《魏晉南北朝敦煌文獻編年》、趙和平《敦煌本甘棠集研究》、陳國燦《吐魯番出土唐代文獻編年》、陳明《敦煌出土胡語醫典〈耆婆書〉研究》、郝春文《中古時期社邑研究》等，這些論著都是中國敦煌吐魯番學研究的代表作，極大地推動了中國敦煌吐魯番學的發展。

從二十世紀 80 年代到本世紀初，是中國敦煌學的騰飛時期。在這騰飛的過程中，饒公不僅自身率先垂範，不斷為中國敦煌學的發展添磚獻瓦，還曾扶持、幫助和提攜過很多內地的中青年學者。而今，中國敦煌學研究已經走在了世界前列，並已完全掌握了國際

話語權。飲水思源，我們永遠不會忘記饒公作出的巨大貢獻。

2022 年 6 月 20 日

原載《光明日報》2022 年 7 月 18 日

郝春文，首都師範大學燕京人文講席教授，中國敦煌吐魯番學會名譽會長，兼任《敦煌吐魯番研究》、《敦煌學國際聯絡委員會通訊》主編，曾任耶魯大學、台灣中正大客座教授，普林斯頓大學、香港中文大學、英國國家圖書館、普林斯頓高等研究院客座研究員，著有《唐後期五代宋初敦煌僧尼的社會生活》、《中古時期社邑研究》、《敦煌社邑文書輯校》（合著）、《當代中國敦煌學研究（1949-2019）》（合著）、《英藏敦煌社會歷史文獻釋錄》（1-18 卷）（合著）等。

饒公與「古地辨」

| 唐曉峰 |

　　饒公與顧頡剛先生有一份不解之緣，這就是《古地辨》的事情。

　　最初是在劉起釪先生的《古史續辨》中看到饒公編《古史辨》第八冊即「古地辨」的事。「至 1941 年出版到第七冊，他（顧頡剛）本來打算繼續編下去，已着手編第八冊，專收歷史地理之作，初步彙集的稿子託饒宗頤先生在香港編印，據饒先生面告，當日本軍入侵香港時，全稿毀失了。顧先生晚年還想完成此冊，擬即用原定篇目，重定內容體例，但未及編成而棄世了。」[1] 此事終於被劉起釪先生公開提起（不知道有沒有更早披露此事的文字），很有意義，它在學術史上很重要。不過，在劉起釪先生的簡述中，有些地方要澄清一下。最主要的是，古地辨的目錄主要還是由饒宗頤擬定的。

　　根據後來饒公的一些回憶及其他材料，事情的線索大致是這樣。1939 年 3 月 1 日，童書業自上海致函顧頡剛，談《古史辨》第七冊的事，「渠擬目見示」（《古史辨》第七冊是由呂思勉、童書業二人編輯，童書業擬目）。因為第七集有了眉目，又見《古史辨》很受社會歡迎，顧頡剛心中便想到了下一步的事，「有自編古代地

1　劉啟釪：〈《古史續辨》序言〉，北京：中國社會科學出版社，1991 年，頁 1。

理考證文字為一冊之意」。[2] 但是隨後一段期間，顧先生在成渝之間
穿梭奔忙，又創辦了《責善》半月刊，實在是沒有時間做這件事。
況且，《古史辨》由他人擬目代編已有先例。應該就是在這個時
候，顧頡剛、饒宗頤二人在編輯《古地辨》的事情上建立了直接聯
繫。1940 年 7 月 6 日「饒宗頤來信」，[3] 1940 年 12 月 6 日顧頡剛日
記：「寫潤章、伯棠、宗頤、之屏、資深信。」[4] 這是顧、饒二人此
期間直接聯繫的證據。

　　1994 年，饒公曾回憶：「由於我很早就參加了顧頡剛先生的禹
貢學會，又在古史地上作了一些研究，所以引起了顧先生的重視，
當時顧先生讓我編《古史辨》第八冊，也就是《古地辨》。我為此
作了許多準備工作，全書的目錄已經列出來了，發表在齊魯大學國
學研究所的《責善》半月刊上，全書的內容也都作了考慮。」[5]

　　的確，對於古史地理問題，饒公在少年時代就產生了「極大的
興趣」：

　　　　我少年時候，曾經是北京「禹貢學會」的會員。1936
　　年，我開始在《禹貢》發表文字。1937 年童書業兄為《禹
　　貢》主編「古代地理專號」，我有論文二篇參加，此時我
　　已在廣州中山大學廣東通志館工作。館藏方志近千種，使
　　我對古代地理發生極大的興趣。流覽既廣，兼讀楊守敬的
　　著作，漸有著書之志。我曾選集若干近賢論著，益以自己

2　顧頡剛：《顧頡剛日記》第四卷（1938-1942），台北：聯經出版事業公司，2007 年，頁
　　204。
3　顧潮：《顧頡剛年譜》（增訂本），北京：中華書局，2011 年，頁 347。
4　顧頡剛：《顧頡剛日記》第四卷，頁 456。
5　周少川：〈治史論學六十年 —— 饒宗頤教授訪談錄〉，《史學史研究》1995 年第 1 期，頁
　　29。

的劄記，擬編成《古地辨》一書。[6]

　　這裏，饒公將自己的「著書之志」與受約編輯《古地辨》之事合二而一了。按饒公加入禹貢學會時，年僅 17 歲，確實是少年。但所提供的論文卻不像一個少年能夠寫得出來的。顧先生曾在《禹貢》半月刊第六卷十一期上登出饒宗頤四篇文章。童書業曾讚揚饒宗頤〈《魏策》吳起論三苗之居辨誤〉一文：「饒先生的治學方法最是謹嚴，他從種種方面考出《魏策》論三苗之居的文字有誤，他的大作雖然簡短，但是影響到古代地理的研究卻是很大。」[7] 饒宗頤在《禹貢》半月刊第二卷第五期上的〈廣東潮州舊志考〉，是他平生最早的公開發表之作，他總共在該刊發表 8 篇作品，想必給人留下深刻印象。可以推測，顧頡剛先生有心編輯一冊《古地辨》，需要助手，即使他本人一時想不到邀請饒宗頤，童書業應該是想得到的。

　　線索接到 1941 年夏，顧頡剛收到饒宗頤自香港來信（此期間，饒公正在香港幫王雲五和葉恭綽做事）。「是年饒宗頤來信（7 月 16 日），題〈編輯古史辨第八冊（古地辨）及論虞幕伯鯀等〉，刊第二卷第十二期（9 月 1 日）。」[8] 這裏所說的刊物就是顧先生主持的《責善》半月刊。饒公信中關於《古地辨》一事是這樣說的：

　　　　《古地辨》目錄另楮錄呈，乞賜補正。其加〇號者為晚手頭所缺，香港方面亦無法借得者。其〈畿服辨〉數篇，敢煩王樹民先生代為蒐集；其餘如成都可以得到者，

6　饒宗頤：〈懷念顧頡剛先生〉，載中國社會科學院歷史研究所、中山大學歷史系合編：《紀念顧頡剛先生誕辰 110 周年論文集》，北京：中華書局，2004 年，頁 51。

7　童書業：〈序言〉，《禹貢半月刊》第七卷第六、七合期，1937 年 7 月，頁 3。

8　顧潮：《顧頡剛年譜》（增訂本），頁 356。

敢乞代為訪購，掛號寄下，無任感激！晚以修改舊稿〈尚
書地理辨證〉，〈路史國名紀疏證〉，而地辨稿本時須參
考；又第一篇拙作〈古書地名舉例〉仍未完稿，故遲延至
今，尚未寄交排印，歉疚奚似！俟各稿集齊，當即寄開明
王伯祥先生；預計今年年底全稿可以付印也。將來擬請先
生及賓四先生各賜一長序，冠諸篇首，無任感幸！錢先生
處，煩代為致意。

從信中「遲延至今」一語來看，書本來是要早出的。但不管怎
樣，至此，《古地辨》的事進展還算順利，預計年底付印。不料，
年底形勢大變，日本軍機偷襲珍珠港，太平洋戰爭爆發，美英等國
與日本轉為交戰國，英佔的香港迅速被日軍佔領。饒公身陷亂局，
很多事難有下文。「後來由於日本侵略的影響，《古史辨》第八冊的
編撰工作耽擱下來，抗戰期間輾轉各地，材料也有所遺失。」[9]

此後，似無人注意《責善》半月刊上的《古地辨》擬目，人們
至多談到顧頡剛曾有《古史辨》第八冊又名《古地辨》之設想，並
請饒宗頤幫忙。劉起釪先生聽到的，也僅此而已。

世紀之交那段時間，我多次訪港，在中文大學見到饒公，請教
往事時，談到《古地辨》的事。因覺得重要，便邀請饒公將此事寫
出來，我們正好在編《九州》第二期（這是一份同仁自辦刊物，由
我和李零發起），希望發表在上面，也為這份小刊增彩。饒公欣然
應允。這便有了饒公〈古史重建與地域擴張問題〉一文的問世，隨
文我們特別附上當年《責善》半月刊上《古地辨》擬目的影印。[10]

---

9 周少川：〈治史論學六十年 ── 饒宗頤教授訪談錄〉，頁 29。
10 載唐曉峰、辛德勇、李孝聰主編：《九州》（第二輯），北京：商務印書館，1999 年，
   頁 28。

關於《古地辨》的事，饒公寫道：

　　劉起釪先生在他的《古史續辨》序言，劈頭兒便談到
《古史辨》第八冊的往事，我所擬的該書第八冊目錄，經
於一九四〇年在成都齊魯大學的《責善》第 1 卷第 3 期披
露（按：實為 1941 年第二卷第十二期），至今已經歷了半
個多世紀。中間有些出版界人士要我照着該目錄重新加以
編印，我因為工作關係沒有瑕晷，其實主要是我的古史觀
有重大改變……我認為關於古史地域的盡量縮小，同名
的古史地名可作任意易位，這二項不牢固的推理方法，這
樣連篇累牘的討論是沒有意思的，在我屢次比勘之下，覺
得無法接受，只有失望，我決定放棄第八冊的重編工作原
因即在此，遂使《古史辨》僅留下七冊，而沒有第八冊，
這是我的罪過。顧先生把我帶進古史研究的領域，還讓我
參加《古史辨》的編輯工作，結果我卻交了白卷。[11]

　　饒公古史觀的重大改變是在後來有人提議重新編印《古地辨》
的時候，而不是初編的時候。「抗戰勝利以後，由於我個人史學思
想發生了變化，開始意識到《古史辨》的某些地方是比較草率的，
特別是辨偽的方法不成熟，假定太快，有一些提法是不準確的，所
以《古史辨》第八冊我沒繼續編下去。」[12]

　　饒公向來是坦率真摯的。他同樣真摯地表示，他的古史研究，
雖然一些具體方法與結論存異，其實並沒有離開顧先生的「塗轍」：

11　饒宗頤：〈論古史的重建〉，《饒宗頤二十世紀學術文集》卷一，台北：新文豐出版有很
　　公司，2003 年，頁 9-10。

12　周少川：〈治史論學六十年──饒宗頤教授訪談錄〉，頁 29。

圖一：於饒公跑馬地寓中合影

　　我的文集第一冊開宗明義是討論古史問題，現在加上副標題，稱曰《古史新辨》。我所採用的方法和依據資料，雖然與顧先生有些不同，可是為古史而曉曉置辨，這一宗旨老實說來，仍是循着顧先生的塗轍，是顧先生的工作的繼承者。[13]

　　至此，這件事情的來龍去脈基本清楚了，而饒公所擬《古地辨》目錄又亮了相。

　　劉起釪先生看到《九州》第二輯饒公的回憶後，感到十分不安。這裏，我們又看到一位可敬的先生的嚴謹與真誠。劉起釪先生分頭寫信給饒公和我，表示對前述此事不確的歉意。在 2002 年 4 月 4 日給我的信中，劉起釪先生說：「貴刊《九州》第二輯，拜讀

13　饒宗頤：〈古史重建與地域擴張問題〉，《九州》（第二輯），頁 24。

之下受益良多，其中讀到饒老鴻文及所附『《古史辨》第八冊（古地辨）擬目』，使釪萬分惶恐，歉咎無至。由於釪不了解情況，誤聽顧先生過去助手的誤說，致在拙著《古史續辨》『前言』中作了不符合情況的敘述，而饒老很厚道，並沒有片語責及在下。因此，釪急在所奉上拙稿的後面加了一個『附記』，專向饒老公開道歉（另又私函道歉），希望貴刊第三輯隨拙稿刊出此『附記』，以少祛下懷的不安。」

我們遵照劉起釪先生的安排，在《九州》第三輯他的文章〈禹貢寫成年代與九州來源諸問題探研〉後面，加上了「附記」。[14] 劉先生在「附記」中表示：「拙著《古史續辨》若有機會重印，一定將該段文字修訂正確。」

這裏要說一下這本《九州》第三輯。在第二輯中，我們約了饒公一篇文章，進一步說清了一件事情，很高興。想到第三輯，我們「得寸進尺」，又仰望起饒公。我們也想循着前輩的「塗轍」，編一期「古史地理專號」，請饒公大駕，出任榮譽主編，不敢說是《古地辨》復活，卻實在有對古史地理「曉曉置辨」的心情。饒公「准」了我們的請求，並手賜三文，還為刊物題詞：茫茫禹蹟，畫為九州（見附圖）。

最後，我們瀏覽一下《古地辨》的擬目。當初顧頡剛產生「編古代地理考證文字為一冊之意」時，想着「其第一篇則為〈禹貢著作時代考〉」。不過在饒公的擬目中，並沒有這一篇。饒公自己對「全書的內容也都作了考慮」。那麼，饒公最後拿出的思路是怎樣的？或用現在流行的話說，體現了怎樣的問題意識？因為沒有看過

---

14 饒宗頤榮譽主編、唐曉峰主編：《九州》第三輯（先秦歷史地理專號），北京：商務印書館，2003 年，頁 12-13。

圖二：饒公爲《九州》題辭

大部分文章的內容，這裏僅憑對其題目的印象，稍作一點討論。

《責善》半月刊上刊登的《古地辨》擬目分爲兩大部分，上編是「古代地理通論」，含正篇 23，跋語 1；下編是「古代民族與都邑」，含正篇 35，附篇 3，跋語 3。總體含論文 61、跋語 4。

在通論部分，6 篇地名考是一類，包括新出土材料中的地名問題，這是古史地理的基礎問題。4 篇關於古代地理文獻（五藏山經、周禮職方、爾雅釋地、水經注）的討論爲一類。3 篇交通水道問題又是一類。最值得注意的是 10 篇關於地理概念性問題的討論，這些概念是：州、岳、九州、四海、四國、畿服、洪水。前面三類題目是歷史地理研究中常見的內容，而佔比重最大的關於地理概念的討論則體現本書的特色。即「辨」的特色。辨與考不同，古地辨不是古地考，顧頡剛先生發起的古史辨運動，不是一般的歷史事實考證，而是整體古史系統的辨正，所有結論都要落在大處。那麼地理系統的大處何在？饒公的做法，就是從這些整體性地理概念入手，這很得其旨。從概念回歸歷史，所得不是簡單事實，是上層事實。地名是「是」的問題，而概念是「識」的問題。辨點在於它

們出現的背景和「所指」。對於一些概念的「過早」出現要尤其留意，比如十二州的概念。相對來講，其他具體政治地理問題並沒有被饒公看中，至少在題目上，我們沒有看到多少三代及列國的具體疆域問題，它們或許被包容在上述概念之中了。

這裏順便說一點感想。有一種情形：將歷史中某個特定時期形成的概念或觀念抽取出來，脫離其背景，在歷史敘事中不計時代特點的竄用（特別是提早）。這正是「偽」古史形成的一個路徑。今天這種情況仍在發生，後代歷史學家不免要對今天寫下的文本做一番辨識。

在民族與都邑部分，9 篇都邑為一類，這是對人文地理系統核心部位的考察。2 篇殷周地理問題為一類。其餘 27 篇均為民族（或族氏）問題。民族（或族氏）問題是壓倒性的題目，這正是饒公自己當時研究的熱點，目錄中饒公本人有文稿 10 篇，而 8 篇屬於這一類。民族、族氏是另一個地理系統，很多民族位於「華夏邊緣」，是確定華夏地域範圍的直接對應者，從「邊緣」定華夏，是一個重要思路。對於四方錯綜複雜的族群，辨其分佈，辨其遷徙，辨其與華夏交融的過程。這些也是大的古史地理問題，是「天下」視角。

應該說，上述「問題意識」是青年饒宗頤感到或認識到的理解古代地理大勢的關鍵。無論後來饒公個人的思想如何轉變，他在這裏彙集的是一個時代的認識。我們從作者陣容感受一下來頭，他們主要是：顧頡剛、丁山、王庸、唐蘭、王樹民、束世澂、童書業、蒙文通、衛聚賢、鄭德坤、馮家昇、王國維、錢穆、姜亮夫、傅斯年、楊向奎、陳夢家、呂思勉、徐中舒、胡厚宣、孫海波、饒宗頤。這個組合難道不能代表一個時代嗎？

很遺憾的是《古地辨》在 80 年前未能如期出版，且稿件遺失。在所有遺失稿件中最可惜的是饒公自己那 10 餘篇未曾發表過的稿本。它們是：〈古書地名舉例〉、〈十二州解〉、〈三苗考〉、〈九黎

考〉、〈三危考〉、〈三苗疆域討論〉（與錢穆）、〈子氏考〉、〈殷困民國考〉、〈鬼族考〉、〈昆夷與昆吾〉、〈於越名稱考〉。這些稿本有些內容後來移到《楚辭地理考》中，有些內容在後來的文章中可見其意，如《甲骨文通檢》（第二冊地名）「前言」中所談的子氏問題。[15] 但畢竟有些東西已無可挽回了，遺憾點在於，它們是饒公早期學術思想的見證。

饒公在 30 歲前，有涉及歷史地理研究三件大事：（一）自 17 歲加入禹貢學會，隨後在《禹貢半月刊》發表 8 篇文章；（二）24 歲編輯《古地辨》並貢獻了 10 餘篇文稿；（三）29 歲，即 1946 年，出版專著《楚辭地理考》。此三事足以確立青年饒宗頤在歷史地理這個領域的突出地位。

2022 年 7 月 26 日於五道口嘉園

唐曉峰，遼寧海城人，北京長大，曾到內蒙古插隊。後在北京大學學習考古學、歷史地理學，又到美國學習地理學，獲博士學位。現為北京大學歷史地理研究中心教授。主要研究領域為地理學思想史、北京歷史地理、歷史人文地理等。主要著作包括 *From Dynastic Geography to Historical Geography*、《新訂人文地理隨筆》、《文化地理學釋義》、《從混沌到秩序》等。

15　饒宗頤主編、沈建華編輯：《甲骨文通檢》（第二冊地名），香港：中文大學出版社，1994 年。

墨迹留香
憶饒公

| 張涌泉 |

　　饒宗頤先生是著名的敦煌學家，也是我最敬仰的前輩學者之一。1984 年，我考進姜亮夫先生任所長的杭州大學古籍研究所攻讀碩士學位，在姜老、蔣禮鴻先生、郭在貽老師、張金泉老師等的熏陶和影響下，我對敦煌文獻產生了濃厚的興趣。姜老、郭在貽老師、張金泉老師在給我們上課或座談時，介紹港台敦煌學研究的情況，饒公自然是重點介紹的對象，讓我們心中充滿了敬仰和崇拜之情。無比幸運的是，機緣巧合，後來我竟多次得到了饒公的教誨。

　　1992 年，我考入四川大學師從項楚先生攻讀博士學位。次年八月，我隨同項師赴香港大學參加第三十四屆亞州及北非研究國際學術會議，有機會見到了仰慕已久的饒宗頤先生。敘談中，饒公對四川大學、杭州大學的敦煌學研究評價很高。當我把正在撰寫的博士論文《敦煌俗字研究》的構想向他請教時，饒公鼓勵有加，並慨然允諾評閱我的博士學位論文，還說書稿完成後他可以幫助聯繫出版。

　　1994 年 6 月，我提前完成了博士學位論文，就按早前的約定，把論文寄到香港請饒公評閱。饒公對論文給予了充分的肯定：

敦煌卷子的別體字，複雜繁頤，在釋讀上往往造成極嚴重錯誤，以訛傳訛。本論文作系統性的研究，綱舉條列，分析入微，正好滿足目前學術界的需求，比台灣諸家所著有關敦煌俗文字的學術論文，更推進一步。最難得的是文中舉出許多實例，義據湛深，極富創見，矯正時賢之誤說，具見精心研覈，綽有所獲，他日刊佈，對閱讀敦煌卷子將有極大的幫助。本論文雖側重綜述，而釋字屢有新見、獨到之處，尤充分表現讀書能力之深入，睿解優越。

1996年，我的博士學位論文經修改後，其上編《敦煌俗字研究導論》作為饒公主編的「香港敦煌吐魯番研究中心叢刊」之五，交付台灣新文豐出版公司出版，饒公又如約撰寫了序言。饒公在序中說：

> 張君涌泉，殫精文字訓詁之學，病敦煌卷子別字之多，人稱訛火，傳誤滋甚，爬梳剔抉，隱括鰓集，通其條貫，勒成鴻篇。其中偶舉實例，皆綽有根據，極富創見，撟正時賢之失，尤足多者。此書之出，允為眾說之歸墟，要亦斯學之鈐鍵，因力促其刊佈，所覬大雅宏達，多所匡益，釋疑決滯，同掃榛蕪，庶不負作者之精心，兼示來學以易曉云爾。

說實話，作為一個剛走上學術道路不久的青年學子，當時的我名不見經傳，以前與饒公又素無交往，但饒公卻不斷給予我肯定和鼓勵，體現了老一輩學人對年輕人的無限關愛和提攜，其殷殷關切之情，令人感愧不已。

1997年初夏，我從北京大學博士後流動站出站回到杭州大學工

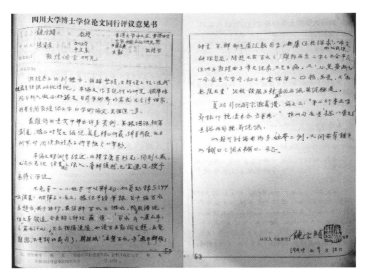

圖一：1994 年，饒宗頤先生爲我的博士論文寫的評議意見

圖二：1997 年，在香港中文大學與饒宗頤先生合影

圖三：2014 年，饒宗頤先生賜題「志在書中」墨寶

作不久，應邀去香港中文大學講學，有機會再次面聆饒公的教誨。當時我牽頭的《敦煌文獻合集》工程上馬不久，饒先生對這個項目十分關心，他仔細詢問了合集的體例，認為這項工作非常重要，但工程浩大，非十數年難以蔵事，勉勵我集中精力去做這件有意義的事，爭取早日完成，同時要確保成果的質量。他還在百忙中為《敦煌文獻合集》題寫了書名，讓我很受鼓舞。

遵照饒公的囑咐，2000 年前後很多年，為集中精力做好《敦煌文獻合集》等書的撰著工作，我規定自己「三不」（不出國、不開會、不寫論文），還特意託人請饒公為我題寫了「志在書中」的墨寶以自律，因而放棄了很多參加學術會議的機會，包括慶祝饒公百歲華誕的學術盛會，以至一再錯失再度聆聽饒公教誨的機會。現在想來，不免有些懊悔和自責。但我想，饒先生在天之靈有知，當他看到我們寄呈他指正的《敦煌經部文獻合集》等成果時，恐怕是不會責怪我的吧？！

敬愛的饒先生，我們永遠懷念您！

2022 年 6 月 22 日寫於臨安灌園

張涌泉

張涌泉，浙江大學文學院教授、學術委員會主任。2005 年入選浙江省首批特級專家，2006 年受聘教育部長江學者特聘教授，2014 年起聘爲浙江大學文科資深教授，兼任全國古籍整理出版規劃領導小組成員、中國文字學會副會長、浙江省語言學會會長。評獲教育部普通高等學校人文社會科學研究成果一等獎、中國社科院青年語言學家獎一等獎、胡繩青年學術獎、思勉原創獎、中國出版政府獎圖書獎等獎勵。代表作有《敦煌俗字研究》、《漢語俗字叢考》、《漢語俗字研究》、《敦煌經部文獻合集》、《敦煌寫本文獻學》等。

憶我與饒公
二三事

| 曹錦炎 |

　　1978 年，我有幸考取吉林大學歷史系考古專業研究生，師從于思泊教授。因我入學前曾對甲骨文研究頗感興趣，所以早就聽聞「甲骨四堂」之外還有「選堂」饒公，但我第一次讀到饒公的著作，卻是在研究生期間。饒公的學問涉獵甚廣，知識淵博，給我留下極其深刻的印象。

　　1980 年暑假期間，我們同窗師兄弟在師兄林澐教授率領下從中原到陝西，一路進行野外考察實習，最後與大師兄姚孝遂教授會合，在成都四川大學參加第三屆古文字學術研討會。這次會議，是饒公於「文革」結束後繼廣州參加第二屆古文字學術會議之後再次赴內地參加的學術活動，也是我第一次認識饒公。會議結束後，主辦方招待與會代表赴三蘇祠、樂山大佛風景區等地參觀，饒公也同往。期間我雖曾面謁饒公，但交談甚少，面對精神矍鑠、一身仙氣的饒公，我唯有高山仰止之感。

　　我第二次見到饒公，已在五年之後。1985 年初至 1987 年上半年期間，大師兄姚孝遂教授主持高校古籍整理項目《殷墟甲骨刻辭類纂》、《殷墟甲骨刻辭摹釋總集》二書，為集中精力完成項目，他

圖一：1997 年 11 月 20 日於香港中文大學中國文化研究所

率領同窗何琳儀、湯餘惠師兄、黃錫全、吳振武師弟，以及劉釗、王少華君來杭州和我會合，在浙江省博物館內共同從事編撰工作。1986 年 6 月，饒公訪問內地來到杭州，在文瀾閣見我們師兄弟雖然忙碌從事編書工作，卻其樂融融，頗為讚賞。饒公這次來杭州活動豐富，除了參觀浙江省博物館的「河姆渡文化陳列」外，還鑑賞了藏於庫房的書畫，其中有饒公點名要看的吳湖帆舊藏之元代黃公望《富春山居圖》殘卷 ——《剩山圖》。我還陪同饒公參觀西泠印社孤山社址，又陪同他去隔壁的浙江圖書館鑑賞敦煌藏經卷。饒公提出去富春江嚴子陵釣台訪古的建議，於是第二天我便安排浙博的汽車赴桐廬，中途乘遊輪沿富春江上溯，直奔嚴子陵釣台。師兄弟們皆一同陪伴前往。遊船沿着黃公望畫卷中之山水縱跡前行，饒公欣賞富春江七里瀧兩岸旖旎風景，興致勃勃，一路談笑風生，登岸後不畏山路崎嶇，直達釣台遺址。饒公那時已年近七十，雖來回奔波一

天，卻絲毫未顯疲憊之態，使我們諸位師兄弟佩服至極。

為表地主之誼，我邀請饒公賞光來家（時家在浙江省博物館院內）晚餐，饒公欣然允肯。第二天我去菜場挑選採購各種新鮮食材，並請在西湖國賓館當廚師的一位遠房親戚掌勺，在省博物館後園設桌一席，款待饒公，由大師兄姚孝遂夫婦及諸位同窗作陪。饒公在當年致曾憲通教授的一封信中記錄了此事：

> 上月在杭州，又與趙誠作西湖盡日之遊。最難忘者，為姚公孝遂夫婦及其門人在曹錦炎家中晚宴，菜廿多樣，樣樣新摘，鮮蔬湖魚，皆可口之味。頻年所食雪藏之物，已乏「本味」，此次為多年首次快朵頤之美舉，「盛筵」不知何時可再？（曾憲通編：《選堂書札：致曾憲通》，中西書局，2019 年，頁 101。）

圖二：饒公爲拙著題簽

上月友生四川大學吳毅強副教授讀書所見，發書影截圖於我，才知有此記載。這本是極其普通的一次家常便飯而已，不值一提，未曾料及的是，竟被饒公譽為「盛筵」，惶恐！惶恐！

饒公返回香港後不久，何琳儀師兄致饒公一信，談及仰慕饒公與杭州歡聚和同遊富春江之事。由於饒公對這次杭州之行影響較深，加之登嚴子陵釣台時我內人又攙扶饒公，饒公遂誤以為信是我內人所寫，「何琳儀」是我內人名字，所以回信時稱「曹錦炎、何琳儀伉儷」，並感謝招待云云，一時傳為笑談，至今曾憲通教授見到我時還有笑及。

再次見到饒公，已是十年之後。1996 年，饒公申請到香港政府研究資助局項目「甲骨文全文電子資料庫計劃」科研經費，召我入香港中文大學中國文化研究所，以訪問研究員的身份擔任饒公助手，與沈建華女兄合作，在饒公領銜和指導下開展甲骨文資料的全面整理研究和電子資料庫（即甲骨文數據庫）建庫的具體工作。因我時任浙江省博物館主管業務的副館長，為了兼顧浙博業務工作，我於 1997 年至 1998 年期間分兩次赴香港，在香港中文大學中國文化研究所工作，前後達十四個月。期間基本上每周與饒公見面一次，饒公除了檢查工作進度外，大多聊學問，主要圍繞古文字和出土文獻新材料的展開。饒公侃侃而談，也認真聆聽我和沈建華的發言。饒公的一次次耳提面命，擴大了我的知識面，打開了我的眼界，使我受益無窮。可以說除了于思泊師外，饒公是我人生學術道路上另一位恩師。如果沒有這次「甲骨文全文電子資料庫計劃」的機緣，就不可能有我和沈建華合著的《甲骨文校釋總集》和《甲骨文字形表》兩書的問世以及獲獎。

對出土新材料的特別關注，是饒公做學問的一大特色。饒公的學術研究，既重視傳世文獻資料，又重視野外調查資料和考古資料，他所提出做學問的「三重證據法」，是在著名學者王國維先生

倡導的「兩重證據法」即地上、地下文獻相結合的基礎上，增加結合考古資料和田野調查資料的內容，故而成為指導我們後輩做學問的不二法門。自從 1986 年四川廣漢三星堆遺址正式發掘後，晚商時期出現在巴蜀地區內容豐富和奇特的文化面貌震撼全球考古界。饒公迅即將目光瞄向西南，甲骨文中有關西南地理的卜辭和三星堆出土文物，以及西南地區對外交通、絲綢之路、茶馬古道，成為他又一個重要關注和研究對象，不僅撰成研究提綱，還隨時寫下思考札記和部分文章初稿。我在中文大學工作時，饒公有一次專門找我談話，將其部分手稿展示我，又把原中國歷史博物館館長俞偉超教授曾經看了他部分手稿後而專門作的序言稿讓我閱讀，並希望在他手稿積累到一定規模時，由我代他增補甲骨卜辭內容並全面整理手稿成書，而且先擬好書名為《西南文化創世紀》（從書名用「創世紀」一詞不難看出饒公對西南文化的重視和高度評價）。作為學生輩的我自然不能推托此項任務，便立即應允。2005 年，饒公請香港中文大學考古藝術研究中心主任鄧聰教授出面邀我，利用赴香港中文大學作學術交流訪問之便，專門抽時間去港島跑馬地饒公家中面談手稿整理事宜。為方便隨時討論書稿，饒公原本希望我能再赴香港三個月作整理工作，但面對一大批雜亂的手稿，整理工作量極大，需增補的甲骨卜辭內容亦不少，加之我時任浙江省文物考古研究所所長，單位的行政管理工作也一時脫不開身，所以我表示只能攜回杭州去整理。蒙饒公諒解，同意我將手稿悉數帶回杭州。我用半年時間將手稿整理完畢，遂將清稿寄往香港，向饒公交差。當時饒公曾命我為此書作跋，再三推辭不允，只好以〈甲骨文西南部族地理的新認識 —— 讀選堂先生新著《西南文化創世紀》〉充數應對。原本以為書稿交出萬事大吉，不料 2010 年元月突然接到上海古籍出版社編輯來電，言饒公此書稿已交該社，將於年內出版，但我寄去的整理過的書稿上饒公改動批注太多且亂，又夾入不少手稿

和字條，編輯無法辨認，也無從入手，希望我能予以幫助。此事我雖未得到饒公明確指示，但考慮到是饒公之書，又曾經我手整理，責無旁貸，於是便予應允。原以為工作量不大，待收到後卻發現饒公在我已整理好的原稿上改動塗抹及批注甚多，加之夾雜及黏貼者，這些新增文字，皆為這五年間饒公對西南文化的若有所思和見到新材料（金沙遺址考古發掘資料）後所添加。雖是隨時隨心所加，文字龐雜，但片言隻語中卻處處流露出學術亮點。饒公以年逾九十高齡仍心繫學術，思維敏捷，筆耕不輟，更令我倍添欽佩之心。我又用近三個月時間重新將饒公書稿整理一遍，交還上海古籍出版社。以饒公新改書名《西南文化創世紀 —— 殷代隴蜀部族地理與三星堆、金沙文化》一書，於 2010 年 11 月正式出版。這是饒公最後一部學術專著，我為整理事雖然前後花去九個多月時間，然而帶給我的卻是深感榮幸和向饒公問學的極好機會。

圖三：饒公榮任西泠印社社長，2012 年 6 月 29 日於杭州西泠印社孤山社址

　　從上世紀初至最近一百多年以來，在中國學術史上是一個空前大轉變時期，也是一個空前大繁榮時期。作為一名學者，饒公能「預流」（陳寅恪先生語，借用佛教詞彙），即能站在時代學術潮流的前列，和一些傑出的大家如王國維、陳垣、陳寅恪、季羨林等先生那樣，利用新資料去探討新問題，研究新問題，開闢新領域，幾十年孜孜不倦如一日鑽研學術，終於修成正果，成為香港文化巨人、當代中國學術的大師。

　　哲人雖逝，但饒公的形影容貌卻常常縈繞於我心中。謹以此文緬懷饒公仙逝五周年。

2022 年 5 月於杭州西子湖畔寶石山下

曹錦炎，男，1950 年 2 月 6 日生，祖籍浙江湖州。1981 年 10 月吉林大學歷史系考古專業研究生畢業，師從著名的古文字學家于省吾教授。1981 年 11 月任職於浙江省博物館，1984 年 8 月至 2000 年 7 月任浙江省博物館副館長，2000 年 8 月至 2008 年 12 月任浙江省文物考古研究所所長。2009 年調入浙江大學人文學院，任教授、博士生導師，浙江大學文化遺產研究院院長。現任中國美術學院書法系教授、博士生導師；中國美術學院漢字文化研究所所長。

學術起步時的教誨與感恩
—— 懷念饒公

| 陳 明 |

　　那是 2018 年 3 月底，趁着在香港中文大學參加「李約瑟研討會 —— 歐亞大陸與中國之間的早期文化與科學傳播」會議的間隙，獨自爬上山頂，到了新亞書院的辦公樓。

　　「誠明館」的牌子還是那樣閃亮，旁邊的會客廳依舊寬敞。對面的小辦公室中工作的陸達生先生已經退休好些年頭了。他隔壁 103 號辦公室的門口，曾經掛着的香港敦煌吐魯番研究中心的牌子，早已不見蹤跡。

　　在「誠明館」的牌子下，我請人拍了一張合影。看着照片，眼前的一切顯得那麼真實，似乎又那麼縹緲，可望而不可即。

　　山風微漾，思緒隨風飄蕩，在背山的會友樓下遠方的浩渺海波中，若隱若現。饒公的話語似乎迴蕩在耳邊，而學術起步時的一幕幕情景，漸漸浮現在眼前。

　　1999 年夏天，在北京大學東方學系王邦維老師的指導下，我完成了博士論文《印度梵文醫典〈醫理精華〉研究》。畢業後，到北大歷史系暨中國古代史研究中心榮新江老師名下作博士後。當年沒有爭取到歷史系的國家資助博士後名額，需要自籌經費四萬元。

在師友和太太的幫助下，籌借到這筆經費。隨後兩年，通過翻譯書稿，我還清了借款。

感謝榮新江老師的大力舉薦和從中協調，2000 年 1 月，我收到了香港中華文化促進中心經理高敏儀小姐的邀請函，「來港合作進行『中華文化專題研究計劃』之敦煌專題研究」，「就《敦煌出土梵文于闐文雙語醫典〈耆婆書〉之研究》展開工作」。1 月 17 日，我向學校提交了出訪申請，其中提到了「此項目亦得到季羡林教授的熱情鼓勵和大力支持，他希望我充分利用這一有利時機，發揮香港學術資訊發達的優勢條件，以便作出有相當水準的研究成果。」兩天後，申請獲得批准，我開始辦理赴港手續。

在此之前，我從未跨出過祖國一步，對首次赴港學習心中有些忐忑不安。好在運氣不錯，唐曉峰老師要赴港中大探親，可以結伴

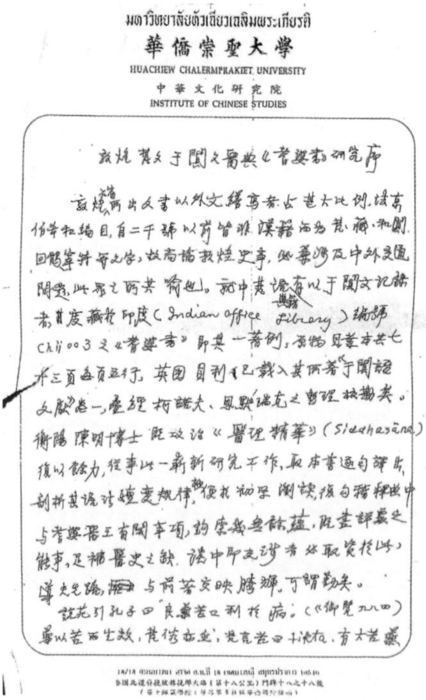
มหาวิทยาลัยหัวเฉียวเฉลิมพระเกียรติ
華僑崇聖大學
HUACHIEW CHALERMPRAKIET UNIVERSITY
中華文化研究院
INSTITUTE OF CHINESE STUDIES

敦煌梵文于闐文醫典《耆婆書》研究序

敦煌石窟所出文書以外文繕寫者占甚大比例，據葛伯希和編目，自二千號以前皆非漢語，而為梵、藏、和闐、回鶻、粟特等文字，故治敦煌史事，必兼涉及中外交通問題，此眾之所共喻也。就中梵語有以于闐文記錄者，首推藏於印度（Indian Office Library）編號 Ch.ii.003 之《耆婆書》，即其一著例。原物貝葉本共七十三頁，每頁五行，英國貝利已載入其所著《于闐語文獻》卷一，並經柯諾夫、恩默瑞克之整理校勘矣。衡陽陳明博士既攻治《醫理精華》（Siddhasāra），復以餘力，從事此一嶄新研究工作，取本書逐句譯出，剖析其語法演變規律，使初學瀏覽，復自譯釋其中與耆婆醫王有關事項，約略無餘蘊，既盡詳覈之能事，足補醫史之缺。談中印交涉者必取資於此，導夫先路，與前著交映騰輝，可謂勤矣。
說苑引孔子曰「良藥苦口利於病」（《御覽》九八四）藥以苦而生效，梵語亦然，梵言苦曰 tikta，有大苦藥

圖一：饒教授〈敦煌梵文于闐文醫典耆婆書研究序〉

同行，大大減少了我的憂慮。我告別了剛滿月不久的小寶寶，陪同唐老師在兒童節的前一天乘坐京九線，奔赴香港，拜見饒公。那時帶的行李也不多，主要是些換洗衣服和幾本書，還有幾分對香港的好奇和受教於饒公的盼望。

到香港中文大學之後，一開始也沒見到饒公，那時他正在內地觀摩古物古跡和講學。負責接待和幫助我的主要是沈建華老師，她的幫助之細之多，多到我已經記不清了。且不說在新亞書院辦理報到和入住的各種手續，還有開辦銀行卡、飯卡、圖書卡、交通卡等各種證件，以及對學校和香港各種情況的介紹。單說有一次為了幫我岳父買一種治療骨科疾患的藥，她領着我在新界多個樓宇之間穿梭了大半天，才找到那家藥店。更開心的一件事情是，她打開了饒公辦公室裏間的一個小書房，好書盈屋，我兩眼放光，流連忘返，最後她取出了江潤祥教授等合編的那本精美的《回回藥方》送給我。真有點不敢相信，一書在手，喜何如之！該書我至今還在使用。當時我還多討要了一本，回京後轉贈給中醫研究院醫史文獻研究所的前輩蔡景峰先生，讓他喜出望外。在平時的交談中，沈老師、唐老師和鄭會欣老師可能覺得我的研究課題相隔太遠，不太與我討論具體的學術問題，但不時指點做學問的方法，或者是談談學術前輩們的掌故，讓我心生敬畏，不敢懈怠在港的短短三個月。

不記得是哪一天饒公回港了，他要到在中國文化研究所的辦公室，沈老師、鄭老師就提前通知我過去。我心情有些小激動，趕緊從誠明館 103 室下山去見饒公。似乎是一陣寒暄過後，我就開始匯報學習和研究進展情況，還向饒公請教了一些問題，包括《故旅帥張相歡墓志》中的一些字詞釋讀。饒公還談了些他研究印度學的經歷，又囑咐我認真學習、珍惜機會之類的話。饒公與我的談話，次數並不算太多，他當時傳授了什麼樣的做學問的秘訣，也沒多少印象了，但得到的卻是那種從未有過的感覺，很受鼓舞。他在精神層

面的鼓勵和支持，是無論如何也難以忘記的。

我到香港中文大學之後，除了每天查資料和寫書稿之外，就是去圖書館複印資料，最重要的是去威爾斯親王醫院圖書館複印了幾大本印度梵語醫書的英譯本。那時北大哲學系的吳增定兄剛好在道風山訪學。有一次，我去找他，見到了錢文忠先生。錢先生帶我們倆去九龍旺角洗衣街的佛哲書舍，他指點我選購了一批急需的梵學辭典、梵文原典、佛教研究專著等，我滿載而歸。那次大熱天購書確實「酷」，但最「酷」的還是時屆 80 多歲高齡的饒公。有一次，我提到了一本大辭典沒買到，露出了遺憾與渴望的表情。想不到，「酷熱之日，饒公從家中替我扛來一本近千頁的《印度雅利安諸語比較詞典》，中途換車四次，我接過詞典時，真不知該說什麼感謝的話。饒公學術活動繁忙，還擠出時間來指點我，可以說本書也凝聚了饒公的一些心血。饒公為本書作序，不僅使之大為增色，更是對我的無限激勵。」8 月 25 日，在即將完成訪學的前幾天，我在書稿的〈後記〉中寫下上面這段話。不難想像，一位八十多歲的老先生扛一本大書，在香港地鐵與大巴之間穿梭，轉車四次，是一種怎樣的情景。

8 月 26 日下午，應香港中華文化促進中心的安排，我到香港上環信德中心西座 10 樓 1001 室（時為中心的演講室），為市民們做了一次「敦煌講座」系列中的公開演講，題目是「從敦煌看中印兩地古代醫學交流」。大致內容是通過敦煌出土文獻來梳理古代中印醫學文化交流的情況，以說明「研究絲綢之路上醫學文化的傳播與交流，有利於使古老的東方醫學文明發揚光大。」所講的內容不見得多麼重要，重要的是饒公主持了我平生的第一次學術講座，真是一次非常難得的機遇。該系列講座是對市民開放的，來聽講的多是有了些年紀的愛好者。感謝任蕙卿女士有心攝影和記錄，並將它們寄送給我，讓我能保存着這份美好的記憶。其中有饒公主持講座

的情形、饒公和我的合影等。這也是饒公和我的唯一一次兩人合影，對我而言，彌足珍貴。任女士寄來的還有她記下的講座內容概要、饒公對我的簡介與鼓勵等話語。她將現場記錄的文字認真抄寫在彩色紙張上，每頁上方還配印了講座的照片，可見用心之細。她還把給饒公的信抄錄了一份給我。其函如下：

饒教授：

您好！

香港是一個自由開放的城市，並沒有將人民分成不同的等級，並沒有限制人民去學習不同的知識，但我們受的教育是精分各種科目，既不博，又不通。對於學者研究中國文化的學問，都視為高深非常，高不可攀。學生希望將饒教授主持及安排的學術活動記錄下來，希望得饒教授指正，並容許學生將來與其他的老師、家長、學生一齊分享。從個人興趣開始，不受課程、考試的束縛，輕輕鬆鬆學習中國文化，請問饒教授意下如何？附上信紙一張，有學生的聯絡地址、電話，靜待饒教授回覆。

敬祝

中秋節快樂！

學生

任蕙卿 敬上

二〇〇〇年九月九日（六）

讀了她的這封信，我能初步感受到香港那代普通人的不凡素養，他們對中國文化的濃厚興趣以及學習的熱情。2009 年 7 月，我受邀在香港城市大學中國文化中心演講三次，居然再次碰到了任女士，真是有緣。在香港中文大學時，還有很多陌生人幫助過我，大

圖二：2000 年 8 月 26 日饒教授主持陳明講座

部分的名字我在書稿〈後記〉中提到過。除沈、唐、鄭三位老師外，他們是高敏儀小姐、鄒重華先生、文直良先生、陸達生先生、何志明先生、董群先生，沒有提到的是雷競旋博士，他開車送我到香港火車站回京。與我沒有絲毫關係的他們讓我感受到香港人的溫情。

在港三個月，還有機會旁聽了 7 月 25 至 26 日在港大舉行的一次「紀念敦煌藏經洞發現一百周年敦煌學國際研討會」，我還是陪唐老師等一同去的。會上見到了很多內地學者，還有港台地區以及國外的學者，具體的場景已經記不清楚了，但見證了饒公作為學界領袖的風采。

在完成書稿之後，我把初稿呈獻給饒公審閱，得到了初步的肯定。饒公很快賜了一篇〈敦煌梵文于闐文醫典《耆婆書》研究序〉。該序充分體現了饒公學術之淵博、見解之深邃，不僅提示我不少未曾注意到的材料，還為我指明未來研究的方向。我讀了很多遍，從中慢慢品味出饒公的一個大發現，乃是關於佛經漢譯時的一個重要現象，即「余疑梵言初譯，必有音義兼顧之例。」該一發現對研究早期漢譯佛經語言實有「導夫先路」之功，也有指點迷津之效。然而，多數漢譯佛經語言研究者未曾注意到饒公的這一論斷。拙稿修訂之後，改題為《敦煌出土胡語醫典〈耆婆書〉研究》，列為饒公主

編的「香港敦煌吐魯番研究中心叢刊」之十，2005 年由台北新文豐出版有限公司印行。饒公的序列為卷首，名為〈饒序〉。饒公該序的手稿我並未保存，而是與書稿一起直接寄給了新文豐，又不好意思去索回，悔之晚矣。好在我保留了一份複印件，略可安慰。該序亦惜未收錄於中華書局 2006 年出版的《選堂序跋集》中。

千禧之年，回京之後，也偶爾有機會見到來京的饒公，但一想到饒公年紀大了，要見的人太多、事太繁，我就自覺「遠而敬之」。倒不是有什麼隔閡而遠離，而是心懷敬意，不好去添麻煩。饒公並沒有因為我的失禮而責怪，我有幸保留了饒公的一封手札：

> 陳明吾兄座右：多時未通聲問，甚懸念也。拙稾涉及梵經吠陀及古波斯文資料，校對十分困難，請兄費神代為訂正，無任感荷。此致
> 著祺！
>
> 宗頤 再拜
> 三月廿日
> 新江教授請問候。

該信寫於 2002 年，緣起饒公當時給劉東教授主編的《中國學術》賜稿〈塞種與 Soma——不死藥的來源探索〉一文（後刊發於 2002 年第 4 期）。該文是饒公討論早期中外文化交流的名作之一，其中涉及不少的梵語與古波斯語詞彙，也與廣義的醫學文化交流史相關。饒公來函命我校對，我得以有先睹為快的機遇，受益良多，喜不自勝。

離港之後，我還經常麻煩沈老師代購圖書資料，一是繼續向佛哲書屋購書，另一最重要的事情是在 2003 年台北新文豐出版公司刊印了《饒宗頤二十世紀學術文集》之後，我就請沈老師代購了一

圖三：饒公 2002 年致陳明函

套。近日居然翻出了沈老師給我的一封短函，內容如下：

　陳明先生：您好！

　　收到曉峰轉來人民幣 7,000 元整購書，按現在兌換率 1.08 元人民幣 =1 元港幣，7,000 元折合 =6,481 港幣。

　　現已購書用去 4,537 元，剩餘 1,144 元。現將購書收據掛號寄上，書陸續寄去。保險起見，收到一包寄一包。（現寄一包）我的電郵為：jianhua@cuhk.edu.hk。匆致

　　研安！

　　　　　　　　　　　　　　　　　　建華

　　　　　　　　　　　　　　二〇〇三年二月廿四日

這是沈老師幫忙購書、寄書的直接證據，也凝結了她的汗水。新文豐版《饒宗頤二十世紀學術文集》製作精良，編校質量高，一直是我案頭「顯擺」的精品，因為沒幾個人有饒公的這套大著。這套書似乎成了我與饒公的精神聯繫。

饒宗頤學術館在香港大學成立之後，召開了多次與饒公相關的

會議，我也積極報名參與，在人群中與饒公合影。歲月如風，與饒公也不再有直接的聯繫，但一直沒忘記讀饒公的書，品饒公的字與畫。我想他要給我的教誨，都在他的字裏行間、一筆一畫之中。我細細品味，終究會品味出「中流自在心」的幾絲意韻。

2021 年，我將《敦煌出土胡語醫典〈耆婆書〉研究》上篇「耆婆及其醫藥方研究」的內容進行增補，並將歷年來有關耆婆的研究論文匯為一冊，取名《天竺大醫：耆婆與〈耆婆書〉》，請老友徐全勝兄題簽，由廣東教育出版社印行。該書仍將饒公原賜書序作為「代序」，置於卷首。此舉並無「扯虎皮做大旗」之意，乃是「以誌饒公提攜後進之德，永不忘也。」對我的自作主張，想必饒公不會怪罪的吧。

淡淡的記憶，總會慢慢褪色，就猶如那張老照片。不變的是對饒公的懷念，是對曾幫助過自己的師友們的感恩！

學海無涯，歲月多艱，能在揚帆初航時，得到前輩的指教，既是緣分，也是幸運。學會懷念，學會感恩，方得成長！

2022 年 7 月 13 日於北卡

陳明，1968 年生。1999 年獲北京大學東方學系印度語言文學專業博士學位。2010 年起任北京大學外國語學院南亞學系教授。現任北京大學外國語學院院長、北京大學東方文學研究中心主任。主要研究方向為印度古代語言文學、佛經語言和文獻、中印文化交流史、醫學文化史、古代東方文學圖像。已出版《梵漢本根本說一切有部律典詞語研究》、《印度佛教神話：書寫與流傳》、《中古醫療與外來文化》等多部專著。

饒宗頤先生
《汨羅弔屈子文》墨蹟跋

| 陳松長 |

　　饒宗頤先生是二十世紀名副其實的國學大師，早在 2003 年，台灣新文豐出版有限公司就出版了 20 冊的《饒宗頤二十世紀學術文集》，該書在 2009 年由中國人民大學出版了 14 卷本 20 冊的內地簡體版，我們只要稍微翻閱一下該書的分卷目錄，就會為饒先生的學識淵博，治學精深而歎服。饒先生不僅在古史研究、甲骨學、簡帛學、文獻學、敦煌學、宗教學、潮學、文學等諸多方面卓有建樹，成果斐然，而且在書法藝術領域的詩詞繪畫創作亦是獨步一時，享譽海內外。

　　饒先生早年對楚辭做過很深入的研究，著名的《楚辭地理考》就是饒先生早年的成名作之一。此外，他還相繼出版過《楚辭論叢》、《楚辭書錄》、《楚辭與詞曲音樂》等著作，正是因為他早年對楚辭有過如此精深的研究，故他一直對屈原的流放行吟之地有着高度的關注和實地考察的熱情，且每到一地，他都會留下尋訪古人遺跡，憑弔先賢的詩篇，這裏所說的〈汨羅弔屈子文〉就是其中最有代表性的一篇。

　　那是 1979 年 9 月，饒先生在闊別內地 30 年之後，赴廣州參加

圖一：柳毅井前與饒公合影

中國古文字研究會第二屆學術年會。會議結束後，他專程來湖南長沙訪問考察，目標之一是來湖南省博物館目驗舉世震驚的馬王堆漢墓出土文物；目標之二是為了完成他早年的夙願，即親赴汨羅悼念他最景仰的愛國詩人屈原。在遊覽屈子祠原址時，饒先生在汨羅江邊，屈子祠內往返流連，為憑弔屈原在天之靈，他仿〈離騷〉文體，寫下了這篇有名的〈汨羅弔屈子文〉。該文早已收入饒先生的韻文駢文詩詞創作合集《清暉集》（海天出版社 2006 年出版）中。

1993 年 7 月，我應香港中文大學張光裕教授的邀請，赴港參加「香港中國古文字學第三屆國際學術研討會」，會議期間，饒先生要他的秘書沈建華先生請我到他的辦公室，親切地詢問我有關馬王堆帛書《周易》的整理情況，並囑咐我好好從事馬王堆帛書的整理和研究工作，同時，饒先生還送我一幅四尺對開的手書條幅以資勉勵。

1996 年 8 月，饒先生在香港恆生銀行董事長利榮森先生的邀請下，專程率隊來湖北湖南訪問和考察楚漢文化的遺址和文物，在湖南的短短幾天，我很榮幸地全程陪同饒先生一行登岳陽樓看洞庭

湖，上君山訪柳毅井，去汨羅拜謁屈子祠。一路上饒先生興致盎然，每晚都在吟詩作賦，特別是在登岳陽樓時，適逢瓢潑大雨，真是水天一色，饒先生詩興大發，就在岳陽樓接待處早已準備的書案前，揮筆寫下即興創作的七律一首（該詩也已收入《清暉集》），其詩思之敏捷，書法之俊逸，真令人讚歎不已。

1999 年 11 月至 2000 年 5 月，經饒先生推薦，我應香港中文大學文物館的邀請，赴港整理該館所藏漢代簡牘，在此期間，我得幸多次聆聽先生教誨，按期完成了《香港中文大學文物館藏簡牘》一書的整理出版工作。臨別時，饒先生專門請我他家附近的咖啡館喝咖啡，同時送我一幅焦墨山水條幅，上面用淡墨題寫了一行文字，其中「為他日同遊武陵左券」幾個字，至今都記憶猶新。

2006 年 12 月，我應邀赴香港大學參加「紀念饒宗頤先生九十壽辰及國際學術研討會」，會議期間，有幸再度拜謁饒先生並匯報我已從湖南省博物館調入嶽麓書院工作的情況，饒先生很有高興地聽我報告了嶽麓書院的建設和發展現狀，尤其對嶽麓書院屈子祠的建設很感興趣，同時欣然應允給岳麓書院屈子祠題寫了「日月同光」的四尺對開匾額。

2007 年 5 月，我很意外地收到了香港大學饒宗頤學術館的行政秘書寄來的一個快遞，打開一看，竟是一件饒先生手書的六尺對開條幅，其筆力老到，俊逸瀟灑的行楷書體令人賞心悅目（見圖）：

　　　去君之恒幹，以就無垠兮，躡彭咸於激流。格烟葉以清商兮，叩巫咸於久湫。余此心之不朽兮，與元氣而為侔，亘千載猶號屈潭兮，莫怨浩蕩之靈修。拜忠潔之廟祀兮，共昭靈為列侯，豈大夫死猶為水神兮，與湖水共悠悠。惟公之魂無不在兮，何必求乎故宇。覓天地之正氣兮，惟夫子之高舉。采白菅以為席兮，薦稌米以為糈。雲

藹藹其以颰兮，霡冥冥而兼雨。雖遺跡之非昔兮，企前賢之踵武。欷騷臺之悲風兮，鎮徘徊而不能去。

　　歲在丁亥端陽節日，潮州後學選堂饒宗頤書舊作於香港梨俱室，時年九十有一。

　　從落款可知，這是饒先生在丁亥年（2007）端午節為遙祭屈原，在香港的梨俱室（饒先生的書齋名）書錄的一篇舊作，也就是他1979年所寫的這篇〈汨羅弔屈子文〉，饒先生在91歲的高齡，在端陽節這一天仍不忘懷念屈原，且以書錄28年前所撰祭文的特殊形式來進行祭奠，先生一輩子景仰屈原，緬懷先賢的心志躍然紙上，讀來真令人欽佩。

　　由於快遞中並沒有交代這件作品寄來的用途，我當天即用電子郵件向香港大學饒宗頤學術館的行政秘書詢問，回覆是：這是饒先生專為嶽麓書院屈子祠碑廊寫的。這時我才猛然想起，那是我在2006年拜謁饒先生時，曾說起過嶽麓書院修復的屈子祠將建一個碑廊的事，沒想到饒先生竟記在了心裏，並在隔年的端陽節書錄他早年的舊作寄送過來，其對屈原的崇敬之情可見一斑。

　　遺憾的是，嶽麓書院屈子祠的碑廊至今

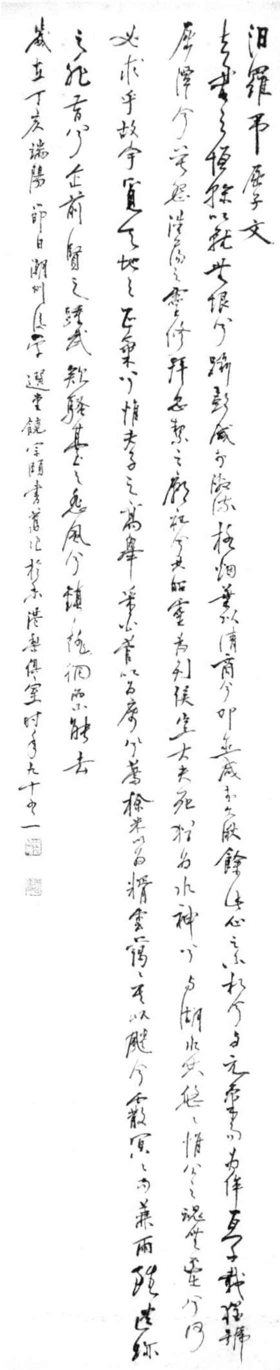

圖二：饒先生手書的六尺對開條幅

仍是白牆一版，原計劃的碑廊在各種主客觀條件的制約下已實際上變成了一個完全沒有什麼內涵的遊廊，而饒先生的這件難得的手書〈汨羅弔屈子文〉條幅也就只是成為了一件有故事的珍貴墨寶而已。

後學

陳松長謹跋於嶽麓書院

歲在庚子處暑後二日

陳松長，原湖南省博物館副館長、湖南大學嶽麓書院副院長，現任湖南大學岳麓書院教授、博士生導師、享受國務院特殊津貼專家、西泠印社社員、湖南大學簡帛文獻研究中心和湖南大學中國簡帛書法藝術研究中心主任，香港大學饒宗頤學術館兼職教授。兼任中國秦漢史學會常務理事、中國古文字學會理事、湖南省九歌書畫院院長；《簡帛研究》、《簡帛》、《簡牘學研究》、《出土文獻》等學術雜誌編委。已出版《馬王堆帛書藝術》、《香港中文大學文物館藏簡牘》、《馬王堆簡帛文字編》、《湖南古代璽印》、《中國簡帛書法藝術編年與研究》和主編《岳麓書院藏秦簡（壹—柒）》等學術著作二十餘種，在各類學術刊物上發表學術論文一百三十餘篇。

菁莪毓士度金針 ——
饒公與浸大饒宗頤國學院

| 陳 致 |

　　2000 年來香港之前，當然飫聞饒先生之盛名，也讀了不少先生的著作。在新加坡國立大學教書的時候就知道，饒先生是這裏中文系的創系系主任（1968-1973）。但第一次見饒先生，是在 2002 年。當時先生在香港中文大學有個演講，是關於古史中玄鳥的傳說。1998 年，我在德國《華裔學志》（*Monumenta Serica*）上曾刊登過一篇文章，題目是〈殷人鳥崇拜研究〉（A Study of the Bird Cult of the Shang People），所以對饒先生的講題十分感興趣。講座中，聽者如雲，坐滿了中文大學的大講堂；饒先生則舉凡甲骨、金文、器物、文獻，縱橫出入，令人折服。特別是舉證甲骨文中「玄鳥」的合文，是此前我未曾注意到的。

　　其後，2010 年，陳新滋校長接掌香港浸會大學校政，校長雖為化學院士，但雅好文學、邃於國史。我當時任中文系主任，校長頗有意在浸會大學推動傳統文史的研究，跟我談了些想法，並讓我起草一個研究計劃，可以向社會賢達籌募資金，尋求支持。我以為跟此前申請香港教育局的研究經費差不多，傻呼呼地問道：「經費寫五十萬港幣合適嗎？」陳校長楞了一下，說「五十萬？你至少寫

五百萬。」我這才意識到資源的匱乏是多麼限制人文學者的想像。

我和同事及同行朋友們討論之後，以為世界上研究中國的傳統學問，謂之漢學。我們國人研究自己的傳統學問，謂之國學。所謂「國學」與「漢學」，研究對象是一致的，但所關注的問題焦點與施用的方法，每有異同。學問之道，原本相通。但二者之間真正意義上的對話與交流，則嫌不足。故在計劃書中，我提出在浸會大學成立一個「國學與漢學研究院」，使之成為諸多漢學機構與國學院交流溝通、各國學者切磋琢磨之地。過了不久，忽接到陳校長的電話，校長高興地告訴我說，你們可以好好做些事情了。原來，校長得到饒宗頤基金會主席、饒宗頤學術館之友的創立人孫少文先生的大力支持。孫先生作為一個實業家，師從饒宗頤先生，一直熱心文教事業。在孫先生的支持下，浸大乃於 2011 年 10 月成立了「孫少文伉儷人文中國研究所」。研究所成立之時，我們召開了一個「簡帛、經典、古史」研究的國際會議，世界各地的學者如內地的裘錫圭、李零、朱鳳瀚、王輝、廖名春、陳偉、王子今、趙平安、陳偉武；台灣的周鳳五、季旭昇、郭梨華、鄭吉雄；美國的夏含夷（Edward L. Shaughnessy）、艾蘭（Sarah Allan）、柯鶴立（Constance A. Cook）、邢文；日本的池田知久、淺野裕一；新加坡的勞悅強；澳洲的陳慧；香港單周堯、張光裕、沈建華、沈培等等數十位教授，還有諸多學界新銳，前來與會並見證了研究所的成立，冠蓋之隆，一時無兩。而饒先生以九十五歲的高齡也親臨到場主禮，並且走上了前台。與會學者多是饒先生的友好，紛紛上前問候。饒先生與每個人都一一握手、互道契闊。和饒先生握手時，大家都感覺到他的手頗為有力，覺得手腕微微有些疼，大家都為之驚歎不已。會後，我們出版了《簡帛‧經典‧古史》一書。饒先生還手書「開物成務」四字卷軸，送給我作紀念。

2012 年夏天，我與好友蘇榮譽教授伉儷正在德國的博物館做調

圖一：饒先生手書「開物成務」四字贈給我留念

研，在漢堡的旅館中忽接到陳校長的長途電話，校長仰慕饒先生的
學問，有意創立一所以饒先生命名的研究機構。接到電話以後，我
精神為之一振，博物館也不去了，乃把自己關在旅館的房間裏，一
連數日，在同事傳理學院院長黃煜教授和姚楠博士的協助下，起草
了成立「饒宗頤國學院」的計劃書。陳校長雷厲風行，半年之後，
2013 年 1 月 22 日，饒宗頤國學院在浸大宣告成立，許嘉璐、袁行
霈、倪豪士（William H. Nienhauser, Jr）、葉翰（Hans van Ess）、
傅熊（Bernhard Fuerher）、林慶彰、龔鵬程、何俊、稻畑耕一郎等
海內外賢達皆遠來致賀。我和同事張宏生教授、學生董就雄博士乃
廣邀海內外詩古文辭的名家百餘人，以詩詞聯語集成《饒宗頤國學
院成立誌慶集》，在引言中我交代了事情的緣起：

> 香港浸會大學陳校長新滋教授以化學院士，好史崇
> 文，誠今之院士中，所罕覯者。是何浸會人文之幸也！校
> 長念中夏人文之待興，輒思有所作為。余嘗昌言建一合國
> 學與漢學為爐冶之人文學院，庶能上躋百年，躪餘杭章
> 氏、順德鄧氏、績溪胡氏之「闡揚國故，復興國學」之前
> 塵。惜當時世亂方殷，海虜披猖。學者或淪入草澤，暴之
> 荒野；或佐於戎幕，結為黨團。乃欲覆巢下安研几，險坎
> 間道問學，繄可得乎？潮安選堂先生，雖寅播亂之辰，獨

秉箪瓢之志。於九流四部，究於閫奧；泰西天竺，盡其覃
遠。雖聰明才智之士，欲累世為學而不能，誠非常人所臻
非常之境也！先生以期頤上壽，尤垂心於啟迪後學，於浸
會亦極關愛。今也承平數紀，國日以昌，陳校長乃有刱設
饒宗頤國學院之想，此議一出，海內外賢達，群從響應，
誠一時未有之盛也！夫選堂先生不惟學貫中西，更以詩才
冠絕斯世；凡古近律絕，援筆立就，不易一字，宛如宿
構。斯人也，斯事也，其能無詩！致乃與張教授宏生、董
君就雄，廣邀海內外詩家，各書其志，用揚其才，不負恩
勤之義，略申芹藻之思，是為此編，用志茲盛。

　　　　　惟西曆二零一三年一月八日松江陳致謹陳

我當時自己也寫了兩首律詩，以志其盛。第一首云：

　　　獨上獅山歷夕岑，好風颯颯谿重襟。
　　　世塵擾攘無今古，道術澆灕孰淺深。
　　　栻樸延材思故脈，菁莪毓士度金針。
　　　伏生皓首新經學，柱石南天亶素心。

　　這首詩主要表達了饒先生一心挽世風之頹、「道濟天下之溺」
的苦心。「伏生皓首新經學」一句是指饒先生所提出的「新經學」
理論。2002 年北大百年校慶紀念會上，饒先生曾經發表了「新經
學的提出 ── 預期的文藝復興工作」，當時饒先生就斷言，中華
民族現在正經歷經濟的崛起，而在二十一世紀也會迎來偉大的文藝
復興。在不同場合，他也談到每個古老的文明和民族都有自己的經
學。連日本的天皇每天都要讀經，而讀的正是我們中國四書五經。
所以，經學的重建也是中華民族文藝復興中重要的一環。然而，今

天的這個「經學」不必完全等同於以往的經學，可以刪削，也應當增益。比如《十三經》中的《爾雅》，原是解讀經典的字書，可以不列入新經學中，而先秦的諸子、楚辭和新出土的很多文獻，也都應該納入經學的範疇。

第二首詩主要是表達了對饒先生學問的景仰和對國學院的展望：

麟鳳中原事未空，歸來海嶠謁儒宗。
已從東學通西學，更辨三重益兩重。
鄴羽竹書存史記，徼南函夏共提封。
敷文浙水非陳跡，梧嶺獅山植萬松。

所謂「三重益兩重」是說饒先生所提出的「三重證據法」，補充、完善了王國維先生所說的二重證據法。就是說現代的文史研究，除了要結合傳世文獻和出土文獻二重證據之外，還應該加上出土的器物以為佐證。頸聯出句中的「鄴羽」是指安陽所出的甲骨文，饒先生於甲骨、金文、簡帛之學，皆深研而多所創獲。對句一方面是指饒先生着意地理方志之學，有《楚辭地理考》、《潮州藝文志》等著作；同時也想說明饒先生研究視野之開闊，無論華夏與蠻貊，皆在其精研的範圍。尾聯「敷文」指杭州敷文書院。明代陽明學興，敷文成為講學之重地，又易名萬松書院。梧嶺則指深圳梧桐山，當時創立饒宗頤國學院，也得到深圳市政府、市教育局的大力支持，局長郭雨蓉也親自參加了成立典禮。

國學院成立之後，2013 年 10 月，饒先生和家人向浸會大學捐贈了十二套饒公的書畫作品，為國學院籌集了四千六百萬的資金。其後，浸大有意申請景賢里的保育計劃，擬借用位於港島的古建築景賢里作為國學院教學與研究之地。這一提案，得到了饒先生的大

力支持。為此，饒先生親自致信給發展局文物保育專員辦事處，信中云：

　　敬啟者：自昔盛世，未有不重乎文教者也。古者庠序之設，施教在乎六典，考文列於三重；惟以學在瞽宗，若非天子諸侯之世子，未有就學之幾。餘杭章氏乃云：「古之學者多出於王官。世卿用世之時，百姓當家，則務農商畜牧，無所謂學問也。其欲學者，不得不給事官府為之胥徒，或乃供灑掃為僕役焉。」又云：「所謂宦於大夫，猶今之學習行走爾。是故非士無學，非學無士，二者是一而非二也。」今茲學術昌明，社會進化，自閭閻衣冠之族，至於黎庶，皆可等而教之，誠古聖賢所夢求之幾也。夫國何以立，立於民，民何由立，立於學。饒宗頤國學院之初立，誠欲以庠序之設，集社會之力，戮力國學與漢學之精犖與傳承。俾中華文脈，緜如瓜瓞，施若葛藟，其用心亶力，良可嘉也。

　　吾粵自海通以來，獨擅東西文化之勝，誠中外交通之區。然其俗重商，積漸成習。士有陶朱猗頓之富，而書無金匱石室之藏。夫民重貨殖，總以利趨；若非文教，其能顯承？景賢里為百年故物，其於香江，猶魯靈光之於季漢。寸璣殘璧，彌足寶重。溯中外之名校，固多藉名苑奧區，以為鉤研精思之地。嶽麓嵩陽，固經始於炎趙；禺山學海，亦著聲於天南。若夫羅馬智慧大學（La Sapienza - Università di Roma）、布拉格查理大學（Univerzita Karlova）、維也納大學（Universität Wien）、海德堡大學（Ruprecht-Karls-Universität Heidelberg），彼歐陸諸校，皆昉於十四世紀，懸棟結阿，山節藻梲，望之儼然。餘如英

圖二：籌款晚會慶功宴上饒公與我握手留影

美日韓等國，大抵或因其舊址，或廬其故居。若景賢里為
國學院所用，增植以為囿，範沼以為池，絃誦鳴廊，松筠
影地，方諸雄談之稷下，修禊之南園，未為過也。詩云：
「瞻彼淇奧，綠竹猗猗；有匪君子，如切如磋，如琢如
磨。」其是之謂乎！

　　余幼耽墳籍，長事叢殘；寄浮身於海陬，思有補於炎
世。仰有司諸君，若能思於文化長猷，衡以未來至計。固
能體在下區區之忱也。

二〇一四年三月十日
潮州饒宗頤謹白

　　信中在在顯示饒先生對香江文化之關切，對造育人才的熱誠。
景賢里競標雖未成功，但饒先生對浸會國學院的支持，一直是我
和國學院同仁攜手並進的動力。自 2013 年國學院成立以來，我們
先後創立了著聲國際的《饒宗頤國學院院刊》，目前已出版至第九
輯，出版了百餘篇高水平的中英文學術論文。記得院刊第一輯方出
版之際，有一次與饒先生和孫少文先生一起用餐，饒先生翻看着院

刊，愛不釋手，並且一再說「做得好」。饒先生的讚許對於我和同事而言，不啻是最大的鼓勵。

除了院刊以外，國學院還策劃出版了「饒宗頤國學院漢學譯叢」、「饒宗頤國學院漢學叢書」、「饒宗頤國學院國學叢書」，國學院也出版或即將出版幾種叢書。其中有倪德衛（David S. Nivison）、魯惟一（Michael Loewe）、夏含夷（Edward L. Shaughnessy）、白一平（William S. Baxter）、艾爾曼（Benjamin A. Elman）等漢學大家的英文原著或中文譯本，也有許多青年文史學者與年輕一代漢學家的著作，先後出版了《董仲舒：「儒家」遺產與〈春秋繁露〉》、《饒宗頤學術研究論文集》、《先秦諸子與戰爭倫理》、《出土文獻與物質文明》《竹上之思——早期中國的文本及其意義生成》、《天文、斷代與歷史：倪德衛早期中國自選集》及《晚期中華帝國的科舉與選士》等著作。原國學院的副院長魏寧（Nicolas Williams）博士還將饒先生舊體詩近二百首翻譯成英文，由康奈爾大學出版社出版，名為 The Residues of Dream : Selected Poems of Jao Tsung-i，這應該是第一部饒詩的英文譯本。2015 年錢大康教授接任香港浸會大學的校長後，大力推動學術研究和學術國際化。國學院也因此與牛津大學麥迪（Dirk Meyer）教授合作，與德國的著名學術出版社 De Gruyter 簽訂了長期合作協議，由我與麥迪和國學院副院長史亞當（Adam Schwartz）博士共同編輯「饒宗頤漢學叢書」（The Jao Tsung-I Library of Sinology），至今已出版五種英文的漢學專著。為了鼓勵年輕一代文史學者與漢學家，我們還推出《選堂博士文庫》，第一輯的六本青年學人的著作即將付梓。饒公去世後，國學院有感於饒公的治學精神，並希冀傳承其寶貴的學術遺產，特此展開了一個五年的英文翻譯計劃，精選饒先生的重要著作，擬譯成五部英文書稿並交由國際知名學術出版社出版。明年適逢國學院建院十周年，三部書稿將在十周年慶典中一起發佈，

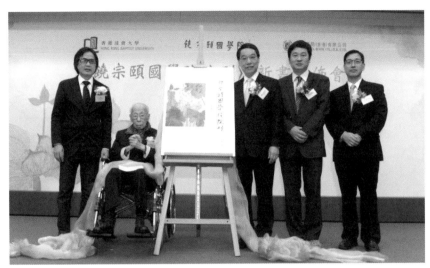

圖三：2014 年 6 月 19 日，《饒宗頤國學院院刊》發佈會饒公親自主禮（站立者從左至右分別為饒學基金會榮譽主席孫少文博士、香港浸會大學校長陳新滋教授、饒宗頤國學院院長陳致教授、中華書局總編輯李占領先生）

相信這是國學院十年耕耘給饒公交出的最好的答卷。

國學院建立後這幾年時間，憑藉饒先生在學界的號召力和影響，同事們的不懈努力，我們召集、舉辦了上百場的國際會議、國際論壇、學術講座和其他學術交流活動，也培養了像孟飛、程羽黑、賀旦思（Dimitri Drettas）、談仁、朱銘堅、朱夢雯、顧永光（Joern Peter Grundmann）、李博威（David Lebovitz）、梁月娥等一批傑出的博士後研究人才。國學院同時設立「選堂博士計劃」，招收、培養了多名博士生，在金文、出土文獻、商周制度、古代思想、詞學、清代學術等方面從事研究學習，其中有的已經畢業，從事教學或研究工作。

以前曾經有記者問我：「像饒先生這樣的大師，以後是不是再也沒有了？」我想說的是，在學術分科越來越細密化，學術規範越來越制度化的今天，要想出像饒先生這樣的通人，幾乎是不可能的。回想起這些年來先生對國學院同仁的關愛，馨欬唾珠，無不

歷歷宛如目前。追思至此不能自已,遂為國學院撰一輓聯懷念饒先生:

大道誰能輓,有著作如林,弟子如雲,四海聲名高北斗

旻天不愁遺,惟音容永在,精神永耀,重泉筆政仰先生

「雖無老成人,尚有典型」。饒先生一生追求學問的品格,一生對知識的好奇心,必將激勵來者,垂範後昆。斯人雖逝,斯文不朽!

原載於《明報月刊》2018 年 3 月號,頁 43–45;《國文天地》第 33 卷第 11 期(2018 年 4 月),頁 76–80。收入文集時略有刪改。

陳致,北京大學歷史系學士,南京大學古典文學碩士,美國威斯康辛大學博士。曾任教於新加坡國立大學、威斯康辛大學。2000 年至今任教於香港浸會大學、香港浸會大學中國語言文學系講座教授、饒宗頤國學院院長、北京師範大學 - 香港浸會大學聯合國際學院常務副校長,現為香港珠海學院校長。主要從事《詩經》、金文、古史與學術史方面的研究,出版《詩書禮樂中的傳統》、《余英時訪談錄》、《簡帛經典古史》、*The Shaping of Book of Songs: From Ritualization to Secularization*(中文版:《從禮儀化到世俗化:詩經的形成》)等專書;另有數十篇中英文學術論文在中港台歐美等地著名學術刊物上發表。

從幽默到沉默
—— 選堂先生諧趣散記

| 陳偉武 |

　　選堂饒宗頤先生有大智慧，有大學問，有大才情，論者如林，文心、詩心、童心、琴心均有專評。不賢識小，筆者僅想就選堂先生機鋒妙趣一面，擷取文趣、詩趣、書趣、畫趣、事趣數事，敷衍成文，以為韓山師院饒公百歲華誕慶典助興。饒公著書立說，偶觸機鋒，暗含詼諧，涉筆成趣。例如〈說糢餬、糢糊、模糊〉一文為俗字源考釋之作，以杜甫〈送蔡希魯都尉還隴右寄高三十五書記（適）〉詩的多種刻本異文為例，結合蘇軾《石鼓歌》及清人方貞觀法書真跡，論證現代熟語「模糊」原當作「糢糊」，從而對《漢語大詞典》米部的「糢糊」條和木部的「模糊」條作了補正。並將此詞詞源溯至春秋，以為莒國人名「『瞀胡』當是『模糊』的記音，古有是語，現在無人知道了。」「『模糊』應該是『糢糊』的借音，原有當作糢，完全沒有錯誤，不應妄指『糢』為非。杜詩被刻成模糊，即其例證。糢餬、糢糊、模糊，多少年來，人們都在糢糢糊糊之中⋯⋯因草此文，予以澄清。」饒公正本清源，考鏡「模糊」一詞書寫形式流變，我等習焉不察，「都在糢糢糊糊之中」而渾然不覺，讀文至此，當可會心一笑。

饒公〈蟬居偶成三首·汪德邁新宅〉詩:「蟬聲長是多饒舌,還伴清泉細細流。」(〈蟬居偶成三首,汪德邁新宅〉詩,《西海集》,《饒宗頤二十世紀學術文集》卷十四「文錄、詩詞」,台北:新文豐出版股份有限公司,2003 年,頁 386,下稱《文集》)「饒舌」猶言「長舌」,似無他意。而在〈題吳在炎指畫展〉一文結尾說:「因君屬題數言,為論作畫難易之義,質之於君,勿笑余之饒舌也。」(《文集》卷十四「文錄、詩詞」,頁 135)《苞俊集·序》說:「若岱嶺雖登,恨未興詠,齊魯青蔥,終古未了,以杜公詩在上頭,何敢饒舌耶!」(《文集》卷十四「文錄、詩詞」,頁 660)先生姓「饒」,故每好自稱「饒舌」也。其妙處與「頤解選堂」(陳韓曦編:《梨俱預流果 —— 解讀饒宗頤》,廣州:廣東高等教育出版社,2006 年,頁 95)倒語即是「解頤」正同。

饒公大雅大俗,咳唾成珠,是為詩趣。二十世紀 80 年代甲骨學界有「歷組卜辭」的論爭,中山大學教授韋戈(陳煒湛)先生借今證古,在一篇嚴肅的學術論文中記載了選堂先生的一段逸事。「關於卜辭中的異代同名問題,《年代》、《再論》等文的論證已相當詳盡,我只想借此機會,稍費筆墨,記下一則頗為有趣的異代同名實例。今秋在太原參加中國古文字研究會第四屆年會後,我陪同香港中文大學中國文化研究所的饒宗頤先生遊大同,在華嚴寺見展出秘笈有清雍正版《金光明經》,其序文為『慈覺大師饒宗頤』所作,不禁相視大笑,歎為巧合。饒先生亦喜極,且謂《宋史·藝文志》著錄釋宗頤〈勸孝文〉一篇。饒先生乃於翌晨得詩一首以紀此事,詩曰:『失喜同名得二僧,秋風代馬事晨征。華嚴寺畔掛瓢去,前生應是寫經生。』幽默風趣已極。同是『宗頤』,一為《宋史·藝文志》著錄之〈勸孝文〉作者,一為清雍正版《金光明經》序文作者慈覺大師,還有一位則是古文字學界朋友都熟悉的饒宗頤教授,《殷代貞卜人物通考》的作者。倘若後人不明其間區別,將

此三人混為一談，把饒先生視為宋釋或清僧，豈不謬誤之極？以今例古，則商代武丁時有婦好、望乘，並不排斥武乙、文丁時亦有一個婦好、望乘也。」（陳煒湛：〈「歷組卜辭」的討論與甲骨斷代研究〉，見《甲骨文論集》，上海：上海古籍出版社，2003 年，頁 93，原載文化部文物局古文獻研究室編《出土文獻研究》，文物出版社，1985 年）異代同名之事，饒公在〈宗頤名說〉一文亦有記述：「初，余於法京展讀北魏皇興《金光明經寫卷》，曾著文論之。八一年秋，遊太原，夜夢有人相告。不久，陟恒岳，於大同華嚴寺睹龍藏本是經，赫然見其卷首序題『元豐四年三月十二日真定府十方洪濟禪院住持傳法慈覺大師宗頤述』。又於《百丈清規》卷八見有『崇寧二年真定府宗頤序』。元普度編《廬山蓮宗寶鑑》（卷四）內慈覺禪師字作宗頤。元祐中，住長蘆寺，迎母於方丈東室制《勸孝文》，列一百二十位。曩年檢《宋史‧藝文志》，有釋宗頤著〈勸孝文〉，至是知其為一人，以彼與余名之偶同，因鐫一印，曰『十方真定是前身』。」（《文集》卷十四，頁 165）可與韋戈教授之文互參。

圖一：1999 年 9 月與饒公合影於香港中文大學中國文化研究所二樓休息室

　　後來饒公編訂《苦俊集》，錄此詩題為：〈大同華嚴寺展出秘笈有雍正本《金光明經》前為宋慈覺大師宗頤序文，記《宋史‧藝文志》著錄僧宗頤《勸孝文》，深喜名與之同，或有宿緣，因而賦此〉，詩云：「同名失喜得名僧，代馬秋風事遠征。托缽華嚴寶寺畔，何如安化說無生。」（《文集》卷十四，頁 673-674）與韋戈先生所記異文，當以《苦俊集》為準。依筆者推測，韋戈先生所錄應是饒公「詩草」，「慈覺大師饒宗頤」之「饒」字當是饒出衍文。饒公原以為「慈覺大師宗頤」為兩人，後知所謂宋釋清僧實為一人，於是改訂了原詩。

　　〈食東坡肉三次前韻〉：「茗搜文字腸枯槁，一見肥甘甘拜倒。海南所欠花豬肉，有詩可證公煩惱。豈真見卵求時夜，但覺思蓴計過早。無端人瘦肉偏肥，玉環那及張好好。一啄已令口腹充，再吞難令興不掃。幾輩屢冒先生名，麴米攤香與娛老。不見林婆壓酒來，藕絲潮胃殊草草。且語西鄰翟秀才，題詩為公訴蒼昊。」（《苦俊集》，《文集》卷十四，頁 676）前韻是指「坡老昊字韻」。此詩讀了，肯定絕倒。

　　《羈旅集》錄有一詩，題為〈詩成後二日，與畫師蕭三同遊梅窩銀礦潭，竹樹荒翳，澗水清淺。余笑語：梅窩無梅，須君寫桃下種矣！歸途口占，戲為此詩，三疊前韻〉。詩長不俱錄，末四句是：「無梅偏與黃昏近，童山其奈濯濯何。不如蕭八乞桃種，筆端應有神來呵。」（《文集》卷十四，頁 428-429）

　　饒公寫夜讀梵經：「梵經滿紙多禎怪，梵音棘口譬癬疥。攤書十目始一行，古賢糟魄神良快。」（〈Bhandarkar 研究所客館夜讀梵經。次東坡獨覺韻〉，《佛國集》，《文集》卷十四，頁 351）。梵文艱深，詰屈聱牙，梵經難啃，卻是精神食糧，讀起來確實既「痛」且「快」。

　　尋常小事，饒公隨意點染，旋即妙趣橫生，是為畫趣。十六應

真畫有一幀畫一僧衵衣用「不求人」在搔背，題記說：「上些不是，下些不是，搔着恰當處惟有自知。」（《選堂書畫 —— 饒宗頤八十回顧展》，香港大學美術博物館，1996年，頁56）禪趣十足。所謂「恰當處」就是癢處，就是關鍵處，喫緊處。饒公說過，自己平生好寫札記，短札往往有「小中見大」的深意，「我的這些短文，敢自詡有點『隨事而變化』，抓問題偶爾亦可能會搔到癢處。」（《選堂散文集・小引》，《文集》卷十四，頁197）「隨事而變化」本是元代文學家吳萊的話，饒先生十分欣賞，平素研究問題，目光如炬，善於「搔到癢處」，就是善於抓要害，解決關鍵問題。

饒公曾經與汪德邁教授聯袂同行考察印度文化，有詩有畫記錄同一趣事，〈題印度伽利洞涉水圖〉云：「冒雨遊印度伽利洞，汪德邁背余涉水數重，笑謂同登彼岸。辛巳，選堂憶寫。」（饒宗頤著、鄭會欣編：《選堂題跋集》，北京：中華書局，2006年，頁309）原嘗有詩記其事，詩題云：「〈冒雨遊伽利（karlī）佛洞，汪德邁背余涉水數重，笑謂同登彼岸，詩以記之。用東坡白水韻〉」（《文集》卷十四，頁351）。以雨景親歷趣事套用佛典，亦詩亦畫，畫有長跋，令人印象深刻。

饒公的論著多次提到「神趣」、「理趣」。例如，饒公說：「六朝人講神趣。《廬山道人詩序》稱：『其為神趣，豈山水而已哉？』即說山水物色之外，更有令人細味迴環之處。這是『理趣』。『理趣』是山水詩的提昇，能供人細細玩味。」（〈談中國詩的情景與理趣〉，見《文集》卷十二「詩詞學」，頁175）「所以詩在說理時還得有趣味，純理則質木，得趣則有韻致；否則不受人歡迎。理上加趣，成為最節省的藝術手法。」（同上）又：「如果詩完全不使用典故，則不易生動，因典故可以增加趣味。」（同上書，頁176）

饒公舉手投足，天真浪漫，是為事趣。1980年11月，曾經法師陪同饒公至湖北省博物館參觀，「看到展品中有曾侯乙墓出土

衣箱漆書 20 個字的摹本，盡是古文奇字，尚無釋文，不明句讀。
譚維泗館長請為試釋。先生經過一番琢磨，終於寫出：『民祀佳坊
（房），日辰於維，興歲之四（駟），所尚若陳，經天嘗（常）和』
20 個字。」釋文中「日辰於維，興歲之四（駟）」兩句末字合起來
適與譚館長的大名偶然諧音，相隔兩千多年，煞是有趣。曾師《選
堂訪古留影與饒學管窺》一書（廣州：花城出版社，2013 年）有專
門記述，讀者自可參看。

　　饒公詩文書畫作品時稱「墨謔」、「戲題」，如「歷年墨謔，
略見端倪。」（《選堂書畫 —— 饒宗頤八十回顧展・小引》，頁 8）
「『墨謔』的情趣」（《梨俱預流果》，頁 219）。詩云：「善戲謔兮，
不為虐兮。」（《衛風・淇奧》）1981 年饒公與韋戈先生遊大同，有
火車從頭上開過，饒公笑稱無端受胯下之辱。饒公說過：「 第二屆
國際客家學研討會開幕，主席要我說幾句話，我是不敢當的。我的
先代從三河壩南遷來潮州，到我已是十三世，早已數典忘祖，連客
家話都不會說了。」（〈潮、客之間〉，《選堂散文集》，《文集》卷
十四，頁 257 ）「數典忘祖」，自責甚厲，正如今天所說的「自黑」，
「自黑」不黑。

　　《史記》有〈滑稽列傳〉，《世說新語》有〈排調〉篇，這些都
是中國文學史上的幽默元素。至於憂國憂民的杜子美，也並非一路
呼天搶地，他居夔州時就留下了許多輝煌詩篇，饒公〈論杜甫夔州
詩〉一文指出，此時老杜詩體多有創格，如「俳諧體」即是，〈戲
作俳諧體遣悶〉二首五律其中頗用俗語。俗語自然多了鮮活詼諧的
成分。饒公云：「如『家家養烏鬼，頓頓食黃魚』，『於菟侵客恨，
粗粆作人情』之句。『頓頓』、『作人情』皆俚俗之言，杜不之薄而
驅遣自如。此體後人亦多仿傚之。如李義山之《異俗》是也。《蔡
寬夫詩話》以為『文章變態，固亡窮盡，高下工拙，各繫其人』。
信然。」（《文集》卷十二「詩詞學」，頁 110）

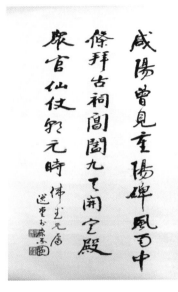

圖二：饒公書贈墨寶

　　1999 年，筆者應邀赴香港中文大學隨饒宗頤先生從事「戰國楚系史料繫年」課題合作研究，9 月 6 日曾在香港中華文化促進會作過公開講演，題目是「出土戰國秦漢文獻中的格言資料」，講演會由饒先生主持。當天講演結束即是離港的截止日期，我把隨身行李帶到了會場，其中有為姪女陳納新買的一把藤製馬狀搖椅，饒公見藤馬可愛，還坐上作策馬馳驟狀搖了一番，把在場的人都逗樂了。有打油詩為證：「揮金買馬馬鞍山，牽惹旁人笑笑看。白髮選翁飛騎上，童心馳驟樂開顏。」

　　現代學術發展，條塊分割，畫地為牢，學科愈分愈細，不叫魚蝦蟹，叫做「水生經濟動物」，連普普通通的「尿尿」之事，也有「尿流動力學」。世俗多喜稱這「家」那「家」，饒公學如汪洋恣肆，「十項全能冠軍」，卻自稱「無家可歸」（參曾師《大師的童心》）。

　　饒先生雅人深致，而大雅大俗，常出人意表，則非天性、才調和學養莫能為。選堂先生的幽默真是「饒有風趣」，只是在下不好再饒舌了。

2014 年在香港浸會大學參加饒宗頤先生國際學術研討會，開幕式上，饒先生由其女公子清芬女士推着輪椅款款而來，向與會學者拱手致意，只是一句話也沒講，我雖然心裏很遺憾，而又十分理解。「雄辯是銀，沉默是金。」衷心祝願饒公萬壽萬福！

附記：小文初稿曾於「海絲・陶瓷國際論壇暨饒宗頤教授百歲華誕慶典」宣讀（韓山師範學院 2015 年 10 月 27-28 日），本欲刊於林倫倫校長主編的《饒學研究》，因修訂延宕而成了漏網之魚，改投《華學》，謹對林校長表示歉意和謝意。

2015 年 10 月 26 日初稿

2017 年 1 月 20 日改訂

補記：

為紀念選堂饒先生仙逝五周年，鄭會欣先生來信邀稿，無文可奉，聊以舊作一通應命。此文原刊於《華學》第十二輯（中山大學出版社，2017 年），今略作補記如次。

1949 年選堂饒先生赴港定居，1979 年始首次返內地，到中山大學參加中國古文字研究會第二屆學術年會。自此之後，饒公往返內地和香港日漸頻繁。1986 年 7 月，我碩士畢業留在中山大學中國古文獻研究所工作。次年 4 月，饒公在中山大學教學樓 202 室作學術演講，題為「四方風新義」，這是我第一次得以近距離瞻望饒公風采。1993 年 4 月，穗港朋友籌措編纂《饒宗頤文集》，擬由廣東人民出版社出版，在中山大學貴賓樓黑石屋召開編輯委員會首次工作會議，由曾師經法（憲通）先生任編委會主任，中大文史哲諸系多位教師直接參與編校工作。此後饒公數度蒞臨中大，商討文集編

務，可惜因故未能正式出版。1993 年 12 月，中山大學敦聘饒公為名譽教授及中華文化研究中心名譽主任。1995 年，饒公多方聯絡，籌措資金，在中山大學創辦大型學術集刊《華學》，由泰國華僑崇聖大學、清華大學與中山大學合編。因為曾師負責編委的工作，我也得以從旁參加一些打雜的事務。1999 年，承曾師推薦，我應饒公之邀，赴香港中文大學從事合作項目「戰國楚系史料繫年」，為期三月，受益良多。

2004 年中山大學八十周年校慶，編纂《華學》第七輯，曾師還讓我寫了一篇命題作文，就是〈選堂先生與中山大學之夙緣〉。為了寫這篇小文，我跑了幾趟廣東省檔案館，查到有着饒公個人信息的 1937 年「國立中山大學廣東通志館人員名冊」，附於文末。2015 年 4 月 2 日，中山大學饒宗頤研究院成立慶典上，羅俊校長贈送饒公的禮物就是放大精製的這份名冊登記表。

1981 年，饒先生遊山西運城永樂宮，適值休息日不開放，好言懇說無果，管理者有意刁難，以永樂宮道教人物為題請饒公作詩方許通行，饒公略一吟哦，口占一絕：「咸陽嘗見重陽碑，風雨中條謁古祠。閶闔廣開無極殿，諸天仙仗朝元時。」管理者嘆服，饒公於是如願進永樂宮這一道教勝地飽覽。1997 年饒公曾在黑石屋貴賓樓揮毫，書贈我的墨寶正是《永樂宮》此詩，寫到第三句，先生忘詞，稍一遲疑，又奮筆寫就：「咸陽曾見重陽碑，風雨中條拜古祠。閶闔九天開寶殿，眾官仙仗朝元時。」落款為：「偉武兄屬　選堂於康樂園」。後來我檢校一過，發現有數處異文，希望以後編注饒公詩集者宜加措意。先生還為我的小書《簡帛兵學文獻探論》題端（中山大學出版社 1999 年出版），又為我寫了另一書名《古文字與古文化論稿》，條幅和兩書名題簽均未鈐章，後來曾師赴港開會，只托曾師攜條幅至香港請饒公補章，書名題簽居然還是忘了補章。

2015 年暮春，中山大學饒宗頤研究院正式成立，陳春聲教授擔任院長，本人則負責一些具體的組織工作。中大饒研院籌劃舉行過多種饒學活動，我於選堂先生的德業不斷地有了新的學習和認識。2018 年春天，選堂先生壽終正寢，遽歸道山，學問永生，精神永駐，令人永懷。

2022 年 6 月 18 日

陳偉武，中山大學中文系教授，中山大學饒宗頤研究院執行院長，教育部長江學者特聘教授，兼任中國語言學會理事、中國古文字學研究會理事兼秘書長、中國文字學會常務理事。主要從事古文字、出土文獻和漢語史方面的研究，有專書《簡帛兵學文獻探論》、《愈愚齋磨牙集》、《愈愚齋磨牙二集》和論文百餘篇。

承繼先哲之業　開拓學術新涯
── 追念「通儒」饒宗頤先生的教誨

| 榮新江 |

　　今晨驚悉，饒宗頤先生在香港仙逝，享年 101 歲。雖然是高壽而善終，但於我而言，還是有些突然。記得大概十多年前，一次饒公（我更習慣用這個稱呼）在香港辦畫展，小說家金庸先生敏銳地察覺到展品一共 108 幅，所以在祝詞中說，我們今天看到的是饒公108 幅作品，我們也希望饒公在 108 歲時，再來看饒公新的 108 幅作品。我就像迷金庸小說一樣被他迷惑了，所以三個月前饒公來北京辦畫展時，我去了新疆圖木舒克市，而錯過與饒公見面的機會，當時還想，反正可以等到饒公 108 歲時再看他的畫展。遺憾的是，小說家的話是虛構的，我錯過了最近一次與饒公見面的機會。

　　我是 1991 年 8 月到香港大學參加隋唐史國際學術研討會的時候，第一次拜見饒先生。此前半年我在英國圖書館編敦煌漢文殘片目錄，羅永生兄告訴我香港大學的黃約瑟先生要在 8 月初舉辦一個隋唐史的國際研討會，那正是我回國的時候，因此建議我提出參會申請，繞道香港回國。我不認識黃約瑟，永生兄當時也是人微言輕，聽說黃先生去請示饒先生，饒公雖然和我從未謀面，但看過我寫的文章，馬上說「請，請他來」。於是，我在倫敦匆匆辦了過境

簽證，轉飛香港。

記得開會那天，與會者都是兩岸三地和國際知名學者，饒先生來到會場，許多人迎上去招呼，饒先生開口問「新江在哪」？看到我最年輕，直奔而來。真沒想到，如雷貫耳的饒宗頤教授，這麼平易近人。攀談起來，他對我當時有關晚唐五代宋初的敦煌歸義軍史的研究很有興趣，當時就說定，第二年由香港中華文化促進中心邀請我來港從事研究工作。於是，我在 1992 年 11 月沒等隨斯文赫定基金會環塔里木盆地考察結束，就從和田半途回京，趕赴香港，到香港中文大學中國文化研究所，跟隨饒公做敦煌學研究，一直到 1993 年 5 月。隨後在同年 8 月，我又在饒公安排下，出席香港大學舉辦的「第 34 屆亞洲及北非研究國際學術會議」，再次拜見饒公。

1994 年 3 月，我在當時還在泰國的林悟殊兄安排下，隨季羨林先生到曼谷參加華僑崇聖大學成立儀式，又有機會與饒公朝夕相處，記得泰王的車駕因堵車延遲 40 分鐘才到，我得以有機會與饒公交談。儀式結束後，我沒有隨季先生回京，而是隨饒公到了香港，因為當時港英政府給從海外回國的中國人七天免簽的過境許可，我可以借機在香港停留。也就是在這次訪港過程中，與饒公商定，把原本由中華文化促進中心資助《九州學刊》敦煌學專號的經費，轉到北京，單獨辦一份《敦煌吐魯番研究》專刊。這就是 1995 年開始在北京大學出版社出版的《敦煌吐魯番研究》，由季羨林、周一良、饒宗頤三位先生主編，我負責具體編務，前六卷的具體工作都是由我來做的。

1995 年 8-9 月，我再度由饒公安排，應香港中華文化促進中心邀請，到香港中文大學中國文化研究所做訪問研究。1996 年 11 月，我從美國經香港去台北參加「第三屆唐代文化研討會」，也蒙饒公關照，由中華文化促進中心接待，又得以拜見饒公。1997 年香港回歸後，更方便往來香港，見到饒公的機會也更多。2001 年 10

月 15 至 30 日，我又有半個月在香港中文大學新亞書院，與饒先生合作敦煌學方面的研究。與此同時，饒公也多次來北京參加會議，舉辦畫展，每次都有機會見面，耳提面命，受益良多。

饒公為人謙和，他每送我一本書，都寫「新江兄正之」，「新江吾兄吟正」等，對年輕人獎掖有加。所以我和他雖然年齡差距很大，而且分處內地、香港，原本的價值觀念當然很不一樣，但一見如故，每次談話，都非常愉悅。我到香港中文大學中國文化研究所時，他大約每週從港島到中大一趟。他一來研究室，我就像過節一樣，準備好問題和他討論。他對我沒有任何保留，有問必答。那幾年我不僅時常去港島的跑馬地他的家裏問學，還有機會進入他在另外樓層的書房和在附近的專門畫室。他的書房有六個房間，各自有不同的主題，是極其良好的寫作空間。而他的畫室則基本沒置什麼書，主要是書寫繪畫用的枱子和筆墨。我對饒公的知遇之恩也傾力回報，幫他編輯過八卷本《法藏敦煌書苑精華》，還有《敦煌曲續論》、《敦煌吐魯番本文選》等書。

饒先生出身潮州士人家庭，家富藏書。父親饒鍔先生，著有《潮州藝文志》等。饒先生幼承家學，諳熟嶺南文獻掌故，對於經史子集以及釋道圖書，都有愛好，打下了極好的學問根基。抗戰前後，在兩廣一帶整理鄉邦文獻，並幫助葉恭綽先生編《全清詞鈔》。還曾應顧頡剛先生之約，編《古史辨》第八冊。1949 年後移居香港，先後執教於香港大學中文系、香港中文大學中文系，一度出任新加坡大學中文系主任。曾遊學於印度班達伽東方研究所、法國科研中心、美國耶魯大學、法國遠東學院、法國高等實驗研究院、日本京都大學等地，廣結善緣，收集資料。

饒先生的治學範圍廣泛，古今中外的許多領域，都有所涉獵，其中既有傳統的經史子集，又有二十世紀初葉以來新興的考古學、美術史、歷史語言學等，尤其鍾情於出土文獻，舉凡甲骨、金文、

圖一：1992 年，饒宗頤先生主持筆者在香港中華文化促進中心的講演

簡帛、敦煌吐魯番文書、金石銘文，都有所貢獻。此外，饒先生學藝兼美，古琴、書畫，樣樣精通。饒先生著作等身，僅 2003 年出版的《饒宗頤二十世紀學術文集》，就有煌煌 14 卷 20 巨冊，每卷主題包括史潮、甲骨、簡帛學、經術、禮樂、宗教學、史學、中外關係史、敦煌學、潮學、目錄學、文學、詩詞學、藝術、文錄、詩詞等，可見方面之廣，其學養之厚，簡直讓人歎為觀止。

饒公沒有上過正式的大學，如何能產生這樣巨大的學術成果，迄今也是一個謎。我在閱讀饒公的論著和有機會與饒公的攀談中，也一直在尋找答案。我曾拜讀饒公有關敦煌學的著作及藝文，包括《老子想爾注校證》、《選堂集林・史林》、《敦煌曲》、《敦煌曲續論》、《敦煌琵琶譜》、《敦煌白畫》、《法藏敦煌書苑精華》等，並撰寫過〈饒宗頤教授與敦煌學研究〉（1993 年）和〈敦煌：饒宗頤先生學與藝的交匯點〉（2012 年）兩篇文章，對這一領域做過概括總結。我對饒公其他許多領域的著作只是翻閱，但時而聽他講述自己的新發現，略有體會。從總體上來說，饒公如此大的成就之取得，對我來說深有感觸者至少有如下幾點：

一、饒先生具有家學傳統，在幫助父親編《潮州藝文志》時，

就打下廣闊的文獻基礎，以後編《香港大學馮平山圖書館善本書錄》，更接觸到香港最重要的善本收藏。他治學觸類旁通，從鄉邦藝文，延伸到東南沿海以及南洋各地的史地、碑刻。特別是他長年在香港教書，又常常往新馬泰各地旅行，所以對於當地文獻、遺存以及海上絲路，都有討論，像〈《太清金液神丹經》（卷下）與南海地理〉、〈海道之絲路與昆侖舶〉、〈宋帝播遷七洲洋地望考實兼論其與占城交通路線〉、〈永樂大典中之南海地名〉、〈說觽及海船的相關問題〉、〈三教論及其海外移植〉、〈柘林在海外交通史上之地位〉、〈從浮濱遺物論其周遭史地與南海國的問題〉等文，對於海上絲路的交通路線、物品交流、船舶航行等等，都有論說，是我們今天熱議的海上絲路研究的開拓者之一。

饒公從編纂《全清詞鈔》開始，從清詞上溯唐五代宋金元詞，在《詞籍考》、《宋詞書錄解題》兩書基礎上，後來形成《詞集考》一書。對於敦煌寫卷中的曲子詞，更是用力最多，曾收羅法英乃至俄國所藏資料，編成《敦煌曲》，並討論敦煌曲的年代、作者，詞與佛曲之關係，詞之異名及長短句之成立等問題，目的是探討敦煌曲與詞的起源問題。以後又將此書之後的各篇討論文字，特別是批判任半塘「唐詞說」的文章，輯成《敦煌曲續論》。因為我在研究晚唐以降歸義軍史時，曾從歷史角度論證過一些曲子詞，如《五台山贊文》的年代，深得饒公首肯，所以他讓我來編輯《續論》一書。今日翻檢當年編輯、校訂饒公大文的各篇底本，先生耳提面命的樣子，歷歷在目。

饒公在和我們聊天過程中，經常說到顧頡剛先生請他編《古史辨》第八冊，因為停刊而未出版一事。但他對上古秦漢歷史地理問題，一直關心有加，對於甲骨金文中的有關記錄，時時加以檢討，後來形成在這方面撰寫的許多論著，提出古史研究的多重證據法。90 年代饒公在香港中文大學中國文化研究所的研究室裏，有沈建華

女史和他合作研究甲骨文，他每次來中大，都在這裏向建華講最近的新發現。我記得他說到發現甲骨文中有的地名可以考訂在巴蜀，顯得非常興奮。我理解在「疑古」、「信古」、「釋古」各派中，饒公更多的時候是屬於「信古」的一派。他勇於探索，不斷求新的精神，讓人欽佩，這也多少影響到我對一些問題的看法。

二、饒先生對於學術生態有着十分清醒的認識，他知道與他同輩的內地許多學者原本也有同樣的條件，做出同樣偉大的名山事業，只是 50 年代以來的歷次政治運動，特別是「文革」，奪取了許多人的時間和生命。所以，在他和我們聊天的時候經常說到，他1949 年以後移居被認為是「文化沙漠」的香港，當時也很擔心這裏能否做學問。但後來發現，此時的香港，可以說是三國時期的荊州，在各地兵荒馬亂的歲月裏，某個地方如荊州，居然暫獲安穩，聚集了一批天下英才，一時間學術文化也達到一定的高度。他說 50年代以來的香港，正是如此，大量的人才、資金、圖書都匯聚在這裏，為這裏的學人，提供了相當好的治學條件。

這裏可以舉一個例子，50 年代英國博物館收藏的斯坦因所獲敦煌文書的縮微膠卷，在日本東洋文庫的推動下，可以向外出售或對外交換，當時北京圖書館用本館所藏與東洋文庫交換了一份，中國科學院圖書館獲得一份副本，由劉銘恕先生負責編目，到「文革」以後北大圖書館才出資複製一套，我記得有些老先生是和我同樣的時點，第一次看到這些文書的真貌，而不是前人的錄文。但是我聽饒公說，這批縮微膠卷一開始出售，香港一位有錢人就買了一套，提供給他做研究。於是，饒公在其中發現了《老子想爾注》，撰寫《校箋》，1956 年刊行於世；又從中檢出所有書法資料，如S.3753《臨十七帖》、S.3392《天寶十四載制書》、S.5952《飛白書》等，編為《敦煌書譜》，附於 1961 年所撰〈敦煌寫卷之書法〉文後；他又在戴密微（Paul Demiéville）《拉薩僧諍記》的基礎上，找到 S.2672

圖二：領悟饒先生的思想精髓

《頓悟大乘正理決》，1964 年發表〈神會門下摩訶衍之入藏兼論禪門南北宗之調和問題〉一文，對有關禪宗入藏的宗論與歷史、地理、年代問題做進一步討論，並另撰《王錫〈頓悟大乘正理決〉序說並校記》（1970 年）。此外，如《文心雕龍》等寫卷，都是這次翻檢所得。可以說，饒公敦煌學研究首先受益於倫敦所藏敦煌縮微膠卷，然後才是到法國講學期間系統整理敦煌曲和敦煌白畫。

　　三、我覺得饒公治學的特色，還有一點就是走到哪，學問做到哪。饒先生到過許多地方，除了內地名山大川，還有歐美、日本、南亞、東南亞，以文會友，搜尋材料，對與當地有關的問題，往往能推陳出新。他到東南亞走訪石碑，到倫敦、巴黎、京都等地查閱敦煌寫卷，都產生了許多研究成果。改革開放後，饒公更是經常走訪內地的博物館、考古所、文物遺址，參觀、考察新出土的文物、文獻，撰寫了大量有關的文章，形成專著的如《雲夢秦簡日書研究》、《隨縣曾侯乙墓鐘磬銘辭研究》、《楚地出土文獻三種研究》、《饒宗頤新出土文獻論證》等。他還擬定「補資治通鑑史料長編稿系列」叢刊，邀請內地學者合作，利用新出土文獻，以編年體增補

《資治通鑑》史事，已經出版的有與李均明合著《新莽簡輯證》、《敦煌漢簡編年考證》、王素的《吐魯番出土高昌文獻編年》、王素、李方的《魏晉南北朝敦煌文獻編年》、王輝的《秦出土文獻編年》、劉昭瑞的《漢魏石刻文字繫年》、陳國燦的《吐魯番出土唐代文獻編年》、李均明的《居延漢簡編年·居延編》。饒公在構想這個系列時，我正在香港，也參與了討論，貢獻了想法，但十分遺憾的是，我答應饒公的敦煌寫本歸義軍時期文獻編年工作，一直沒能完稿，留下無法彌補的遺憾。

四、我還想說的就是饒先生做學問，發表論文不拘一格，不論什麼場合，採用各種方式，文章大大小小，隨手而出，讓學界有應接不暇的感覺。饒公早年的著作，許多都不是在正規出版社出版的，裝幀也很簡陋，往往只是托某個出版公司印製和銷售；還有一些古文字的文章，都手抄影印，避免排版的麻煩和延誤。這種做法，使得饒先生的許多成果得以早點問世，為學界所知。我見到饒公之前，就收集他的文章，1984-1985 年在荷蘭時，複印過他在港台雜誌和西文出版物中有關敦煌學的論文，後來在北京書展買到香港中華版《選堂集林·史林》，又在法國購得他的大部頭著作《敦煌曲》、《敦煌白畫》。所以，當我第一次到香港中文大學他的研究室時，他得知後非常高興，特意允許我在研究室裏面的小儲藏室中，將他的著作和論文抽印本每種拿一本。饒公早年的許多出版物，我就是這樣才得到的，也讓我感觸很深。在香港條件還比較艱苦的 1950-1960 年代，饒公為發表學術論著，也是頗費苦心。不過我想，正是這一切造就了饒先生的偉大學術成就，使之成為一代宗師。

最後應當提到，饒先生不僅是香港的學術權威，也不僅是中國的國學大師，而且他也對海外漢學產生過非常大的影響。饒先生1965 年訪問巴黎、倫敦，調查敦煌曲子詞寫卷。1971 年完成《敦

煌曲》一書，由歐洲漢學泰斗、法蘭西學院講座教授戴密微譯成法語，合法漢文本為一編，由法國國家科研中心出版。後來饒先生在巴黎講學之際，又將散在寫卷中的白描、粉本、畫稿等材料輯出，編成《敦煌白畫》一書，由戴密微等譯出，在法國出版，中法對照，有圖有說，對研究敦煌畫極富參考價值。戴密微對饒先生的敬佩，甚至把他倆到瑞士旅行時饒先生一路所吟詩歌（《黑湖集》），都翻譯成法文，發表在歐洲專業的學術刊物上。因此，饒先生通過多次在法國講學，以及大量譯成法語的文章、著作，影響了一代法國甚至歐美的學人，不少歐美漢學研究者從選題到研究，都受到饒先生的啟發和指導。我有一段在香港時，法國研究占卜的馬克（Marc Kalinowski）教授也在香港，眼前還能想起他向饒公問學，討論《刑德》時的情形。

　　饒宗頤先生是一座學術的豐碑，他留下了豐厚的學術遺產，為今後的學術事業奠定了堅實的基礎，指明了前進的方向。我自 1991 年開始從饒公遊學，不時受教，獲益良多。先生嘗言：「學人者，以正存思，以奇振采，以無誤信天下。」（〈戴密微教授八十壽序〉）相信此至理名言，與先生之精神永存。

2018 年 2 月 6 日草，7 日凌晨寫定，

原載《光明日報》2018 年 2 月 11 日第 5 版。

榮新江，1978 年考入北京大學歷史系，1985 年留校任教，現
爲北京大學博雅講席教授、中國敦煌吐魯番學會會長，2021
年入選英國學術院（British Academy）通訊院士。研究方向
是中外關係史、絲綢之路、隋唐史、西域中亞史、敦煌吐魯
番學等。著有《歸義軍史研究》、《敦煌學十八講》《、中古
中國與外來文明》、《中古中國與粟特文明》、《絲綢之路與
東西文化交流》、《ソグドから中国へ —— シルクロード史の研
究》、*Eighteen Lectures on Dunhuang* 等；另主編《唐研究》
（1-23 卷）等。

我悲哲人萎，中夜起彷徨
—— 一位韓師人對饒公永遠的懷念

| 趙松元 |

　　饒宗頤教授是享譽國際的漢學大師，但我過去在湖南，孤陋寡聞，幾乎對饒宗頤及其學術一無所知。1993 年調入韓山師範學院中文系任教，很快通過韓師同仁與潮州康曉峰、曾楚楠、沈啟綿等長輩及友朋之口，熟知了關於饒公的很多掌故，並了解到饒公是韓師的校友，他 1938 年曾代詹安泰先生在韓師授課，韓師是饒公教學生涯的起航之地，韓師人為擁有饒公這樣一位傑出校友倍覺榮耀。至於我自己，則為能夠與饒公結緣，做饒學研究，由此拓展出學術人生的一個重要方向，既深懷感恩，又深感榮幸。

一、與選堂饒公的結緣暨學術人生的拓展

　　距饒宗頤先生韓師授課 58 年後，1996 年 8 月 18-19 日，為慶祝饒公八十華誕，由韓山師範學院主辦了「饒宗頤學術研討會」。令人振奮的是，在闊別 58 年後，饒宗頤先生首次回到了韓師，親自出席了這一屆學術研討會。施舟人、李新魁、李學勤、朱維錚、章培恒、曾憲通、周勛初、姜伯勤、榮新江、胡曉明、周少川、黃

世中等來自中國內地、美國、日本、法國、荷蘭、泰國以及台灣、香港、澳門等地區的知名學者也從四面八方薈萃韓師，圍繞饒宗頤先生的生平與學術活動、學術成就和治學特點，以及與饒宗頤研究相關的學術領域進行了廣泛而深入的探討。

饒公在開幕式上作了精彩的演講。八十歲的饒公，精神矍鑠，思路敏捷，語言幽默而充滿智慧。饒公對這次學術會議感到很滿意。在閉幕式上，他說：「魚相忘於江湖，人相忘於道術！大家都在相忘之中，賓主合成一體。我參加過許多學術會議，很少有這種效果。」饒公並朗誦了即席之作〈八月十九日賦謝與會諸君〉二首七絕：

（一）

精義從知要入神，商量肝膽極輪囷。
鵝湖何必分朱陸，他日融通自有人。

（二）

稱揚如分得群公，獨學自忻不敢同。
韓山韓水添掌故，待為鄒魯起玄風。

第一首首句化用《易經》的「精義入神，以致用也」，言學術文化之精義貴能入神；第二句化用朱熹的「舊學商量加邃密，新知培養轉深沉」，意謂學術研討，商量切磋，要有大胸懷，大氣魄。饒公為學，既反對坐井觀天，又反對門戶之見，所以在三四句，他說不應該像當年朱熹和陸九淵鵝湖論學那樣針鋒相對，勢同水火，而要胸懷開闊，互相包容，一些學術問題，即使現在不能解決，但他日自有後來者融會貫通。第二首說與會群公對自己的稱揚雖然恰如其分，而自感欣慰的是自己以「獨學」為追求，不敢苟同，不敢

同流。這一句，自謙與自信兼而有之，道出了饒公自身勇於創新的治學特質，映射着饒公高邁獨立的人格精神。三四兩句扣緊此次學術盛會，言其可以為韓山韓水增添學術文化的掌故，希望能對家鄉潮州這一海濱鄒魯張揚學術風氣產生良好影響。這既表明饒公對這次學術會議的高度肯定，也傳達出饒公對潮州學術文化建設的關愛和期盼，堪稱饒公深厚鄉邦情懷的自在流露。誦之令人感動！

這次會上，我第一次見到饒公，並且聆聽了他的演講。我深深欽佩饒公的學術成就和大師風采，遂寫了〈次韻饒宗頤教授八月十九日賦謝與會諸君詩二首〉：

（一）

六藝九能皆入神，胸懷廓落任輪囷。

遊心天地通奇境，百世千秋問幾人！

（二）

無緣叨座拜饒公，卻與群賢心事同。

饒學旌旗欣鳳舉，雲飛浪卷鼓長風。

這次為慶祝饒公八十華誕而由韓師主辦的學術會議，是海內外學界首次以饒宗頤學術研究之研究為主題的國際學術會議，在當代學術文化史上具有重要地位。從此以後，「饒學」研究必將成為一個重要的學術生長點。

我感到，饒公與潮州、與韓師有深厚的淵源，潮州和韓師中人研究饒學，應該責無旁貸。作為韓師人，我決定結合我自己專業特性，結合自己對饒宗頤詩詞的研讀，要把饒宗頤詩詞作為「饒學」的一個重要方向來研究。特別令我欣慰的是，在韓山師範學院校長林倫倫教授的支持下，我參與饒學研究所的管理工作以及《饒學研

究》輯刊的編輯出版工作，以饒學研究為旗幟，以校內的殷學國、陳偉、王奎光、周錄祥、劉濤、孔令彬、劉文菊、吳榕青、肖玉華等及校外的劉夢芙（安徽社科院文學研究所）、閔定慶（華南師範大學）、郭景華（懷化學院）為核心，組建了一支較為強勁的饒學研究學術團隊，復得到了中山大學吳承學教授、華東師範大學胡曉明教授的關心支持。由是，我與殷學國、陳偉等以「饒宗頤與二十世紀中國詩學」、「饒宗頤研究」為題，分別申請到廣東省人文社科研究重點專案與重大專案，我分別在學術期刊發表 10 餘篇饒宗頤詩學專論，另出版了《選堂詩詞論稿》、《選堂氣象：饒宗頤研究》，並主持編輯出版了《饒宗頤詩學論著彙編》。

與此同時，我的教學生涯也因此拓展出新的方向：自 2012 年始，直至 2021 年退休，我在全國高校中率先為漢語言文學專業本科學生開設「饒宗頤與中國詩學」專業選修課，並於每年指導學生撰寫饒宗頤詩詞研究的畢業論文。同時，我分別被聘為華中師範大學文學院、雲南大學文學院碩士研究生導師，帶領研究生以饒宗頤詩學研究為方向撰寫碩士學位論文。其中，我與譚邦和教授合作指導的第一位研究生、華中師範大學文學院 2012 級研究生涂芊的《饒宗頤〈長洲集〉研究》通過答辯評定為優秀論文，這是海內外高校中第一篇專論饒宗頤詩學的碩士學位論文。後來雲南大學文學院張敏、包敏傑、夏志歡、常娜娜等研究生的碩士學位論文都是專論饒宗頤詩學，並在答辯中獲得專家評委的好評。能夠連續 10 年開設「饒宗頤與中國詩學」專業選修課，所指導的所有研究生能夠全部撰寫饒宗頤詩學研究方向的碩士學位論文，這是我在教學生涯中倍感榮幸的事，這背後都縈繫着饒宗頤教授與潮州的因緣。

一晃二十年過去了，現在回想起來，我為自己的這一學術選擇與教學工作的拓展感到特別慶幸，因為我由此走進了饒公的學問世界，走進了饒公的詩詞世界，走進了饒公的文化心靈世界，並培養

了一批饒學研究的種籽。而我自己在研讀饒公著述的同時，既增長了自身的學養，更受到饒公充盈、高邁、獨立、自在的精神人格和恢弘氣象的陶冶，我的人生旅程因此平添了的很多意趣和快樂。

二、九個故事：永遠不能忘卻的溫馨記憶

從上世紀 1990 年代中到 2017 年這 20 多年間，饒公對韓師、對我這後學晚輩的關愛、支持有很多故事，成為我心底永遠不能忘卻的溫馨記憶。這裏，擬簡要敘述其中的九個故事。

（一）饒公支持韓師詩教，為《韓山詩報》題款

1993 年 12 月，在羅英風、林英儀、莊義青、林振海、陳新偉、陳香白等老教師的支持下，我與周珩、鄭漢生等老師及汕頭詩人許習文，與張介凡、李讓暢、蔡森等學生發起並成立「韓山詩社」，創辦《韓山詩報》。我被老師們和同學們推舉為韓山詩社首任社長。當時由陳香白老師出面，特恭請饒公題款，饒公用隸書賜寫「韓山詩報」四字以贈，令我們倍感溫馨，備受鼓舞。2009 年，韓山詩社被列為「全國百強人文社團」之一。近三十年來，韓山詩教得以有效開展，雲蒸霞蔚，培養出大批優秀人才，追根溯源，離不開饒公的關愛與支持！

（二）饒公為《韓山淺唱》一書題款

2001 年，由我與陳新偉、孔令彬三人將韓師教師與學生的詩詞作品彙編起來，編成《韓山淺唱》一書。這部詩詞選集，堪稱當時中文系古代文學教學改革和實踐的一個結晶。我特請加拿大皇家學院院士葉嘉瑩女士，還有詩人葉玉超先生，中國新聞學院周篤文教授，湘潭大學劉慶雲教授，當代著名詩人劉夢芙先生，饒公好友曾

楚楠先生等或贈言、或題詩、或作序，為《韓山淺唱》增添了絢麗奪目的光彩。

尤值一說的是饒宗頤先生在百忙之中為這部詩集題寫了書名——當時我給饒宗頤先生寫了一封信，恭請陳偉南先生帶給饒公。饒公很快就把題款寫好，並由陳偉南先生帶給了我。饒公的題款，表明他對韓山詩詞教育的重視和肯定，對於韓師師生的詩詞創作起了巨大的鼓舞作用。這一題款，用隸書寫成，高古精妙，堪稱饒公書法藝術巔峰時期的作品。我每次觀賞，既能體悟饒公書法的高古不凡，又能從中感受到饒宗頤先生對故鄉文化事業的關懷，對後輩的厚愛，以及那平易近人的大師風範，這令我生出一種無法用語言表達的深深感動！

（三）饒公對我這個晚輩後學的稱賞肯定，使我更加明確了研究饒學的決心

經過數年苦讀饒公詩詞、詩學史學論著，以及相關饒學研究文獻，2001 年，我撰寫了〈一上高丘百不同：論選堂的哲理詩〉一文，先是赴合肥參加二十世紀詩詞名家學術研討會。文章後來被郭偉川編入《饒宗頤的文學與藝術》一書中。

沒想到饒公讀到拙文後很是稱賞。據說，當時，饒公曾對韓師校領導說，希望學校不要讓我擔任行政職務（當時我任中文系副主任），好好把學問做下去。這使我深受鼓舞。由此，我更加堅定了將饒宗頤詩學作為自己一個新的學術方向的決心。

2004 年 9 月至 2005 年 7 月，我以「饒宗頤與二十世紀詩詞研究」為方向，進入中山大學，師從著名學者吳承學教授，訪學一年。期間，除有吳師指點迷津外，我還數番請益於曾憲通教授，聽他講述 1980 年陪饒公遊學大江南北的故事。曾先生家裏有一套台灣新文豐出版的《饒宗頤二十世紀學術文集》，煌煌 20 巨冊，我特

借出其中與饒公詩學相關的五六冊到中山大學校內的複印店整本複印裝訂。我在中大的這一年,除了去圖書館閱讀其他相關圖書外,就是研讀饒公學術文集中的這幾冊書,邊讀邊體悟邊作旁批。中大一年的訪學生活,紮紮實實讀了許多書,積累了許多資料,這對我的饒學研究幫助極大。有數篇相關論文形成了基本框架,並撰寫了〈論饒宗頤《瑤山集》的藝術成就〉一文刊發於《學術研究》上。

2006 年,陳偉攜吳兄志敏過我陋室相訪,品茶論詩,談及選堂其人其學其詩,都推崇備至。我們以為饒公乃當今詩壇詞苑的真正大家,可惜研究者少之又少。我輩幸遇同好,既入寶山,焉可空手而歸。因相約共研饒公詩詞。得此同道攜手,也是我研究過程中的一大快事。我曾有〈浣溪沙〉一詞志其事,作為我們這段研究因緣的見證:

> 雨洗依然心上秋。風清恰好步瓊樓。香江燈火映瀛洲。 填海心思難了了,飛天蹤跡總悠悠。浩歌同泛木蘭舟。

當時陳偉與志敏並有和作。後來,陳偉參與了我們中文系饒學研究的團隊,並也因此結緣饒公,得到了饒公的垂青與幫助,在林倫倫校長的關懷下,進入韓師中文系工作。而我自己,則因饒公的稱許,更堅定了從事饒學研究的決心。

(四)赴香港參加「饒宗頤教授九十華誕國際學術研討會」,由是再一次見到了饒公,開闊了視野,結識了諸多學術名家

2006 年 12 月,由香港大學等香港九所高校聯合主辦「饒宗頤教授九十華誕國際學術研討會」,當時共有 200 多位來自世界各地的學者參加了會議,可謂盛況空前。12 月 13 日晚六時許,在香港

圖一：於香港參加「饒宗頤教授九十華誕國際學術研討會」會議合影

公共圖書館舉行了慶祝饒宗頤教授九十華誕的盛大典禮。典禮由港大副校長、港大饒宗頤學術館館長李焯芬教授主持，出席嘉賓有全國人大副委員長許嘉璐先生、香港特首曾蔭權先生、潮人李嘉誠先生、陳偉南先生、港大校長以及來自世界各地的學者。我得潮州攝影師陳友群之助，與饒公合了幾張影，特別開心。

典禮結束後，我到香港會議展覽中心參加由饒宗頤學術館之友主辦的「慶祝饒宗頤教授九十華誕宴會」。宴會上，我向饒公敬酒祝福，饒公握着我的手，說：「你的研究做得很深，做得很好。」我心裏湧起一股暖流。我覺得，這是我一生最幸福的時刻。

午間休息時間，我抽空到港大美術博物館參觀「心羅萬象 ── 饒宗頤丙戌書畫展」。書畫展由港大饒宗頤學術館與美術博物館聯合主辦。展覽的全部作品皆饒公今年新作，包括中國西北山水、外國風景、花鳥、人物畫及書法。余以為，此乃饒公九十高齡時精神生命之自在言說，對於解讀饒公的晚年心境和生命形態，意義重大。

會後，港大組織與會學者至大嶼山觀賞心經簡林。心經簡林為大型戶外雕刻。饒公 1980 年曾遊觀泰山《金剛經》之摩崖石刻，遂起願創作大型《心經》書法。2002 年，饒公終於完成心經之書法創作，每字均長闊二尺，以羊毛巨筆揮寫之，筆勢縱橫，風格獨到，而字體高古脫俗。饒公以之贈予香港市民，香港政府乃以大型戶外木刻方式展示此一創作。大嶼山上，海風陣陣，數十根木柱隨山勢而分佈，饒書心經即鐫刻於木柱之上，共三十八根，依經文順序排列，而成「8」字之形，象徵「無限」、「無量」，以昭示宇宙人生變化無定之理。山坡最高處之一柱則無有刻字，據云象徵《心經》「空」之要義。我尤其對「心無罣礙」，「無有恐怖」八字感悟最深。

（五）《選堂詩詞論稿》出版發行暨受饒公推重並賜我墨寶的故事

香港「饒宗頤教授九十華誕國際學術研討會」結束後，我緊接着與部分與會代表一起乘車往潮州，參加 2006 年 12 月 16-17 日由潮州市委市政府與韓山師範學院聯合舉辦的慶祝饒宗頤教授九十華誕國際學術會議。當時，劉夢芙兄蒞臨潮州，與陳偉兄都參加了會議。之後我邀他們一起作選堂詩詞研究，論文後來彙編成《選堂詩詞論稿》書稿。

2008 年 6 月，北京舉行中華詩詞高峰論壇，學界、詩詞界的很多名家都應邀出席。我把《選堂詩詞論稿》打印稿帶到北京，並請胡曉明教授賜序；劉夢芙兄則邀請台灣著名學者、書法家龔鵬程先生為其題簽，最終是書於 2009 出版。

是書出版後，我隨即郵寄了兩本給香港大學饒宗頤學術館鄭煒明博士和高敏儀小姐。高小姐回信說饒公稱賞是書，要我郵寄 200 本過去，儘管出版社給我們的書數量有限，我還是郵寄了 140 本過去。據香港大學饒宗頤學術館同仁相告，當時饒公經常親手拿着

圖二：長流不息書法

《選堂詩詞論稿》向學界和媒體朋友推薦。我們感到特別榮幸！而今我特別感動的是，饒公特地寫了「長流不息」橫幅送我。

「長流不息」四字，曾是饒公在日本舉辦書畫展採用過的主題詞，我想饒公特書此四字，是勉勵我做學問要有源頭活水，要堅持不懈地做下去，這是我個人的體會，我為饒公的厚愛與勉勵深自感動！

（六）饒公親臨潮州、親臨韓師出席「韓山師範學院饒宗頤研究所成立大會暨學術研討會」的故事

2011 年 4 月 23 日，韓山師範學院偉南國際會議中心嘉賓雲集。韓山師範學院隆重舉行饒宗頤研究所成立大會暨饒宗頤學術研討會，饒宗頤教授親自出席大會開幕式。

饒宗頤教授在致辭中說，韓師曾經是他代課的地方，今天有幸在快 100 歲的年齡再回到舊地。然後，饒公指着會場上懸掛着「饒公偉哉，獨造文化珠峰，通儒通佛通道；韓苑幸矣，共耘學術蘭畹，求正求是求真」的橫幅標語，謙虛地說：「大概我只是半通而已，而求正求是求真正是我的不懈追求。」儘管年近百歲，但饒宗頤先生的記憶力非常好，思路清晰，在短短幾分鐘裏，從陶淵明講到蘇東坡，從北大講到韓師，從哲學講到詩詞。他說：「今天的人

大多急躁功利，諸位應該向陶淵明、蘇東坡學習，每個人做事都應該求正求是求真」。他很高興韓師出了很多有為的年輕人，他們現在把他的著作、詩詞、賦等都作了詳細的注解和研究。末了，饒老還幽默地說：「快百歲了，詞不達意，請多包涵！」

林倫倫校長在致辭中，從饒宗頤先生的學術地位、開展饒宗頤研究的重大意義、當前學術界對饒宗頤研究的現狀等方面闡述了饒宗頤研究所成立的必要性。指出，「饒學」將有可能像「錢（鍾書）學」、「季（羨林）學」一樣，成為二十一世紀人文社科領域的一門重要學科；成立饒宗頤研究所，切實開展饒宗頤研究，把「饒學」推向全國全世界。因此，成立專門的饒宗頤研所，加強「饒學」研究，是歷史賦予我們的重大責任。

林倫倫校長還從地緣和親緣的優勢、學術和學緣的優勢分析了我院與潮州市饒宗頤學術研究館、世界潮團聯誼會學術委員會聯合成立饒宗頤研究所的可行性。饒宗頤教授既是潮州人，也曾為韓師的教員，與潮州、韓師有緊密的親緣關係，由韓師牽頭成立饒宗頤研究所，有利於整合「饒學」研究的資源，吸引、團結、組織、協調海內外有志於「饒學」研究的學人，深入開展饒學研究，並有益於提升韓師的人文社會科學研究水準，擴大和提升韓師在國內外學術文化界的影響力，也將通過「名人效應」提高潮州市乃至粵東在國內外的知名度。

關於饒宗頤研究的工作計劃，林校長表示，饒宗頤研究所將在饒宗頤先生的親自指導下，組織世界各地的學術研究力量，對饒宗頤先生的學術思想和成就開展系統的研究。

潮州市委書記駱文智先生、香港潮屬商會總會創會會長、韓師傑出校友陳偉南先生、敦煌研究院院長樊錦詩教授都在開幕式致辭。

大會舉行了饒宗頤研究所聘請顧問單位和學術顧問儀式。敦聘

敦煌研究院、香港大學饒宗頤學術館為饒宗頤研究所顧問單位。

饒宗頤研究所由林倫倫校長親任所長，沈啟綿、趙松元、陳海忠任副所長，陳偉任辦公室主任。此外，研究所同仁又創辦《饒宗頤研究》輯刊，由林倫倫校長任主編，沈啟綿、趙松元、陳海忠任副主編，陳偉為編輯。後研究所更名為「饒學研究所」，輯刊更名為《饒學研究》。

（七）與饒公百歲華誕國際學術研討會相關的故事

2015 年 12 月 5-7 日，由香港多所大學聯合舉辦之饒公百歲華誕國際學術研討會於在香港大學隆重舉行。我因忙於文學院公務，臨出發往香港前才發現忘記辦理出境手續，竟然無法成行去香港為饒公祝壽。幸運地我寫了一首七律祝壽詩〈選堂饒公百歲華誕敬賀〉交予香港大學饒宗頤學術館會議組織方：

> 照徹靈犀鑿混茫，空山獨立夢深藏。
> 學融夷夏千秋業，詩步陶蘇五彩凰。
> 高自雲中歌水調，湛然塵外發荷芳。
> 宗師天佑松喬壽，四海同瞻奎壁光。

我雖未赴香港與會，但有兩件事卻特別令我感動：

其一是饒公特別重視我這首七律祝壽詩，在來自全球漢學界、詩詞家諸多的祝壽詩中，唯獨把我這首詩放到《饒宗頤教授百歲華誕國際學術研討會論文選集》的扉頁上，我誠惶誠恐，受寵若驚又倍感榮光。

其二，我托請郭偉川先生要一本當年張充和女士小楷書寫而被饒公影印的《睎周集》（此一影印本極其珍稀），結果他晚上抽空到饒宗頤教授家裏拜謁饒公，饒公還特別問他，韓師的趙老師來了沒

有，偉川先生告訴饒公我因故未能成行的原因。

不久之後，郭偉川先生自香港到潮州來，把這本饒公題贈的《睎周集》帶給了我，令我萬分感動。我特別感激偉川先生，也特別為饒公的厚愛感動萬分。這使我想起沈啟綿先生和我說過的一段話，他說，趙教授，饒公很看重你的研究，你的論文中的一些段落，他甚至都能背出來。饒公能背我論文中的一些段落，當然與他過目不忘的天才的記憶力有關，但也應該能見出饒公對我這個學林晚輩的看重，很久以來這一番話一直溫暖着我的心靈。饒公 2009 年親自書寫「長流不息」的橫幅贈我，如今又親自題款將特別珍稀的《睎周集》贈送給我，也許這就是我和饒公的緣分吧。

（八）饒公為《饒宗頤詩學論著彙編》題款的故事

2013 年，由譚邦和教授和我合作指導的華中師範大學文學院古代文學專業研究生涂芊進入韓師，跟我讀研。我一直有一個心願，即做一個饒宗頤詩學論著的彙編本，以為從事饒宗頤詩學研究的學人提供一部較為全備的饒宗頤詩學論著的文獻。為此，我把我的想法與涂芊作了交流，希望她配合我來作饒宗頤詩學論著彙編的工作。後來，郭偉川先生訪問韓師中文系，我請偉川先生回港後把我關於彙編饒公詩學論著事回港向饒公作一彙報，並請偉川先生代我恭請饒公題寫「饒宗頤詩學論著彙編」書名。數月後，偉川先生再度光臨韓師，將饒公的題款帶了給我。

該書經殷學國、陳偉與我多次審校，於 2017 年底出版。令人悲痛的是，2018 年 2 月中旬才收到出版社寄來的書，而饒公卻在 2018 年 2 月 6 日仙逝了，他沒能夠看到這本書，悲哉！好在這本書的學術價值得到了學界和出版界的認可 —— 2018 年，榮獲光明日報「好圖書獎」一等獎；2019 年，榮獲潮汕歷史文化研究中心第八屆「潮學獎」二等獎，這差可告慰饒公的在天之靈吧。

（九）2016 年 12 月 3-4 日，與林倫倫校長、陳偉老師連袂出席首屆「饒學聯匯」並與饒公合影留念的故事

2016 年 12 月 3 日，首屆「饒學聯匯」活動在香港大學舉行，本次活動由香港饒學基金、饒宗頤學術館之友主辦，香港大學饒宗頤學術館、饒宗頤文化館協辦。韓山師範學院校長、饒學研究所所長林倫倫教授率領我和陳偉老師參加系列活動。

當天上午，饒學聯匯交流會在香港大學舉行，會上 22 個國內外饒學研究機構分享各自的成果，並舉行香港大學饒宗頤學術館學術成果發佈會等環節，讓各成員單位彼此之間加強溝通了解，促進交流互動。我在會上介紹我校及饒學研究所近年來開展的饒學研究活動及其取得的饒學研究成果。

「饒學聯匯」由 22 個來自內地、香港、澳門、倫敦等地的饒學研究、傳播機構組成，旨在通過互相交流和合作，更好地研究饒宗頤教授的學術、文學、藝術及思想，從而更好地發展及推廣中華傳統文化，促進中外文化交流。香港特區行政長官梁振英在儀式上致辭時稱讚饒宗頤教授是漢學界殿堂級人物，對諸多領域都深入研究，著作等身，是學術界的一代泰斗。他表示，「饒學聯匯」的成立，為諸多饒學研究機構提供了一個交流和合作平台進一步推動了「饒學」的深入研究，讓更多人接觸和了解「饒學」，將對宣揚中華文化大有貢獻！中央政府駐港聯絡辦副主任楊健致辭時表示，文化是民族的血脈和靈魂，共同的文化是構成一個民族的基本要素，香港和國家在文化上同根同脈同魂，香港與國家是不可分割的！

特別令我忘的是，林校長、陳偉和我都分別與百歲人瑞饒公合了影，這些照片彌足珍貴。

沒有想到，這是我最後一次見饒公，也是最後一次與饒公合影。

以上故事，印證着我 20 年來的饒學緣，從不同層面可以見出

圖三：與饒宗頤先生最後一次合影

作為世界級大師的饒宗頤先生對韓師的關心、對我的厚愛，我的學術研究因此拓展出一個新方向，我的人生道路與心靈生活因此而變得豐富多彩。

三、我悲哲人萎，中夜起彷徨：對一代學術大師永遠的懷念

2018 年 2 月我出差廣州。6 日清晨，喧嘩的廣州還沒開始喧嘩，顯得一片寧靜。我醒來後，習慣性地打開手機，沒想到看到了鄭煒明博士發來的微信：

昨天才見過饒師。今早一點左右，他已於睡眠中羽化。

　　頓時，我如遭電擊，大腦一片空白。過了好一會，才回過神來，
輕輕地和妻子說：饒公走了。整個上午，我心神不寧，無法集中精
神寫片言隻字，只得打電話給陳偉老師，請他擬寫一封唁電，又電
話張文勝博士，請他代表文學院和饒學研究所，撰寫一幅挽聯。中
午時候，唁電和挽聯分別發到我手機上，文勝博士很快就撰寫出《為
文學院、饒學所及韓山書院挽饒選堂先生》三幅挽聯微信給我：

（一）

　　人天爭挽留。以真莊嚴，而真不朽。

　　去住兩無礙。得大自在，是大宗師。

（二）

　　是曠代才，治四部學，秉六藝能。賦騷駢散其文，篆
隸真行其字。淹博宏通，斯人更有幾。

　　為世家子，作五洲遊，享百年壽。孫顧黃陳以繼，雪
觀鼎彥以齊。聲名福澤，寰域亦無雙。

（三）

　　一老不憖遺。梁壞人間，長懷杖履。

　　南溟何寥闊。騎鯨天上，早列星辰。

（注：2011 年 7 月，國際天文聯盟批准國際編號為 10017
的小行星命名為「饒宗頤星」。）

　　我立即轉發到「饒學聯匯」微信公眾號上，同時也通過鄭煒明
博士，請他代向清漪姐清芬姐表達哀悼、慰問之意。

　　當天下午我乘高鐵返歸潮州。回家後，幾乎一夜未眠，萬千悲

痛，萬千思緒，使我輾轉反側，到天亮前，用五言古體寫成《敬挽選堂饒宗頤先生》：

> 天地有嘉卉，不生桃李旁。葉與玉同碧，性潔過雪霜。
> 亭亭出淥波，湛然發聖光。公為塵外仙，幽獨被荷裳。
> 飛塵不能染，沛然歷滄桑。持爾向上意，為學究八荒。
> 楚澤恢弘人，甲骨立五堂。詞源疏鑿手，潛幽探敦煌。
> 兼擅詩書畫，陶冶夢深藏。以詩續風雅，正道自張揚。
> 其書氣息綿，簡帛與晉唐。其畫生爛漫，高古淩倪黃。
> 純心播清暉，曠懷恣汪洋。當代稱通儒，漢學因顯彰。
> 樂山複樂水，長享壽且康。先生應無憾，歸去可安詳。
> 見說寒冬裏，血月動玄黃。舉世論紛紜，孰為斯文殤。
> 我悲哲人萎，中夜起彷徨。高山竟崩頹，何處揖芬芳。
> 江聲帶嗚咽，愴然立蒼茫。

友人許佳慶是潮州書家，他讀後，深為之感動，乃懷着一個潮州人對饒公的崇敬之心、悲悼之情將其書寫出來。2018 年 2 月 26 日，我赴香港參加在北角香港殯儀館舉行的饒宗頤教授追思會，將其帶去並贈送給香港大學饒宗頤學術館。

2020 年，深圳大學饒宗頤國學院王偉均博士發信給我，言深圳大學有關領導感謝我加入和支持深圳大學的叢書出版計劃。由是，我特將 20 年來自己的相關研究成果整理起來，同時，將本科生的優秀論文與研究生學位論文（節錄）彙編起來，編成《饒宗頤詩學論叢》一書。本書對於深入認知饒宗頤教授的精神氣象、詩學思想、詩詞創作成就或許具有一定的學術意義與參考價值。

時光荏苒，轉眼間，饒公仙逝已有四年。我希望能在饒公仙逝五周年之際，該書能夠出版，我覺得這是自己表達對饒公永久懷念

的一種最合適的方式。我想，或許饒公的在天之靈會感應到我的緬懷之情與感恩之心吧。

2022 年 4 月 7 日星期四初稿

2022 年 5 月 20 日星期五二稿

2022 年 5 月 28 日星期六三稿

趙松元，字元白，湖南武岡人。中國古代文學教授，碩士研究生導師，韓山師範學院教學名師、廣東省南粵優秀教師、廣東省文史研究館特約研究員。現任韓山師範學院饒學研究所所長、《饒學研究》主編、韓山書院副山長。有《中國古代文學精華譯注》、《增訂注釋全唐詩·高蟾卷》、《增訂注釋全唐詩·黃韜卷》、《古典詩歌的藝術世界》、《慵石室詩鈔點注》、《選堂詩詞論稿》、《全宋詞評注·無名氏詞》、《書法欣賞》、《大學語文教程》、《論語講讀》、《書法欣賞》、《選堂氣象：饒宗頤研究》等二十餘種著述行世。

春風拂璋
—— 追懷饒師宗頤

| 鄧　聰 |

一、饒公親老師學恩

在我心目中，饒公是我的親老師。中國北方，親老師是手把手教導的入室弟子對老師的尊稱。我是香港中文大學歷史系學生，可惜並沒有選修及旁聽過饒公的課。這只能以我年少無知為遁辭。上世紀 70 年代前後，香港中文大學人文學科教授星光熠熠，錢穆以後歷史相關任教的有牟潤孫、嚴耕望、全漢昇、余英時、李田意、王德昭、陳荊和、張德昌、孫國棟、羅球慶、許冠三和王曾才等。考古學有鄭德坤、林壽晉、楊建芳、王人聰。我是從大學三年級開始，從歷史轉向考古學的專攻。

饒宗頤先生是中文系的教授。饒公是我心目中的親老師，這個親字，包含了多重含義。第一，我出生在香港，與饒公都是香港人。1949 年饒公來港後，在港生活 69 年之久，並沒有早年不少北漂在港學者花果飄零，過客無根的心態。香港是吾家為我們共同的信念。

第二，饒公原籍粵東潮州，講的母語應是我聽不懂的潮州話。

不知何時開始，饒公學也通曉了廣東白話。我們間喜得一直用港式的粵語交流。這種特別親切鄉音無間貼心感受，是難以形容的。

第三，1979 年我的碩士論文《中國東北新石器文化研究》，林壽晉和饒公是校內審查的委員，校外是當時哈佛大學的余英時教授。結果是余先生給我碩論打了 A 級的評分。而饒公在論文審查會議上，說我所用的都是二手資料，批評得相當嚴厲。1970 年代要求一個香港學生，去中國東北做第一手田野調查工作，不免有點天方夜譚的感覺，加上當時我在香港僅參加過一次本地考古發掘，對考古的理解十分淺薄。就在這樣誤打誤撞的命運安排中，從研究生開始即注意東北亞考古的情況，看到鳥居龍藏、江上波夫、三上次男在紅山後等地的工作。我在東京大學的博士論文，是東北亞舊石器時代晚期細石葉技術構造。直到今天，我仍然以東北亞史前作為研究的核心。後來聽饒公說，他自己在西方學術界見聞，學者研究特別強調親身下田野和親手接觸實物的重要性，所得往往比文獻的記載更可靠。饒公對我碩士論文的批評，為我日後求學指示方向，一生謹記。

第四，饒公博學多才。我主觀上覺得，饒公特別傾情於近代考古學的發現。饒公退休晚年間，我們的約會尤其難得，其中之一難關是會見必須通過饒公家屬的批准。我多次被勸告與饒公的會談，要自我有所抑制，談考古新發現不能讓老人家太興奮，否則會傷身。饒公往往談論考古新發現，不自覺間手之舞之足之蹈之。饒公晚年唱導由於古典重溫新義滋起，預見我國未來導向文藝復興的可能，又以考古新發現層出不窮，堅信「二十世紀為中國學術史飛躍時代」，「開前古未有局面」。從考古學上共同興趣的緣分，也讓我們親上加親。

第五，自 1985 年後多年間，我有幸得與饒公共事於香港中文大學中國文化研究所。近水樓台先得月，同研究所間有更多機會親

近饒公，執卷問學。我們共同對香港古代歷史探索，有強烈的願望。長期以來，香港被譏評為文化沙漠，饒公並不以為然！

2010年我在拍攝《香港懷古》片集採訪饒公，他直言香港文化最大問題就是短視！香港社會對自身過去歷史的關注太少，是因為古代文獻對香港缺乏記載，這便突出了考古學對香港歷史復原的重要性。我總結饒公對香港考古的重要貢獻有三：

第一，是對李鄭屋磚屋墓的考證。磚屋墓發現之初，一些學者如崇基學院黃福鑾教授認為該墓是宋人的衣冠塚。饒公獨排眾議，以薛師師之字體等，論證李鄭屋墓為東漢晚期墓葬，一錘定音。這關乎漢政權在香港直接管治與香港隸屬南海郡番禺縣的重大問題。

第二，饒公對香港最早紀年南宋咸淳十年（1274年）嚴益彰石刻考證及宋末二帝海上行朝在東南沿海至香港史跡鈎沉辨別，反映在他的名著《九龍與宋季史料》中，分析宋末帝國與香港地區歷史關係重要的研究。以上漢磚室墓和宋代紀年石刻兩者，都是在1955年發現的。饒公自1952年起，執教於香港大學中文系。他來港不到幾年，就遇上香港漢宋兩項重大考古發現，確實是適逢盛會，亦是天意使然。近數十年來閩粵及香港本地相關考古發現不斷推陳出新。饒公上述的研究歷久常新，為香港考古經典的作品。

第三，饒公對夏商圭璋制度探索重要的貢獻。1990年在南丫島大灣遺址的工作直接誘導此研究開展。圭璋是三代最重要的玉禮器，由於大灣商代牙璋的發現，勾起饒公回憶弱冠與顧頡剛編輯《古史辨》學術上的齟齬，又再一次舊事重提，引發饒公半世紀後對舉足輕重的古史辨學派的評議。更有意義的是，這又是一次適逢其時。1990年代初越南傳出牙璋玉器的出土消息，稍後法越雙方合作的學術會議，特別邀請饒公親身前往河內實地考察。因為我是大灣牙璋發現者之一，有幸得饒公提攜一同前往越南考察。其後，三十年來我一直關注牙璋在越南及國內研究的發展。下文我通過自

己親見親聞事實，介紹饒公考察研究牙璋的過程，也簡略綜述近來相關研究發展。

二、南丫島大灣牙璋緣分

　　我所見饒公晚年最少有四篇文章，涉及大灣牙璋源流的問題，反映他對牙璋不尋常的重視，其中牽涉夏商王權國家制度的形成，同時與東南亞早期國家文明出現關係密切。香港大灣牙璋出土，成為引發我們對各地牙璋系統研究的導火線，從大灣牙璋出土瞬間開始，一直延續至今，越演越烈。饒公更是最早大灣牙璋出土現場的考察者，也是最早把大灣牙璋的研究，向國際方向發展的推手。以下大灣牙璋發掘一些背景，作為饒公研究所以牙璋的背景。

　　1985 年我自日本留學回港，幸蒙鄭德坤教授厚愛，回母校中國文化研究所中國考古藝術研究中心工作。鄭教授與北山堂利榮森先生（尊稱利公）為燕京大學校友，交誼甚篤，鄭教授曾向北山堂請求支持香港中文大學考古事業的發展。另利先生與饒宗頤教授過從甚密，利公長饒公兩歲。就是在這樣難得的學術背景下，中國考古藝術研究中心得以全力拓展港澳田野考古。1990 年 5 月中山大學著名古文字學家商承祚函請利榮森先生，懇求支持廣州中山大學人類學系與我校合作，開展環珠江口地區考古工作。這建議很快得到北山堂主人的支持。1990 年 11、12 月間，由中山大學人類學系商志醰教授率領的小隊，包括教授及年輕研究生共 12 人來港，共同發掘香港著名南丫島大灣遺址。

　　大灣位於南丫島西岸的東西走向沙堤上，遺址地貌東、西、北三面丘陵小山環抱，沙堤兩側有岬角，背後是潟湖。沙堤西側有小溪流水注入海岸。我們按沙堤梯田地貌高低區分為 I 至 IV 區，用經緯儀統一規劃沙堤發掘區的布方。田野發掘工作由 1990 年 11 月

1 日開始，至 12 月 16 日結束，共發掘面積 315.75 平方米。

　　大灣發掘的初期，我們集中在沙堤西側沙丘高處 I 區工作，起初發掘的幾處探方除一些破碎幾何印紋硬陶片外，均空手而歸。II 區因為尚有農田田植，稍作試掘難以下手。III 區所開探方在接近 1 米半的深處，出土新石器時代彩陶及白陶片。如此這般，11 月大半個月的日子，都是在平淡以至失落的心境中渡過。到了 11 月末後期，我們決定把最後押注，放在靠東側小丘旁的第 IV 區。此時，對我們所剩下不多工作日來說，差不多已是山窮水盡的境地。事情轉機一直要等待到 12 月 3 日，幸運之神才無聲而至。當天下午約 4 時，在 IV 區 H15 探方範圍內，以手鏟在離地表深 60 釐米處小心翼翼水準刮削沙土過程中，一件璧形玉飾突起的一角，被手鏟觸及出現輕微破損，露出軟玉質風化為白色的內部，真可說是嶄露頭角。

　　考古田野經驗告訴我們，就算是堅韌如軟玉的玉器，在出土初期也是柔弱如棉絮，必須細心處理。大灣的璧形飾冰山一角顯露後，經細心審視及試探土色及包含物，似乎圍繞璧形飾的附近，仍疊壓着其他相關的遺物。觀此，大家同時預感這可能是本次田野考古進入高潮的階段，經過三十多天平淡無奇工作，期待已久突破的轉機，終於姍姍來遲，心情格外喜悅，難以為外人道。當日因時近黃昏夕陽西下，理不應倉猝進行發掘。然而，貴重文物在野外原地無人看管，保安難以安心。經集體討論，由於考古工地從沒有外人進入，只要不動聲色原地掩埋，估計是安全的處理。那天晚上，我們大家都十分期待明天奇跡的出現。大灣考古隊的暫駐居地，在遺址東面小山崗一處荒廢的石屋，四周沒有鄰居，多年無人居住的荒屋，不免四處野草叢生，也樂得一片清靜。記得當晚我尤其興奮，居處石屋屋頂失修，露出一個大洞，臥在床上仰觀明月，清風徐來，一夜難眠。回想起來，這些玉器在大灣渡過數千年的歲月，又何妨在沙丘上多躺一個晚上。

圖一：（1）香港大灣商代 M6 牙璋串飾出土　　圖一：（2）牙璋

　　4 日天剛亮，我們急不及待返回現場，托賴一切平安無事。此墓坑編號為 M6，我們經過一天緊張的田野工作，才完成 M6 的田野發掘紀錄。由我負責 M6 的墓坑範圍辨別，及發掘過程的錄影、拍攝工作。拍攝方面，我採用 120 及 135 的照相機，分別拍攝幻燈片及黑白的底片。攝影紀錄墓葬、地層關係及玉器的原位置的寫真。馮永驅用竹枝進行精細發掘，黃建秋及李果為墓葬實測繪圖，M6 發掘工作進行順利。如果沒有細心反覆按土色及包含物確認墓坑的範圍，這一組玉器原位置出土背後隱藏的人類行為，無以得知（圖一）。精細出土玉器原位置發掘，可以重組牙璋與串飾的組合方式。M6 出土玉器以 20 分之 1 大比例的實測圖，對各器物精確位置關係、細節上的水準深度等資訊進行記錄。M6 墓坑為長方形，長 2.02、寬 0.9 米，出土串飾和牙璋共 19 件玉器，集中於墓坑西南偏中。M6 人骨無法確認，按串飾及牙璋位置推測，人頭向西，玉石飾放置在墓主的胸前。此外，不能不附記一筆，在 M6 玉器全面揭露的一刻，考古隊大部分的成員，均圍觀一起看得興高采烈，食瓜群眾你一言我一語，其中有人大叫發現良渚玉器，也有人說是戰國、秦漢的遺物，但最終沒有人可以把「牙璋」的命名辨認出來。最少我們可以理解，對一群來自嶺南考古工作者而言，M6 出土的

玉器是頗新鮮未見過的器物。12 月 15 日，這次大灣遺址田野發掘全部完成，一共清理出十處先秦墓葬，出土豐富多彩的商代玉器。

12 月 5 日大灣 M6 面世後，我立即向利榮森先生及饒宗頤教授彙報。同月 7 日，利榮森先生聯同饒宗頤、王人聰及在港訪問故宮博物院副院長楊伯達先生，一同來大灣考察（圖二）。他們對墓葬及各種出土遺物細緻的考察。楊伯達先生是熟悉古代玉器的專家，指出大灣出土的是牙璋玉器，堪稱港寶／國寶級文物。饒教授對是次考古的發現，同樣表現得十分興奮。12 月 5 日是大灣牙璋訂名之日，也是我們後來長達數十年牙璋追蹤探索的起點。如果我沒有親身參與大灣牙璋發掘，可能此生與玉文化研究無緣。

三、牙璋國際性研究推演

1990 年大灣牙璋的發現，迅即引起國內外廣泛注意。在大灣牙璋研究早期階段，饒公擔當指導的角色，包括首次對中越牙璋對

圖二：1990 年 12 月 7 日利榮森、饒宗頤等在大灣遺址考察

比、主持國際牙璋會議等。1991 年間大灣牙璋出土消息，很快在國內外廣泛流傳。同年，中山大學大灣考古隊員李果、李秀國在北京《文物天地》、我們在香港出版《香港考古之旅》、《環珠江口史前文物圖錄》等書刊，逐步公佈大灣牙璋發現的資料。又同年，東京大學考古系的吉開將人先生，把他剛從越南歸來親自調查馮原及 XomRen 遺址出土牙璋的概況，圖文並茂來信詳細介紹。這是我首次了解越南牙璋發現及其重要性的訊息。越南從 1970 年代已陸續有玉牙璋出土，一直未有公佈。1992 年初，中國社會科學院歷史研究所所長李學勤先生在《南方文物》發表大灣新出土牙璋年代問題的討論。我曾向饒公報告香港及越南方面牙璋研究動向。大灣牙璋出土後，發掘隊成員中對其所屬時代，一時意見分歧頗大，同時對牙璋來源問題整理，迫在眉睫。

1992 年 11 月，饒公告訴我法國與越南即將恢復學術往來。他直接向法國遠東學院院長汪德邁教授推薦，提攜我在是年 12 月 2 至 7 日一週間，出席越南河內由越南社會科學院及法國遠東學院合辦的「越民族文化國際學術會議」，也是法國遠東學院九十周年的院慶活動。12 日 2 日河內大會歡迎晚宴上，我們得以認識越南考古學院何文瑨院長。何院長通曉六、七種外語，學識淵博，溫文儒雅，為國際著名考古學者，東南亞考古學的權威。翌日，饒教授被邀大會第一個發言，以法語演講中國內地及沿海牙璋分佈及香港牙璋的新發現，何文瑨院長即席為饒公傳譯為越語（圖三）。最後由筆者補充，用幻燈片介紹了大灣牙璋出土的狀況。

此後幾天除出席會議外，按大會安排參觀河內還劍湖畔的越南國家歷史博物館，為法國殖民時期遠東學院的路易士・菲洛博物館的原址。我與饒公一同參觀了越南通史的展出。饒公尤其關注中越相關文物、碑刻文字等考察（圖四）。何文瑨院長又邀請我們前往越南考古學院參觀，由青銅時代研究室主任阮金容博士一同接待，

圖三：1992 年 11 月 3 日饒宗頤在越南河內演講，何文瑨
院長傳譯

圖四：1992 年 11 月 4 日饒宗頤在越南河內國家博物館考察

展示馮原文化和海防市長晴遺址玉作坊出土玉器，其中一些玉戈、有領環、玦飾及青銅器等文物，讓我們認識越南獨立後數十年間，考古突飛猛進的成就（圖五）。在河內會議幾天生活期間，法、越及中各國學者間交流愉快，杯酒言歡。饒教授與越南文人學者即席賦詩唱和，談笑風生。我曾筆抄錄饒公即興詩句如下：「新知舊雨四方來，攬轡名邦愜老懷，萬里紅河天共寶，千柯綠樹晚仍佳，圭璋縞紵欣同討，咫尺關河意自諧。此日暫遊休惜別，他時相遇且銜杯。」越南紅河三角洲是越南早期青銅馮原文化主要的分佈範圍，圭璋是專指玉戈和牙璋的玉器。最後的兩句含義清晰，雙方今後合作研究的可待。可惜這次在越時間短促，未及前往紅河三角洲富壽省參觀越南雄王博物館，得一見越南出土牙璋展示。饒公在河內的盛意拳拳，引發何文瑨院長積極迴響。何院長欣然即席接受我們的邀請，日後來香港中文大學進行學術交流。這次第一回河內港越文化交流圓滿結束，開啟港越今後考古合作發掘的可能。

圖五：1992 年 12 月 4 日鄧聰、饒宗頤、何文瑨在越南考古院內

圖六：1994 年 2 月饒宗頤與國內學者，陶正剛、張長壽、饒宗頤、楊泓（左而右）。

　　1993 年初利榮森先生建議以香港考古的新發現，召開一次國際學術會議，大灣考古出土牙璋和彩陶為研究討論核心。我們從香港以至華南的角度考慮，命名為「南中國及鄰近地區古文化會議」，以慶祝鄭德坤教授從事學術活動六十周年，並準備作為今後持續的考古活動。大灣遺址合作發掘者商志䃺先生和我籌辦是次會議，饒公為大會顧問。商教授出身書香仕宦世家，家族有「四世書香兩進士」美譽，其父商承祚是著名古文字學家。由於商教授在北京文博界人脈廣闊，很快就得到中國社會科學院考古研究所的支持，著名考古學者安志敏、任式楠、鄭光、張長壽、楊泓，被邀南下座鎮香江會議（圖六）。更幸運是國內各省市文博、大專院校，曾考古發掘出土牙璋相關的學者，紛紛響應，均為會議的座上客。台北故宮博物院著名玉器研究專家鄧淑蘋女士，多年來一直游走歐美博物館，對流散國外收藏牙璋作綜合報告。同年 9 月，日本京都大學林巳奈夫先生也積極的參與，親自蒞臨香港中文大學，觀察和實測大

圖七：1994 年 2 月饒宗頤教授主持牙璋及彩陶研究的會議、鄧聰報告會議籌備工作。饒教授左側陳方正，右側金耀基

灣牙璋等出土玉器，準備為香港牙璋國際會議撰寫論文。自 1970年代以來，林先生對古玉鉏牙及牙璋的研究，公認已取得突破性的成果。越南何文瑨院長及樊梨香研究員的參與很受注目，他們分別就越南牙璋及彩陶最新的考古發現做了報告。來自胡志明市，曾在北京大學留學的黎春焰教授，介紹南部越南青銅文化考古成果。美國秦維廉先生發表香港彩陶 C14 年代新資料。

　　這次一共邀請了六十餘名來自國內、越南、日本及美國學者代表出席會議。會議在 1994 年春節後的 2 月 25 至 28 日舉行。饒公是大會的主席，參會學者提供牙璋論文，經過他的過目（圖七）。饒公作〈由牙璋分佈論古史地域擴張〉（下文〈牙璋分佈〉）的開幕演講，並在會議前提交〈由牙璋略論漢土傳入越南的遺物〉（下文〈入越遺物〉）。饒公這兩篇文章對日後牙璋研究，有着指導性的意義。〈牙璋分佈〉是饒公把中越牙璋置於近代古史重建的背景反思，〈入越遺物〉是饒公長期以來對越南古代歷史研究，由文獻提升考古角度的考察。其後饒公為李學勤先生寫《比較考古學隨筆》書序、1997 香港回歸在京發表〈香港考古話由來〉，一再強調牙璋發現的重要意義。

四、耄耋憶述《古史辨》曲終

1994 年饒公從中越牙璋分佈，反思三代歷史形成過程的探索。在 28 年後的今天，仔細琢磨，當日饒公發言的學術思想，珠玉雜陳，勝義紛呈。

〈牙璋分佈〉的重點有三：第一、會議由來及意義；第二、牙璋分佈與商文化範圍；第三、牙璋與古史地理空間分析。第一點：饒公從 1992 法國遠東學院九十周年院慶河內會議，首席發言香港牙璋新發現及國內情況，得到越南學界積極的回應，加上日、美等學者支持結集出版專著。他指出：「這次會議⋯⋯把牙璋作為獨立研究是古器物學的一樁大事考古學家與古史學家手熱烈參加，踴躍提供論文共 52 篇，可說是香港學術界史無前例的一次會議。」在饒公巨眼中，從古器物學玉器以玉璋專題探索，開一時代新風氣。香港人文科學研究中，過去以考古與古史的結合對南中國及鄰近地區古文化深入研究，是過去並不多見的。

事實上，香港大學在 1961 年由林仰山（Frederick S. Drake）教授為香港大學五十周年校慶，舉辦以歷史、考古、語言與南中國相關研討會，在 1967 年出版專集。1982 年香港中文大學中國文化研究所由鄭德坤教授舉辦「夏文化研討會」，一時之盛。饒公與此兩次會議的關係密切。饒公對牙璋會議評價為「香港學術界史無前例的一次會議」，是否不公允？中國社會科學院考古研究所夏商周研究室的陳志達先生，以旁觀角度在《考古》發表相關書評，指出「（會議）中心議題是香港大灣遺址出土的牙璋⋯⋯，從而將中國古牙璋和南方考古研究引向更深的層次」，「香港國際性會議對中國大陸、香港地區和越南出土的玉石牙璋作為重點議題，客觀上將玉研究引向更深、更專題化方向，其學術意義是深遠的。」看來，饒、陳的看法，不謀而合。

　　饒公〈牙璋分佈〉主旨論牙璋分佈、發展序列及相互關係。饒公得家鄉饋贈揭陽仙橋石牙璋，收藏在香港大學饒宗頤學術館。饒公文中引用仙橋石璋，為會議公佈〈中國越南牙璋遺址分佈〉增多一處牙璋出土的遺址。對牙璋發展序列，饒公指出：由山東龍山文化臨沂大范莊、海陽司馬台最早，其次是神木石峁，再次是二里頭。然後由二里崗文化傳播，西向遠及西南地區四川廣漢三星堆，又從湖北、湖南、福建以至廣東及香港。

　　〈入越遺物〉一文中，饒公對越南牙璋的點評。I 類牙璋：似龍山期牙璋，「有闌而齒狀較弱，形似圭而刃微凹。」II 類牙璋：精製牙璋屬於早商的階段，「兩處有闌，其間有鋸齒五排，闌上一處有若干陰線弦紋……。」第 II 類牙璋「與二里頭、鄭州及三星堆是一脈相承。」對越南早商時代的牙璋，究竟是當地製作，抑或從華夏傳入的禮器？饒公認為難遽下結論。他說「我認為殷人的勢力已遠及東南亞群島。」

　　I 類牙璋的分類，目前我們認為是仍保留若干龍山牙璋的風格，陝西漢水東龍山、河南花地咀、二里頭 IIIKM6 曾發現。II 類牙璋如鄭州楊莊及望京樓、三星堆月亮灣早年出土牙璋。饒公認定越南 II 類牙璋所屬，牽涉月亮灣牙璋年代的判斷，可能上溯早商二里崗文化階段。楊莊及望京樓牙璋是採集品，被判斷是早商階段。

　　近年據我們對武漢盤龍城遺址出土商代早期大型玉戈的觀察，不少玉戈由他器所改製，一些玉戈扉牙仍遺留有牙璋玉器的遺風。按筆者在 2021 至 2022 年在長江流域以至閩北實地考察，從四川月亮灣、湖北黃陂，東至閩北光澤走馬嶺，即長江以至閩北一線，均可見早商牙璋等商代玉器的擴散。2015 年，我們與成都金沙博物館編著《金沙玉工 I》，書中把望京樓、月亮灣及越南 XomRen 相關牙璋形制對比，龍形扉牙複雜的分析，如出一轍，結論指出三地相關的牙璋，可能由同一玉工團體數世代承傳製作，各地牙璋的製

度及人事關連緊湊，牙璋由中原向南至越南紅河流域，距離上數以千公里南下進展所需時間，可能僅以百年間時序即可跨越。估計此期間牙璋在廣域的空間移動，涵蓋國家政治活動擴張的背景。饒公的巨眼對越南牙璋早商年代的判斷，啟發中越早期青銅時代交流的探索。

有關牙璋分佈問題，饒公總結：「由牙璋發現地點觀察，東瀕黃海，南至交州，及閩、粵海隅，都有牙璋傳播的足跡。」他引用了《淮南子・泰族訓》：「左東海，右流沙，前交趾，後幽都」，論證商人疆土與牙璋分佈所見，完全符合事實。饒公所指商人疆土，當然不是領土國家的概念。然而，牙璋在二里頭文化作為國家宮廷禮儀的重器，其後在四川的三星堆、金沙大量發現，顯示玉牙璋在王權與宮庭禮儀層次獨特的角色，商代玉石牙璋主要的功能與政治密切的關係，決非空穴來風。

最後，由牙璋分佈及時代的判斷，不意讓饒公勾起弱冠之際的回憶，他受近代史學名家顧頡剛賞識，被邀參與編輯《古史辨》的往事。眾所周知，民國以來疑古思潮，由顧頡剛引發古史辨運動，一度成為中國近代史學理論的核心，而《古史辨》系列出版，更是古史辨運動的標誌。1929 年顧頡剛到北京燕京大學任教，教授中國古代地理沿革史課程，專注《尚書》、《禹貢》等研究，牽涉古書歷史地理等複雜的問題。1937 年前後，顧頡剛委託饒公從歷史地理學角度，建構古史層累造成的過程。他指導饒公以此觀點，着手編輯《古史辨》第八冊的工作。其後，饒公所擬定第八冊《古史辨》目錄，在 1940 年《齊魯大學》的《責善》1 卷 3 期已披露。可是後來饒公一直拖延編輯工作，雖多次被摧促出版，始終未見付梓。《古史辨》作為近代史學思潮重要著作，如何第八冊卻在饒公的手中，竟失去蹤影？民國初年，對史學深遠影響古史辨運動的系列著作，為何無疾而終，確是近代史學史令人費解的謎團。

　　解鈴還需繫鈴人，一直到半世紀以後饒公在古稀之年，在 1994 年〈牙璋分佈〉一文披露心中顧、饒間糾結，並且對顧的古史辨的思想，提出嚴厲的批判。其後在耄耋之年，饒公按〈牙璋分佈〉部分文字內容，再拓展為〈論古史的重建〉的論文，收錄在《饒宗頤二十世紀學術文集》第一卷「史溯」的序章，意義非比尋常。而《古史辨》第八冊難產的真相，才由此大白於天下。按饒公自己解釋，顧與饒學術的思想在古史辨運動後期，出現嚴重的分歧。這段學術史細節，還是以饒公語言表達，最為生動準確。

　　饒公在〈論古史的重建〉中指出：

　　　　記起我在弱冠前後……那時候，我深受顧先生的影響，發奮潛心，研究古史上的地理問題。曾經把古書上所有與地名有關的記載抄錄若干冊……我對顧老的古史中的地域擴張論點，已有不同的看法。那些依據地名遷徙，作出推論，濫用同音假借來比附音義相近的地名，建立自己一套想像所考慮到的「地名層累」……許多古史地名都給予重新搬家。於是西周建國改為由秦遷晉，楚的洞庭、沅，湘不在湖南而移至湖北。這些論點從表面看來，似是言之成理，但經不起推敲。我認為關於把古史地域的盡量縮小，同名的古史地名可作任意易位，這是不牢固的推理方法，這樣的連篇累牘的討論是沒有意思的。在我屢次比勘之下，覺得無法接受，只有失望。所以我決定放棄第 8 冊的重編工作，原因即在此。遂使《古史辨》僅留下只有七冊，而沒有第八冊，這是我的罪過。顧先生把我帶進古史研究的領域，還讓我參加《古史辨》的編輯一工作，我結果卻交了白卷。

　　耄耋之年的饒公，仍對《古史辨》在自己手中停刊的歷史責任，似有抱罪懷瑕自省。饒公表述內心世界，由於在研究古史地名過程，自覺「我的古史觀有重大的改變」，「但真理在前面，我是不敢回避的」，是一種壯士斷臂，不得不忍痛割捨的體驗。1994年饒公在香港中文大學國際牙璋會議揭幕辭，批評「顧先生過去的狹隘觀念，應該重新檢討。」語氣十分沉重。對此，我們看作是語重心長，苦口婆心，而非不敬的表達。所以，事後饒公補充說自己「仍是循着顧先生的途轍，是顧先生的繼承者。」饒公據牙璋發現，回顧自己半世紀對古代史研究的感受，很值得我們深思。

　　中國近代五四運動後史學發展，從1920年初胡適、顧頡剛引發古書辨偽風潮，展開集中攻擊偽書的運動。胡適主張「寧可疑而過，不可信而過」，為當時推動古史辨發展的動力，「先疑後信」，一時成為治古史的信念。顧頡剛對古書的辨偽精神，毫無疑問是代表二十世紀初中國史學重要的角色。當時對我們的老師饒宗頤和鄭德坤教授等，深受影響。饒公在深入研究古史地理問題後，已撤底放棄盲目追隨古史「層累觀」的束縛。從1923年起，顧頡剛與錢玄同催產古史辨運動推向高潮的發展，到1940年後饒公從古地理研究，指出古史地理層累說種種不合理的破綻，反映民國初年古史研究思潮迅速發展，如驚濤駭浪的起伏。在古史辨運動發展高潮，饒公仍然保持獨立思考，敏銳觸角，由起初引為同道，後因了解而分手，最終以《古史辨》第八冊流產，戛然而止為終曲，可視為近代史學史日進月步的表現，何罪之有！然而古史重建的問題，很明顯不可能單靠古書辨偽所能成就。古史辨學派一直對田野考古重建歷史，寄以厚望。

　　上述這段《古史辨》歷史終曲因緣，一直到香港大灣牙璋發現後，由於對牙璋分佈的重新認識，值此引起饒公對《古史辨》舊事重提，豈非百年中國史學發展的側影。最後，饒公呼籲「不必再留

戀那種動輒『懷疑』的幼稚成見」,「避免使用某一套外來的不切實際的理論去堆砌主觀架構」,諄諄告誡。我仍希望以下引饒公對古史研究期待,以為謹記。「須知,地下層出不窮,浪翻鯨掣似地出現古物,正要求我們須更審慎地、冷靜地去借重它們以比勘古書上種種記錄,歸納出符合古書記載原意的合理解釋,而尋繹出有規律的歷史條理。」(〈論古史的重建〉)

五、不知古焉知今好古敏求

饒公學識淵博,要概括評價其成就,談何容易!錢仲聯先生嘗謂「此並世之容甫與觀堂也⋯⋯今選堂先生之文,既有觀堂、寒柳融貫歐亞之長,而其精通梵文,親歷天竺,以深究學佛,則非二家之所能及⋯⋯至其散體,所考釋者,自卜辭、儒經、碑版以迄敦煌寫本;所論說者,自格物、奇字、古籍、史乘、方志、文論、詞學、箋注、版本,旁及篆刻,書法、繪畫、樂舞、琴技、南詔語、蒙古語、波斯語,沉沉夥頤,新解瀾翻,兼學術美文之長,通中華古學與西裔新學之郵。返視觀堂、寒柳以上諸家,譬如積薪,後來居上。九州百世咸以觀之,得不謂非東洲鴻儒也哉。」(《選堂文集錢序》,1991 年)所論甚為確切。眾所周知,先生家學淵源,父親饒鍔「天嘯樓」藏書數萬卷,自少泡浸傳統經、史、子、集,熟悉目錄學,汲取清季乾嘉治學精萃。饒公自述選堂的取意,一生學術變化:「平生治學,所好迭異。幼嗜文學,寢饋蕭《選》,以此書講授上庠歷三十年。中歲重理繪事,以元人為依據,尤喜錢選。六十退休後,蒞臨法京,以上代宗教與西方學者上下其論。」從饒公治學三變,似乎看不到與考古關係。考古學也非饒公家學的承傳。

在香港人文科學領域中,對考古學如此重視的學者,饒公是極

少數的代表。近代歐美漢學，厚今薄古的傾向明顯。英國殖民管治時期的香港，考古學術更無發展基礎可言。然而，近代中國傳統學術發展，饒公寄與考古厚望。《饒宗頤二十世紀學術文集》共二十冊，第一卷「史溯」，開卷第一頁，第一句謂：「二十世紀為中國學術史之飛躍時代，亦為反哺時代。飛躍者，謂地下出土文物之富及紙上與田野調查史料之大量增加。由於考古學之推進，可徵信而無文獻之歷史年代，已可增至七八千年之久。反哺者，謂經典舊書古寫本之重籀，奇字奧旨，新義紛披，開前古未有之局。」人文科學中考古的重要角色，饒公有深刻認識。我們都知道考古學本身，有很強烈自身學科的特色。學術界公認饒公在考古學特別甲骨文、帛書、玉器、青銅器及陶文等研究，成績斐然。我過去和饒公談論考古機會不少，但從沒有想過要追問饒公考古傾向的來源！1940 年代饒公年正是玉樹臨風歲月，在家鄉韓江考古工作，肯定對他一生的治學，產生重大的影響。饒公考古經歷如何鍛練成才？

　　1938 年陳公哲是第一個在香港各地考古收穫豐碩的學者。從《陳公哲先生知行錄》，載饒公初期到香港與友人兩張的合照。按照片中人居港日期，估計是在 1950/51 年間拍攝的。饒公是 1949 年 9 月抵步香港。第一張照片右而左鄭德坤、陳公哲、衛聚賢、饒宗頤，茶敘於華翠閣（圖八）。從四人的碰頭，考古肯定是核心的話題。這是香港有史以來，早期華人考古最鼎盛的聚會。宕開一筆，鄭在 1952 年離港去英倫劍橋大學，教授中國考古學，開西方最早中國考古學系統研究風氣。衛聚賢是清華大學國學院王國維的學生，有《中國考古學史》等名著，著作宏豐。後 1975 年衛赴台灣。據好友鄭煒明博士教示，饒、衛到港初期，一同暫住香港潮州會館。陳公哲上海出生，為精武核心人物，曾就讀復旦大學，多才多藝。1936 年陳抵港後，對考古發生強烈興趣。1938 年陳自資在香港田野考古，發現東灣遺址商代墓葬群。陳的《香港考古發掘》報

圖八：1950 年至 1951 年饒宗頤、衛聚賢、陳公哲、鄭德坤（左而右）在香港聚會

圖九：饒宗頤、麥兆良、陳公哲在香港聚會

告 1957 年《考古學報》發表,為華人在港考古第一人。1961 年陳在港離世。陳、衛戰後與香港考古關係較少。饒公從 1949 年起,除歐美日訪問研究教學外遊歲月,終其一生居住香港。上述這張難得照片,反映饒公來港不久,好古者同聲相應,同氣相求。七十多年後今天,再翻出這張四巨頭茶敘發黃舊照片回味,感慨無量。另一張照片是饒公與麥兆良神父(Maglioni Raffaello)及陳公哲的合照,照片說明順序韓江考古學家、海豐考古學家、香港考古學家(圖九)。麥兆良是義大利神父,1934 年起在海豐傳教及考古,對粵東考古貢獻甚大。上述照片反映饒公到香港初年,熱心考古,為韓江考古的代言人。

1951 年 1 月饒公在香港完成〈海南島之石器〉一文,內容記載他在香港 1950 年的考古活動。是年 9 月韓槐准自海南來港,向饒公出示從海南文昌鳳鳴村採集各種石器。饒公看到這些石器十分興奮,「摩挲竟日」,並馬上邀請鄭德坤「為之鑑定」。饒公迅將石器資料測量整理,攝製圖像五幅。三個月後,饒公就完成〈海南島之石器〉文字稿工作,效率甚高。我們知道鄭德坤在華西大學任教期間,已與饒公相知,交流韓江石器的研究。1974 年鄭德坤從劍橋大學退休返港。1978 年在中國文化研究所創立中國考古藝術研究中心。1985 年我回中國考古藝術研究中心工作,其時饒公在中國文化研究所任榮譽講座教授。鄭當上中國文化研究所所長。鄭、饒在港分別三十多年後,誰料竟又聚首同一研究所工作。當時,北山堂主人利榮森先生為研究所常客,穿插我這個晚輩於其間。鄭、饒之間起初交流,韓江及海南的石器起了媒介的作用。我這個學生以侍奉石器為人生目的,說石器在鄭、饒、鄧間的緣分,不正是石頭記故事嗎!1950 年 12 月 8 日,饒公在香港中英學會演講,題目是「廣東最近發現新石器」,當時海南島為廣東省管轄,會中饒公展示海南島最近出土石器的照片。1955 年李鄭屋磚屋漢墓及大廟灣南宋咸

淳十年嚴益彰石刻相繼發現，為饒公大展身手的天賜良機。總之，饒公從一開始定居香港，就與考古關係密切。饒公考古形象得以逐步樹立。饒公初期考古開展是自學成才的嗎？

從現在所能看到資料來說，饒公在考古方面確是無師自通。我們從他的紀錄中，很難找到哪一兩位人物，能說得上是饒公考古學直接的老師。在饒公學習考古學起步開始，得益於眾多國際友人包括英美日本及國內考古專家的襄助。「轉益多師是我師」，以饒公才華及虛心請教的治學方式，不難成為考古一族的表表者。1950 年在香港出版《韓江流域史前遺址及其文化》（以下《韓江》）單行本出版，為廣東第一部史前考古專刊，標誌饒公闊步跨入考古的門檻。

從《韓江》前言所見，二十世紀初 30 年代香港外國學者在南丫島、大嶼山的考古工作，對饒公追求考古起遠距離的啟蒙作用；粵東海豐考古豐富的發現，對饒公是近距離的衝擊；隔海相望的台灣考古成果，提供饒公跨海文化交流對比的構思。按《韓江》一書，香港芬神父（Father Daniel Finn）、施戈斐侶（Walter Schofield）在大灣及東灣成果，麥兆良在海丰采獲，都顯示韓江流域與粵東間考古文化關係密切，有很大研究發展潛在的空間。香港考古在 1934 年後，特別是芬神父逐年不斷考古的新發現及大量研究成果的公佈，帶動了東南沿岸考古工作的蠢蠢欲動，山鳴谷應，風起水湧。從《韓江》推測，饒公可能是在 1941 年起，開展韓江流域的考古工作。隨香港考古起舞後僅數年間，觸覺敏銳的饒公，智珠在握，見賢思齊，主動學習考古從事古史的開拓。這啟迪饒公一生學術視野及目標，有着重大的意義，從家學傳統國學文獻紙上學問基礎，不自覺間導向地下世界物質文化的探索。

《韓江》中饒公重視考古科際結合，兩廣地質研究所、中央研究院地質研究所均見參與，地質學家陳愷為石器石質鑑定。鄭德坤對《韓江》報告書作全體校閱。鄭在 1937 至 1941 在美國哈佛大學

人類學系取得博士學位。饒公為了學術上追求，更專程跨海前往台灣，拜訪了台灣大學的日本考古學者金關丈夫及國分直一教授，請教及對比韓江與台灣史前文化的風格。金關丈夫是京都大學考古學家濱田耕作及體質人類學家清野謙次的得意門生。金關也是日本著名體質人類學者。國分直一出生於東京，而成長於台灣的考古、民俗及民族學者。台灣中央研究院院士宋文薰及劉斌雄先生都是國分的學生。國分在戰後初期仍是台灣考古指導者，培育人才，貢獻台南考古良多（黃川田修 2022 年教示）。

國分寫過一篇〈饒宗頤與潮州民族學先史學〉短篇，記述 1948 年饒公訪問台灣大學的活動。當時饒公身份是南華學院教授兼文史系主任、廣東省文獻委員會委員、潮州志委員會副主任。國分展示台灣史前文物，並提供饒公若干台灣史前陶片對比。饒公展示其未刊稿〈潮州史前遺址之考古發現〉，雙方就華南及台灣史前文化交流充分融洽。國分眼中留下饒公的印象是「溫厚誠實」。饒公離台後，曾一次寄信往國分道謝，且附送中山大學文學院《文學》第二期刊物。我和國分先生在多年前出席日本考古學會年會間，有一面之雅。因先生曾發表東南亞史前樹皮布綜合研究，亦有一度書信往來。當時無知國分與饒公一段學術直接交流往事！否則，可以從國分先生口中，更多了解饒公當日訪台的故事。

《韓江》中記載 1948 年 4 月 5 日饒公在調查黃岐山遺址，從山坳堆積土層斷面，發現石鏃。又在地表採集到斧、錛石器及陶器。6 月 16 日饒公往崇光岩虎頭嶺採集石器，均是饒公田野調查活動的紀錄。《韓江》中饒公指出揭陽、興寧出土巨大的石戈石錛。現今我們都知道，這些石戈等遺物屬於長濱文化文物，代表青銅時代商文化擴散的蹤跡。饒公說這些文物被收藏於北京歷史博物館，或許我們從北京可以找到當年饒公指示過的文物。季羨林總結饒公考古成就，包括八項之多：（1）古陶；（2）甲骨、金文（鼎彝）；（3）鐵器、

絲綢;(4)秦漢殘簡;(5)出土寫本(繒書、帛書等);(6)碑銘;(7)
敦煌卷子;(8)吐魯番文書。《韓江》是饒公考古學的敲門磚,開
啟饒公通往無盡史前及文物研究通道,為極其廣闊人類史的世界。
饒公自身具備傳統文化尤其小學深厚的基礎,才可能有考古學光輝
成就,就不待餘言為輕重。

饒公晚年對考古學的重視,與日俱增。2001 年 11 月 2 日是北
京大學百年紀念日子,饒公被推薦作紀念大會演講的代表,主題
是「新經學的提出 —— 預期的文藝復興工作」。饒公演講劈頭第一
段,就講考古三代工程及郭店楚簡的意義,高舉考古學在人文科學
中的重要性。

饒公原話是:

> 我們不要辜負地下的寶物和考古學家的恩惠。⋯⋯考
> 古工作對人文主義發揮出決定性的作用,古文明研究的擴
> 大,使人們對整個世界有嶄新的認識,添加了進一步對歷
> 史文化的洞察力。反觀吾國近半世紀以來地下出土文物豐
> 富的總和,比較西方文藝復興以來考古所得的成績,可相
> 匹敵。令人感覺到有另外一個地下的中國 —— 一個歷史
> 古文化充滿新鮮感、富有刺激性的古國。

2001 年北大百年紀念會,我亦被邀幸陪末座,見證饒公歷史性
的演講。作為一個考古學徒,更感我國古文化復興大時代興奮,手
鏟天書的體悟,任重而道遠。我特別喜歡饒公所說「地下的中國」
的警語,含義深刻。日後回港,我向饒公求墨寶,指定動作寫「地
下的中國」,老師慷慨揮毫,一米多長楮紙大字饒公翰墨從天而
降,一直裝裱在我香港中文大學的書房內,惹人羨煞。此金玉之言
作為北大百歲的見證,無價之寶。

六、化作春泥更護花

31 歲饒公（1948 年）從廣東跨海訪問光復後時期台灣，拜
會素未謀面台灣大學著名考古學者金關丈夫、國分直一（留用學
者），目的是為完善韓江考古隔海對比探索，充分反映年輕時期的
饒公，熱衷國際間學術交流，不辭辛勞，求學必須親歷其境，強烈
學問追求意欲。讀萬卷書，行萬里路，這是學者近乎夢幻的理想。
作家曾子墨生動描述饒公在香港令人羨慕的學歷：「文革中大陸的
學者們停滯不前，饒宗頤正在滿世界留下腳印。要考證甲骨文，他
就出現在日本。想要研究敦煌學，他便去了法國。要研究梵文，他
就去印度。」1949 年後饒公在香港，得以多次赴歐洲、印度、美
國、日本各地遊學，自稱「無家可歸的遊子」，造就世界性學術視
野的饒公，也成就了饒公世界性學術的貢獻。法國學者稱「饒公不
僅是法國漢學界的老師，而且是全歐洲漢學界的老師」，這是很有
份量的評價。而饒公直言：「香港造就了我」。他深信香港是福地。
饒公非常熱愛香港這來之不易的寶地。他不喜歡別人批評香港是文
化沙漠，也不滿意稱他是香港文化沙漠中的一枝獨秀。余秋雨說：
「香港能出一個饒宗頤，那香港不是文化沙漠了。」這些話反惹得
饒公有點生氣。他說把香港說成文化沙漠，是「挖苦香港」。「香港
沒有文化哪裏有今天的香港，這麼燦爛的香港。」

饒公更不喜歡英國殖民管治時期以來講的香港故事。他批評
「有人說香港原來只是一個小漁村，是不符合事實的」。他公開說
香港社會最大問題，是對歷史的「短視」！他指出明《粵大記》書
上海圖出現「香港」的名字。而元代東莞白木香價值和白銀相等，
莞香每年輸出貿易額值銀錠數萬両以上，「香港在前代是香市貿易
的港口」。他認為從考古學上分析，香港在三代期間，已經與中原
地區文化有密切的交往。為迎接慶祝 1997 年香港回歸祖國，饒公

在北京國家文物局所主辦的《中國文物報》，發表〈香港考古話由來〉。這是饒公對香港古史的綜合回顧。他仍然強調南丫島大灣商代牙璋的重要意義，很值得我們一再玩味。

　　大灣牙璋的出土為香港考古一大事。一九九二年法國遠東學院重獲返河內舉辦九十周年學術會議。院長汪德邁君要我參加，作第一個學術報告，我趁機會談到香港出土牙璋和越南的牙璋應該有某種關係，由鄧聰提供實物的圖片和資料，由此取得越南考古界的合作，得於前年在香港舉行大型有關全國的牙璋討論會，引出全面性的研究，了解這一器物製作的廣泛的分佈，遠及南中國海邊裔地區，打破以往在封閉狀況下視為各自割據的獨立文化的誤解，意義非常重大。神木、三星堆的牙璋，發軔於夏殷之世淵源殊遠，具見漢文化在周、秦以前與南海、交趾已有密切之交往為不可否認的事實。（〈香港考古話由來〉）

　　饒公指出香港大灣牙璋玉器的淵藪深遠，金玉良言。魏徵《諫太宗十思疏》：「臣聞求木之長者，必固其根本；欲流之遠者，必浚其泉源，源不深而望流之遠，根不固而求木之長，臣雖下愚，知其不可。」香港社會的「短視、無知」，是殖民地管治政策教育體系的問題，社會上普遍厚今薄古，反映在「香港原來只是一個小漁村」的意識，一句對香港傳統文化錯誤的定位，值得我們反思。1997 年〈香港考古話由來〉是饒公對香港古史最後一篇的文章，蘊含着他對香港血濃於水的愛意，殷切期待香港源遠流長歷史的繼承，發揚光大。

　　2018 年 2 月 6 日饒公於家中睡夢安然仙逝。饒公生前自謂 1981 年遊太原，夜夢有人相告。後即在大同華嚴寺睹龍藏本經，見卷首

圖十：拉斯科入口側

序題「元豐四年三月十二日真定府十方洪濟禪院住持侍法慈覺大師宗頤述」，後在《宋史·藝文志》找到釋宗頤著〈勸孝文〉，經考證為同一人。回來後饒公刻印章「十方真定是前身」，今生前世的記憶。先生往生西方，得生淨土。2007 年利榮森先生他界。利、饒二公感情深厚。利公喪禮我見饒公撰寫挽聯，「吳楚共登臨南國搜奇恍一夢，生死真露電北山汲古足千秋。」利、饒聯袂同游，好古敏求。這是利公人生，何嘗不是饒公平生。利公搜奇奉獻祖國文物，收藏化私為公；饒公寰宇弘揚國學，汲古足千秋，誠哉斯言！

　　饒公喜自謂：萬古不磨意，中流自在心。不磨志在不朽追求，自在心求獨立精神。我特別喜歡「萬古」的意境，只有從歷史時代的深度解讀，才能可見到人類歷史本質。從博士課程開始，我對舊石器時代的石器尤其傾心，很意外饒公對數萬年以至人類的起源的話題，都特別感興趣。一次在中大中國文化研究所午後閒談中，饒公講述 1979 年秋他在法國南部拉斯科（Lascaux）洞穴壁畫的驚人發現（圖十）。他說洞穴內很多體型較小短腳馬。他認為是東方的

蒙古馬去了西歐，對這個發現他十分興奮。我特別羨慕饒公曾入拉斯科洞穴參觀。因為我 1983 年暑假有幾個月在法國南部 Sorde-l'Abbaye Landes 的 Abri Dufaure 岩蔭遺址，參加發掘馬格德林文化。當時，我也曾發願希望去拉斯科洞穴參觀。後來才知道是不可能的，入洞最少一年前申請。之後我去了西班牙北部參觀著名阿爾泰咪拉洞穴（Altamira），但也是只能在洞外觀望，最後在複製原大的洞穴內，仰臥地上觀察崖頂野牛、馬的舊石器時代繪畫。在這樣經歷背景，我當然更能理解饒公曾入拉斯科的激動心情。

最近，我才從饒公《選堂賦存》發現了他的〈法國獵士谷（Lascaux）史前洞窟壁畫頌——並序〉。序言中描述洞內所見各種動物的奇觀，尤其以中國馬四十五匹，為點睛之筆，如此陣容龐大獸獵，堪比古代天子上林羽獵景像。「睹其壁間藻繪，群動馳騖於其上，獸之數一千五百有奇，牡、牝牛、牡鹿、山羊、馬、暨中國馬（共四十五匹）與獨角獸類麒麟者（（Livorno 二隻）皆具。窮山盡野，囊括雌雄，信畋遊之巨視。上林羽獵，遜其奇矣。」雖然饒公只有一個小時觀察拉斯科壁畫的機會，卻仍被洞窟壁畫各種動物組合氣勢磅薄，線條粗獷生動逼真所震撼。這些壁畫年代碳 14 測年為 15000 年前傑作。饒公以現世藝術最高水準的眼光，比較「萬古」以前獵士無聲詩歌，慨歎「後安勝前，甘拜下風」、「乃悟今人之藝事，遠不逮於皇古。」饒公獵士谷〈頌〉，是他一生文章內容涉獵文化年代最早的一篇，「振古莫儔，億載朝宗。」考古溯源的痛快，用饒公原話，「追溯源頭，給人非常透徹的感覺。因流溯源，由源而及流，鈎沉探賾，原始要終。」

我有幸與饒公今世結下師生玉璋之緣（圖十一）。我的前生，也可能是一個石匠，或者是玉工。《禮記·聘義》引孔子語：「圭璋特達，德也。」牙璋是璋的一種，璋是高尚品德的表徵，又是國家政治禮儀權力和身份的象徵。廣域牙璋的出土，可能代表在商代期

圖十一：饒宗頤與鄧聰在中國文化研究所饒公書室

間，各地接受共同政治理念傾向的萌芽。〈由牙璋分佈論古史地域擴張〉是饒公對香港文化重筆濃墨的獻禮。饒公以春風風人，值春風吹拂玉璋，傳達他對心目中香港福地，綿綿無盡的溫情與愛意。雲想衣裳花想容，饒公音容宛在。落紅不是無情物，化作春泥更護花。謹以拙文追懷學生時代以來，老師諄諄教誨，如沐春風，學恩如海，學生願為香港考古略盡綿力。

2022 年 6 月 22 日初稿於美國奧蘭特，定稿烏溪沙星漣海

鄧聰，教授，畢業於香港中文大學歷史系，獲日本東京大學
文學博士學位，現任山東大學文化遺產研究院特聘教授、博
士生導師、長江學者講座教授、中國考古學會理事。曾任香
港中文大學中國考古藝術研究中心主任、歷史系教授，2009
年獲得德國考古研究院通訊院士，專攻東亞考古學，重點研
究玉石科學技術史。鄧聰教授是中國玉器研究的代表人物，
在東亞玉器的起源、早期玉器的製作技術與工藝等研究領域
有重要學術影響。主要代表作有：《東亞玉器》、《牙璋與國
家起源》、《哈民玉器研究》、《澳門黑沙玉石作坊》、《金沙
玉工 1》等。

側記饒先生的
《老子想爾注》研究及其他

| 劉昭瑞 |

　　敦煌殘寫卷《老子想爾注》（S.6825）的重要性在於，它展示出早期道教徒在「判教」過程中，將道家哲學轉換為道教神學時的系統性努力，並且頗為成功。這一點在今天的學術界已是常識，但在1956年饒先生的《老子想爾注校箋》（下文簡稱《校箋》）問世之前，除了目錄學家王重民先生等對該寫卷做過「敘錄」式介紹外，沒人做過系統性研究。

　　就傳世《老子》文本而言，漢、晉時期，對《老子》的解釋及《老子》文本的整理，形成以河上公注本、王弼注本、五千文本為代表的三大古本系統。河上公注本傾向於道家，又與後來的道教聲氣相通，是養生家、數術之士的讀本；王弼注本成於玄學盛行的時代，是文人的主要讀本[1]；五千文本是道教徒內部傳習《老子》的文

1　或認為王弼注本的思想一定程度上繼承了嚴君平的《老子指歸》。

本[2]，世稱「張鎮南本」，即張魯定下的本子，而《老子想爾注》根據的就是五千文本。饒先生《校箋》對《老子想爾注》所做的開創性工作，簡言之，有下述幾點：

（一）經、注分離；

（二）確定抄本的大致時代；

（三）討論《老子想爾注》的作者；

（四）疑難字、句的疏解；

（五）佚文鈎稽；

（六）主要思想的梳理。

《校箋》出版後，饒先生一直還有後續研究，包括回應學術界同行的問難。1991 年上海古籍出版社以《老子想爾注校證》（下文簡稱《校證》）之名在內地出版，並將饒先生的後續研究作為附錄收入書後。饒先生《老子想爾注》研究的影響及意義，下述三點足以顯示：

第一，誠如施舟人（Kristofer Marinus Schipper, 1934-2021）教授所說，《校箋》改變了以往對包括敦煌道經寫卷在內的道教典籍的認識。一向被海外漢學界視為重鎮之一的中國道教研究，也因《校箋》一書而進入到一個新時期，直至 1980 年代以來在內地學術界產生普遍性影響；

第二，從方法論角度開創了綜合研究道教單一經典的先例；

第三，如果做一個類比的話，《校箋》一書之於道教學研究的意義，猶如董作賓先生《甲骨文斷代研究例》（1933 年）之於甲骨學、張政烺先生《古代筮法與文王演周易》（1978 年）之於易學研

2　所謂「五千文本」，是指五千個字的《老子》文本，實為四千九百九十九字，但「卅輻共一轂」之「卅」為「三十」合文，故仍為五千字。嚴格「五千文」《老子》文本的出現，是道教創教者的神學努力之一。

究，都屬鑿破鴻蒙、開創局面之作。

認識饒先生的晚輩學者，大多是從讀饒先生的著作開始，我也不例外。但在 1990 年以前，饒先生的著述我並沒有讀過多少，因為即使到了 1990 年代初，普通學人較易入手的饒先生著作，還只有《校證》；綜合性的古史類著述，則是胡守為先生選編的《饒宗頤史學論著選》。[3] 實際上，中山大學古文字資料室的插架圖書中，早已有 1956 年港版《校箋》，並且還有 1959 年港版《殷代貞卜人物通考》，但我那時都沒能細讀。我真正細讀饒先生的著作，還是從上海古籍版《校證》一書始。

饒先生初創《華學》雜誌時，我受曾憲通先生之命，協助處理文稿校對等事宜，至 1999 年下半年又有幸獲饒先生之邀赴香港中文大學中國文化研究所訪學半年，在此一段時期內，我多次有機會聆聽饒先生的教誨，甚至有幾篇文稿還曾在發表之前請饒先生過目。

圖一：與沈建華、許紀霖夫婦、鄭會欣與饒公合影

3　《饒宗頤史學論著選》，上海：上海古籍出版社，1993 年。

可以說，在我個人的學術之途上，那段時期我是沿着饒先生所提示的路走下去的，其中主要是對《老子想爾注》寫卷的進一步探索。

大約 1998 年前後，饒先生有一次這樣說：我當初沒有想到《校箋》那本書能有那麼大的影響，而且寫卷本身還有值得繼續做下去的地方（大意如此）。因我一直關注出土考古資料與早期道教之間的關係，也留意海內外學術界對《老子想爾注》寫卷本身的持續討論，饒先生的這句話讓我記在心裏。此後數年間，寫了幾篇小文章，記得為了求證《想爾注》寫本中是否有佛教思想的痕跡，遍讀《大正大藏經》所收南北朝以前的漢譯佛經，對該問題的認識，我也經歷了從「疑其有」，到欲「證其有」，再到「否其有」這樣一個過程，期間遇見大藏經中與《想爾注》相似的字句，基本能識別出來，這全拜《校證》一書之所賜。後來又有了《老子想爾注導讀與譯注》一書，因該書的編寫機緣與饒先生《校證》有關，借此機會略作交代，並可側面證明饒先生《校證》一書的影響早已超出學術界。

2010 年前後，我在江西鷹潭龍虎山嗣漢天師府因事小住，有機會與天師一系後人聊起《老子想爾注》及饒先生的《校證》，他們當然很熟悉，並且有用來作為正一派道教徒學習《老子》的教材的打算，於是委託我在饒先生《校證》的基礎上，對該寫卷逐句注釋並譯為現代語。他們的意思是，對於道教徒而言，饒先生的《校證》還是難懂，需要再對《校證》做一次「疏」的工作。

《老子想爾注導讀與譯注》初版於 2012 年，網上一直有褒有貶。還有一個小故事，記之於下，權作談資。

2019 年 7 月前後，該書責編發來一段視頻，內容是香港一著名文化人手持那本書在節目中向讀者做推薦。責編附言說希望我轉發給熟悉的書商。後來在一微信群中，見到王子今教授轉發一段文字，說是有內地出版商 PS 某人視頻向讀者推介多種圖書。我相信這是出版商的行銷手段之一，該書於 2019 年再版，我也是從網上

才得知。

在近代學術史上，王國維先生的「二重證據法」、陳寅恪先生的「了解之同情」，如雙峰並峙，為世人服膺，前者強調研究的客體，後者更強調研究者的主體性。如所熟知，在方法論上，饒先生有「三重證據法」之說，類似的表述先後還有楊向奎、容觀夐等先生，只是饒先生的「三重證據法」與楊、容等先生所論略異。饒先生雖然對「了解之同情」似乎並沒有直接的闡述性文字，但他還是曾有所觸及。

記得一次饒先生在談話中，有涉及陳寅恪先生晚年個人遭際及他的「了解之同情」的內容，並且饒先生還說，真正理解「了解之同情」，應該注意陳先生的家世及求學經歷。

對陳先生「了解之同情」思想的溯源，自 1970 年代或者更早，就有海外學者做過，至今仍時有新出的討論文字。已有的研究大致可分兩條路徑，一是循史學路徑，溯至以實證主義為主要特徵的德國蘭克學派；一是循哲學路徑，追蹤至德國浪漫主義思想家赫爾德。除上述兩條路徑外，我曾以為馬克斯·韋伯（1864-1920）的「理解社會學」，可能是「了解之同情」的更為直接的源頭。[4]

出身名門的韋伯，少年時代常得以聆聽長輩間的時局政論，青年時代具有溫和民族自由主義意識，這些與陳先生尤其相契合。韋伯主要著作出版的時間，也大致與陳先生在德國遊學時期重疊，如《新教倫理與資本主義精神》（1904-1906 年）、《解釋社會學的一些範疇》（1913 年）、《儒教與道教》（1920 年左右）、《社會學的基本概念》（1921 年）等，雖然我們在陳先生的著作中找不到與韋伯著作直接相關的文字，但以陳先生的閱讀面之廣，韋伯的若干著作又

4　下面兩段文字，摘自我近期寫的一篇短文。

與中國社會有直接關係，這些著作理應入陳先生法眼。

韋伯《解釋社會學的一些範疇》、《社會學的基本概念》二書，集中討論的是社會學方法論問題，他特別強調對於人之社會行為的「解釋性理解」與「因果性解釋」，強調研究者的價值中立，故韋伯社會學也被後人稱為「理解社會學」；又因其特別關注人的社會行動的各種動機，尤其是情感動機，所以也有人稱韋伯社會學為「情感社會學」。[5] 那麼，從韋伯「理解社會學」方法論所抽繹出的「解釋性理解」或「移情式體驗」，陳先生將其轉化為「了解之同情」[6]，應屬理之必然。觀乎陳先生留下的文字，特別是他對宗教及若干歷史人物的研究，「解釋性理解」可以說貫穿於始終，如他的氏族與種族（或民族）、宗教與地域、婚姻集團等的研究。一定程度上，「了解之同情」與人類學家的「深描」也大致相同，但前者有更為久遠而深刻的源頭。

順帶一提的是，近年社會學界在方法論上提倡歷史社會學研究，討論的焦點之一，就是如何理解韋伯之「理解」，並且參與討論者的學理依據，也往往舉陳寅恪先生的相關著作為例。[7]

關於陳寅恪先生，記得饒先生還有一段令人印象深刻的談話，他說：我私下懷疑陳先生並沒有全盲，我讀書寫書一輩子，以我的體驗，很難想像一個人全盲後還能寫出《柳如是別傳》這樣的著作（大意如此）。饒先生似乎認為，陳寅恪先生是托瞽目以避世。並且饒先生還特別強調，他是基於對陳先生的「了解之同情」才有這

5　[美] 斯蒂芬·卡爾柏格著，張翼飛、殷迪亞譯：《韋伯的比較社會學今探》，附錄 II〈馬克斯·韋伯的情感社會學：一個初步分析〉，上海：上海人民出版社，2020 年。

6　「了解之同情」或寫作「同情的了解」等，錢耕森：〈陳寅恪論中國哲學史 —— 對陳寅恪為馮友蘭《中國哲學史》所作《審查報告》的評述〉一文有辨，見《孔子研究》1997 年第 4 期。

7　參閱「社會學會社」公眾號近幾年摘編的相關討論。

樣的看法。後來我曾得便詢問蔡鴻生先生，蔡先生沒有正面回答，只是舉了一個例子，他說：我在陳先生家聽課時，一次陳先生站起身來想在小黑板上板書，不料險些被腳前的一張小板凳絆倒。本科生時的蔡先生，聽陳寅恪先生講「元白詩證史」課的時間，是 1955 年夏到 1956 年夏，此後遂成絕響。

饒先生長年浸潤於法國學術界，受年鑑學派的影響似乎是必然，饒先生曾將長沙子彈庫帛書之於中國古典時代的意義，妙喻為死海古卷之於基督教世界的意義，與推崇跨文明比較研究的法國學界傳統更是互相吻合。饒先生對張光直先生商代「巫」之說的評騭、對佛道藏中記載的香料及其傳播的討論，特別是他的「漢字樹」之說乃至宗教學方面的一些著述，方法論的痕跡如草蛇灰線，細入無間，有待後人仔細體味。

饒先生詩、書、畫等方面的造詣，我無從置喙，但約在 2000

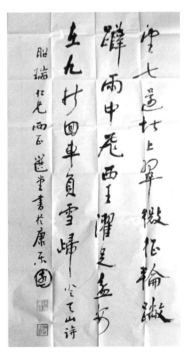

圖二：「望七還北上翠微」書法

年前後卻有幸獲得饒先生的一幅墨寶。

饒先生用的是四尺全開整張宣紙,寫的是他的一首七言絕句,錄之如下:

> 望七還北上翠微,
> 征輪蹣蹣雨中飛。
> 西王濯足盆安在,
> 九折回車負雪歸。

饒先生這首詩應作於 1987 年左右,因為詩中有「望七」一語,是年饒先生受聘為敦煌研究院名譽研究員,可能順道西行,去了新疆天山天池。這一推測也許有誤,願識者正之。

饒先生很少有筆觸輕鬆的隨筆式短文,好像也沒有教人如何做學問的專門文章。我的以上文字,大致是基於饒先生的若干口述資料連綴而成,值饒先生逝世五周年紀念,用志感懷,也讓我有機會重溫做「學生」的時光:快樂無憂而又常有所得。其實於我而言,最直接並且也是至今最清晰的感覺,還是與饒先生初見面時的握手,溫潤而又像是要被牽着走,而當承受饒先生目光的注視時,則像是被俯視。這些感覺,大概是源於我內心對饒先生的尊敬。想他人或亦如是。

劉昭瑞(1955-),先後就學於河南大學、西北大學、中山大學,1988 年就職於中山大學人類學系,從事古文字學、宗教人類學等的教學與研究,2020 年於中山大學社會學與人類學學院退休。代表作包括《考古發現與早期道教研究》、《蝶變:澳門博彩業田野敍事》等。

懷念那個
慈祥可愛的饒公

| 劉 釗 |

　　2018 年 2 月 6 日媒體公佈的國內外重要新聞中有一則消息：國學大師饒宗頤今日凌晨去世，享年 101 歲。

　　這一天對中外學術界來說都是一個沉痛的日子。它標誌着一個時代的結束，預示着某些理念的式微，它將在學術史上留下濃墨重彩的一筆。許多年來，饒宗頤先生已經成為一個學術符號，一個文化標誌，一面代表秉承傳統道德為往聖繼絕學的旗幟。饒宗頤先生生於內地，生活工作在香港，一生執志於傳統國學的研究、教學和弘揚，用最傳統的學術，在最現代化的香港栽下種籽，並用一生來加以澆灌和呵護，終於在早年被稱為「文化沙漠」的香港培育出一片傳統學術的綠色天地。饒宗頤先生是內地與香港之間的學術交流使者，牽線搭橋，引渡梯航，為香港的學術發展和繁榮，做出了無可替代的貢獻。饒宗頤先生愛國、愛港，對祖國有着深沉的眷戀，對祖國傳統文化，尤其是中華大地上出土的各種文物文獻，有着癡迷的喜愛和執着的追求。饒宗頤先生猶如太陽，具有強大的向心力，使得無數晚輩學者如行星般圍繞着他，得到他的恤顧和沾溉，並將從他那裏得到的指點和薰陶用於滋養自己一生所從事的學術

事業。

學界晚輩習慣稱饒宗頤先生為「饒公」。我自從上世紀 80 年代走上古文字研究的道路，就一直把饒公奉為神仙般的大師，但無緣相見，只能通過讀其書，從而想見其為人。直到 90 年代初，才終於有了親聆謦咳的機會。1993 年，香港中文大學為慶祝建校三十周年，舉辦了第二屆國際中國古文字學研討會，我作為受邀代表，陪同先師姚孝遂先生一同赴港與會，並在期間拜見了饒公。饒公因對吉林大學古文字學科的奠基人于省吾先生格外尊崇而愛屋及烏，對吉大來的人都格外熱情。我當時剛三十歲出頭，比較青澀，饒公看着我，開玩笑地說：「你來自壯闊的東北，卻有着江南男子的秀氣哈。」說得我很不好意思。在那次會上，我的文章和發言引起了饒公的興趣，他私下跟沈建華女士提到我，流露出某種期許。其時正好饒公想對他早年的著作《殷代貞卜人物通考》一書做修訂，就想到了我，讓沈建華女士聯繫我赴港協助他做修訂工作。為此饒公專門聯繫利榮森先生的北山堂，籌集到一筆專項基金，委託香港中華文化促進中心負責安排我在港的工作和生活。對我說來，這自然是一個靠近大師，親炙教誨的好機會，於是爽快地答應，並經過一段時間的準備和操辦手續，於 1995 年年中到了香港，開啟了在港八個月的工作和生活歷程。

我剛到香港安頓好，饒公就讓沈建華女士引導我到他位於跑馬地山村道的家裏，與我促膝傾談，然後又請我吃飯。飯間談學問，聊軼事，饒公言辭和柔，態度溫煦，對我砥勉有加，讓我如飲甘霖，如沐春風。

在港期間，常常與饒公見面晤談。有時是在中國文化研究所他的辦公室內，如果趕上沈建華女士和鄭會欣兄也在場，話題就會更多；有時是在新亞書院的敦煌吐魯番研究室裏。因為當時我在新亞書院的敦煌吐魯番研究室工作，因此偶爾饒公也會乘坐校車到山

頂新亞書院內的敦煌吐魯番研究室來看我，順便查看工作進展情況。那時的饒公已經年近八十，從跑馬地的家裏轉乘幾次地鐵，再接駁校車上山到學校，非常辛苦，但我每次在學校看到他，他都是西服革履，皮鞋鋥亮；腰板挺直，儀態莊嚴。見到我也總是不停地噓寒問暖，同時充滿興趣地了解和聽取各種學界資訊。饒公每次到校，只要趕上飯點，都會讓沈建華女士給我打電話約我下山一起吃飯。那些年內地到港訪學訪問的學者很多，為了請客方便，饒公的稿費和評審費就讓會欣兄存在一個專門的賬號上，到了中午，就一起到中國文化研究所下邊范克廉教師餐廳就餐，吃過飯，就由沈建華女士或鄭會欣兄代為結賬。有一段時間國家文物局古文獻研究室的王素兄也來港訪問，還與我面對面在一個研究室待過，記得我倆常被一起約到山下陪饒公吃飯。有時臨時被約，因時間匆忙，王素兄來不及換鞋，穿個拖鞋就去赴飯局，還被注重儀表的沈建華女士笑話。

我到港不久，饒公提議香港中華文化促進中心安排我做一次講座。講座那天，還是由沈建華女士陪我到位於上環信德中心大廈上的中心會場。待我們到時，饒公已經到了，仍舊是西服革履，頭髮一絲不苟。饒公充滿激情地主持了我的講座，談笑風生，幽默風趣。我那次講座的內容是有關甲骨文的，但是具體講了些啥，早已淡忘。當時還沒有後來才出現的投影儀，只有膠片投影。記得饒公對我寫的甲骨文字形膠片很感興趣，還專門讓我複製一份帶給他。當天講座比較成功，聽眾爆滿，中心助理主任跟沈建華女士說，打破了中心有史以來的記錄。觀眾對我講的甲骨文字形的蘊意極感興趣，時間已到，還希望再講，無奈因會場接下來另有安排，只好作罷。講座完跟聽眾的交流也很熱烈，饒公始終參與其中，並不時插話，還做了精彩的總結。作為一位大師級的人物，為一個學界後生小子主持講座並百般獎飾勉勵，足以讓我一生感恩，無時不在

圖一：饒公爲我主持講座

念中。

在港期間，我和饒公還有過一次學術合作，就是撰寫了一篇〈甲骨文斷想〉的文章。先是我跟饒公就甲骨文研究的現狀進行了討論，然後由我草擬成文，饒公審定。該文後收入《饒宗頤二十世紀學術文集》第二卷。

因在港期間協助饒公校訂《殷代貞卜人物通考》，我還借機集中拜讀了饒公其他的有關甲骨的論著，對饒公在甲骨學上的貢獻和理念有了更爲深切的認識，於是撰寫了一篇名爲〈談饒宗頤教授在甲骨學研究上的貢獻〉的文章。該文發表在《華學》第二輯，刊出後在學術界產生了不錯的影響，並被廣泛徵引。通過分析闡釋饒公在甲骨學研究上的貢獻，我在文中指出，因饒公號「選堂」，又因饒公在甲骨學研究上取得的成就足以與甲骨學研究的四位大師，即「甲骨四堂」的羅雪堂（羅振玉）、王觀堂（王國維）、董彥堂（董作賓）、郭鼎堂（郭沫若）相提並論，因此完全可以將饒公列爲甲骨學研究史上的第五堂：饒選堂。這一學術指稱和甲骨學史上地位判定的提議，得到了學界大多數人的認可。

1996 年 3 月，我完成了在港的工作，臨行前去拜會饒公並告

別，又蒙饒公請飯，席間相談甚歡，依依不捨。

2002 年我再次赴港半年，到香港中文大學中國文化研究所同沈建華女士合作，為漢達文庫的金文資料做釋文校訂。期間又得以多次拜見饒公，蒙其教誨和指點。有些教誨和指點對我說來頗有箴膏肓、起廢疾之效。

後來我與饒公仍偶有書信往來，也曾寄書給他。但因饒公年紀愈來愈大，各種應酬卻依然不減，我就不好意思再主動去打擾他老人家了。後來又有三次見到饒公，一次是 2006 年「饒宗頤教授九十華誕國際學術研討會」在香港舉行，我赴港與會，借照相之機，拉住饒公的手問候了一句；一次是 2011 年 11 月在香港浸會大學舉辦的「簡帛、經典、古史研究國際論壇」，饒公在台上，我在台下。那次饒公露面的時間不長，且周圍始終圍滿了人，我連近身的機會都沒有；一次是 2012 年「海上因緣 —— 饒宗頤教授上海書畫展」

圖二：陳方正所長在家中宴請饒公、李學勤、裘錫圭、吳振武、曹錦炎、沈建華和我

在上海舉行，在上海西郊賓館舉行的歡迎晚宴上，我趁間隙跑到主桌旁搶上前問候了一聲，此時饒公已經是 95 歲高齡，連講話都已吃力，只見他微微頷首，算是回應了我。2015 年在香港大學舉辦的「饒宗頤教授百歲華誕國際學術研討會」也邀請了我，可惜我因有不能脫身的事情，沒能去成，失去了最後一次拜見饒公的機會。

饒公被學界譽為「業精六學，才備九能」，舉凡甲骨學、簡帛學、史學、敦煌學、吐魯番學、文學、考古學、目錄學、史地學、比較文字學、方志學、儒釋道、中外交通、古樂史、古畫史等領域，都有深入的鑽研和著述，不能不說是真正的「通人」。饒公的學術以文學起家，他一生摯愛《文選》，故號「選堂」，他曾跟我說過「所有文獻都是文學」一類的話，讓我至今難忘。除了研究學術，他同時還寫詩、寫字、畫畫、彈琴，集學術與藝術於一身，以文養藝，以藝助文；既有理論，又有實踐。如此融會貫通的結果，造就了他學術和創作上汪洋恣肆、波瀾宏闊的氣象。饒公熟讀傳統經典，不受四部約束，重要典籍反覆熟讀，尤其四書五經，他跟我說每年都會重新翻閱。饒公看書有摺頁的習慣，我在港期間，就看到他的很多藏書中都有不少摺頁，以致使書變厚許多，這無疑透露了饒公的勤奮。因為讀書雜，涉獵廣，自然會注意到別人注意不到的內容和問題。如上世紀 80 年代初，饒公和曾憲通先生合著了三本書，即《雲夢秦簡日書研究》、《隨縣曾侯乙墓鐘磬銘辭研究》和《楚帛書》，其中涉及到樂律、古樂理與天文的關係、宇宙生成論、象緯、五行與納音等冷僻的內容，有些非常專門，這是學術視野狹窄，知識面不廣的學者不易把握的，只有像饒公這樣的「通人」才能探賾索隱，得其奧秘。

饒公一生視學術為生命，寢饋其中，樂以忘憂。他對學術始終抱着一顆好奇的童心，時刻不忘掌握新材料，了解新資訊。至今每一想起他收到新書就急於打開翻看時的樣子，就讓我對自己的懈怠

愧悔不已。饒公對待新事物從來都持歡迎的態度，記得 2002 年時我在香港，當時《上海博物館藏戰國楚竹書》第一冊剛出版不久，書寄到饒公辦公室後，我第一時間翻看了幾頁，並記下了一些想法，隨即寫了一篇小札記發到了網上。饒公看到書後也非常興奮，連夜翻讀並很快也寫出了文章。當他得知我已寫了文章且發到了網上，很感興趣，專門到我的辦公室來讓我把他的文章也發到網上。記得饒公就站在電腦桌旁看着我操作，當我錄好文章發到網上並指給饒公看時，饒公差一點就手舞足蹈了，臉上露出了一個孩子剛得到一個夢想多日的玩具似的開心表情。

饒公在學術上是「通人」，在做人做事上也非常通達。他一生自然也經歷過很多坎坷，一定也遇到過諸多不如意之事，但僅以我與饒公的接觸而言，便感覺他似乎總是充滿着激情與快樂，不消沉，不抱怨，不隨意評騭他人；他待人以善，示人以誠，尤其對待年輕後輩，更是悉心護佑，提攜有加；示後學以矩矱，度晚輩以金針；有時像個老頑童，跟年輕人開一些輕鬆的玩笑，顯得親切可愛，更贏得後學晚輩的推崇和擁戴。

饒公對儒釋道都有精深的研究，對道家養生術亦有獨得之秘。記得有一次在中國文化研究所他的辦公室內，他在那張部分已經磨光的黑皮沙發上，居然不用手協助，就直接以雙盤的姿勢表演了入定打坐給我看，讓我不禁瞠目結舌。要知道當時饒公已經年近八十，竟然還有如此厲害的腿腳功夫，真讓我這樣的年輕人自慚不如。饒公對養生術的鑽研，加上他開闊的心胸和參透的氣度，讓我覺得這大概就是他能夠壽登期頤的原因。

饒公的學問以宏通見長，能由小處識其大者，故常有鑿破鴻蒙之論。讀饒公的論著，需從大處着眼，由寬處體察。若斷斷於細節，不識其「趣博而旨約，識高而議平」之妙，便會因小失大，陷於苟狹之境。總覽饒公的學術成就，其披覽之富，識見之精，思辨

之密，成果之盛，當世學者，確乎無出其右者。

我一直認為要公正地評價一個學者，需從三個方面綜合考量：一是學術能力，二是事業貢獻，三是社會影響。三者雖互有交叉，但仍可獨立。對一個學者來說，這三者相輔相成，不可偏廢。有的學者一項偏強，另兩項偏弱，有的學者兩項偏強，另一項偏弱。能夠兩項偏強的學者，就應該算是著名學者了，若能三項都偏強，那一定是近於大師級的人物。無論學界如何評價，我將饒公列為三項都偏強的學者之列，大概不會有人表示反對的吧？

饒公走了，他帶走了一個時代，帶走了一些值得珍惜的理念。但是他留下了一大筆寶貴的學術和藝術財富，種下了替往聖繼絕學的種籽。他的學術恩澤，將永遠沾溉後人，無窮無已；他的學術火種，將薪盡火留，代代傳遞。我作為一個曾受他提攜獎飾，得其指點教誨的後學小子，將始終懷念他，懷念那個慈祥可愛的饒公。

最後，以我當年為祝賀饒公八十華誕而擬的兩句概括饒公道德學術的聯語，作為這篇小文的結尾：

道德並重思接古今才學識兼備傲視寰宇，
文史融通名震中外詩書畫皆精獨步香江。

注：文中部分時地已淡忘，蒙沈建華女士指點解惑。當年我兩次赴港工作期間，皆蒙沈建華女士悉心照顧，幫助多多，借此機會重申誠摯的謝忱。

2022 年 6 月 2 日寫於上海書馨公寓索然居，時值疫後解封第二天

劉釗，曾任吉林大學古籍研究所副所長，廈門大學歷史系主任。現任復旦大學特聘教授，出土文獻與古文字研究中心主任。學術稱號及兼職有：教育部長江學者，上海市領軍人才，中國古文字研究會秘書長。中國訓詁學會副會長，中國殷商文化學會副會長，國務院政府特殊津貼獲得者。主要研究領域爲出土文獻與古文字。著有《古文字構形學》、《郭店楚簡校釋》、《古文字考釋叢稿》、《書馨集》等，主編《新甲骨文編》、《馬王堆漢墓簡帛文字全編》等。

天地遺芬 ——
追隨饒公三十年的點滴回憶

| 鄭會欣 |

初識饒公

第一次見到饒公那還是 30 多年前的事了。

1988 年年底，我隻身一人從南京回到出生地香港，不久便進入香港大學研究院學習。遵導師趙令揚教授之囑，我經常參加中文系舉辦的學術會議，好幾次在會議上都見到一位精神矍鑠的長者侃侃而談。那時內地與海外學界隔絕多年，再加上我這個人又孤陋寡聞，竟不知道眼前這位學者是誰。還是港大的同學告訴我，他就是聞名遐邇的饒宗頤教授，大家都尊稱他「饒公」，但當時我還只能在遠處仰視。其後不久，一次北京中央文獻研究室的金沖及教授讓我帶本書面呈饒公，我才第一次近距離地跟饒公見上面，說了幾句話，不過真正零距離的接觸還是一年多之後的事。

1990 年 9 月，我在港大的畢業論文已經完成，此時妻兒來港團聚的申請已獲批准，下面的大事就是必須在香港找工作了。我平常不太關注報紙上的廣告，一天順手買了份《星島日報》，無意間看到一則廣告，說是香港中文大學中國文化研究所要聘請一位研究助

理，條件是需具備歷史學或藝術史的學位。我想自己雖然此時港大研究生尚未畢業，但我是南京大學歷史系的畢業生，又曾工作過多年，應該符合條件吧，於是就按要求向中文大學人事處投寄了一份申請，並附上個人簡歷，沒想到幾天後便接到面試的通知。

那時的內地大學畢業生是由國家統一分配工作，根本就沒有面試一說，因此這是我生平第一次面試，也是唯一的一次面試。規定面試的那天我提前來到中文大學的中國文化研究所，一個多月前我到中大參加中日關係史的學術會議時，其中一個分會場就在這裏舉行。我當時曾驚嘆香港這個事事講求功利的地方，竟然還會有這麼一個景色優雅、環境怡人，而且還是研究中國文化的研究所，更沒想到一個多月之後，我竟會應聘來這兒，並成了我後半生一直工作的地方！那天應聘的有好幾位人選，我到了之後秘書叫我先在隔壁的辦公室裏等候，輪到我的時候，秘書就帶我走進 108 室的辦公室，進門一瞥，呵，赫然發現饒公端坐在辦公桌旁，原來要聘請助理的是他老人家！

我趕緊趨前向饒公請安，並簡單地介紹了自己的經歷，饒公看到我填寫的籍貫後問我：「你也是潮州人，會說潮州話嗎？」

我連忙說：「我到現在都還沒回過老家，潮州話只能說幾句最簡單的詞語。」

「那廣東話呢？」

我不好意思地說：「說得不好，也可以說是『識聽不識講』。」

他笑了笑說：「那我們就講普通話吧。」

這幾句話說下來，讓我緊張的心情頓時放鬆下來。接着我就將之前在內地發表的十多篇論文呈送給他審閱。饒公面目慈祥，和藹可親，他一邊翻閱着這些論文，一邊問我一些簡單的情況，突然不經意地問我：「你對中國文化還懂些什麼？」

我趕緊回答：「在您面前，我真的是什麼也不懂。如果說是

圖一：我成爲饒公的學術助手

工作的話，以往只是作過一點兒近代史方面的研究和檔案史料的編輯。」

饒公笑着說：「我什麼都研究，就是不曾研究近代史。」

就這樣，我這個與饒公學問毫不相關的人就成為饒公的學術助手，而且一做就做到退休，就是退休之後仍然幫着饒公做些事。

學術助手

1990 年 10 月 22 日，我第一天上班，辦公室有兩張桌子，一個長沙發，屋裏邊還有一個小間，堆放着饒公的各種著作，我就和饒公面對面相坐。那時饒公已經 73 歲了，但他身體很好，精力旺盛，每個月都要到外地去開會或講學。饒公家住香港跑馬地，離中大很遠，他一般一星期來所裏一到兩次，除了有朋友或熟人順便開車帶他到學校之外，最初他都是自己一個人來，先從家中乘的士到灣仔轉乘地鐵，到九龍塘站換乘火車到大學，再搭校巴到研究所，一路上轉車幾次，還是很辛苦的。因為饒公同時是新亞書院和崇基

書院的院務委員，書院的歷任院長對饒公都十分尊敬，後來我就與兩位書院的院長聯絡，說饒公年歲已高，能否請他們兩個書院輪流安排車輛接送饒公到校，他們立即欣然允諾。因此後來饒公每次要來學校，我就與書院的秘書聯繫，提前為他安排車輛，這就為饒公省卻了許多時間和精力。

饒公是當今世界上著名的國學大師，常與錢鍾書、季羨林並稱為「南饒北錢」或「南饒北季」。當上饒公的學術助手之後，我想對他的學問不熟悉，是不是也需要改行。有一次我就問他，「饒公，您的研究領域我真的是一竅不通，既然之後要做您的助手，我是不是也要改行，學一些敦煌學和甲骨文方面的東西呢？」饒公果斷地打消了我的疑慮，他很直接地說，「你的年齡也不小了，改行並不是件容易的事，何況你在民國史的研究方面已經有了一些成績，不要半路出家，更不要半途而廢」。他建議我在幫助他完成日常交代的工作之後，可以繼續走自己的學術道路。在這之後，他更鼓勵並支持我在中大一邊工作，一邊攻讀博士學位。如果說我今天在學術上能夠取得一些成績的話，那都是饒公對我的大度與寬容分不開的；後來饒公又為拙作《讀檔閱史：民國政事與家族利益》和《董浩雲與中國遠洋航運》賜題書名，這都是對我學術成績的肯定，對此我無比感恩。

就在我剛就職之際，由國際知名學者王賡武、余英時、汪德邁、屈志仁、馬幼垣、清水茂、陳方正、陳學霖、趙令揚等九位教授發起，組織了一個編輯委員會，計劃為饒公出版賀壽文集，具體聯絡工作由陳方正所長和西雅圖華盛頓大學的陳學霖教授（數年後他就到中大歷史系任系主任兼講座教授，並長期擔任《中國文化研究所學報》的主編）兩位負責，香港潮州商會則慨然出資贊助，因我剛來所任職，所以具體的編輯工作就由我一人承擔。為饒公祝壽撰文的學者皆為國際知名的大家，或是饒公的門生故舊，他們中的

華人學者（包括外籍）有季羨林、柳存仁、周紹良、宿白、李鑄晉、李學勤、王堯、王賡武、劉子健、冉雲華、羅忼烈、童恩正、趙令揚、陳學霖、馬幼垣、陳炳良、何沛雄、馬泰來、蕭虹等，以及日本學者岡村繁、田仲一成、池田末利、川口久雄、清水茂、福井文雅，還有歐美學者 Noel Barnard（巴納）、Donald Holzman（侯斯孟）、David R. Knechtges（康達維）、Victor H. Mair（梅維恆）、R. A. Stein（石泰安）、Leon Vandermeersch（汪德邁）、Kristofer Schipper（施舟人）、Andre Levy（雷威安）、Daniella Eliasberg（艾里）、Jen A. Lefeuvre（雷煥章）等等，論文更包括中、英、日、法等多種文字，這也說明饒公已成為當時國際公認，「導夫先路」的學術大師。雖然我對各位大家的學問可以說是茫然無知，但能在編稿過程中經常有機會與他們通信聯繫，亦是我學術生涯中一段難得的經歷。

1992 年，論文集基本編輯完成，恰逢饒公七十五歲大壽，所以遂將其命名為《慶祝饒宗頤教授七十五歲論文集》，並恭請季羨林教授題寫書名，柳存仁教授撰述序言。這部大紅顏色封面的文集喜氣洋洋，又有那麼多海內外著名教授撰文為饒公祝壽，更是學術界的一件盛事。記得饒公為此曾親自在香港著名的素菜館功德林設宴，感謝潮州商會各位會長及在港學人的鼎力支持，我亦叨陪末座，與有榮焉。

作為饒公的學術助手，我的工作主要就是幫助饒公整理著作，包括謄寫、整理、校對和編輯他的手稿，查證引文，收集資料，統計出版論著和外出訪學等記錄，還要注意收集其他的相關資料及學術資訊供他參考，再有就是接聽電話，所有往來信件代拆代行，隨時電話向他匯報，有些信件就直接替他回覆。除此之外，還要負責他各種對外事務的聯絡，並安排他外出開會講學等事宜。饒公一般每週到中大來一兩次，平時若不外出，都會在家中撰寫論文。饒公

平時不大應酬，晚間睡得較早，但他凌晨三點鐘就起身寫作，十分勤奮，寫作中若遇到要查詢什麼資料，便打電話給我，要我到圖書館或所裏的參考閱覽室去查找。饒公年事雖高，但記憶力驚人，這可能是與他從小就練就的一身童子功有關，平時他要查找資料都能清楚地指出版本、卷數，甚至出版地及年月，否則憑我這點國學的基礎，很難完成他的要求。

饒公讀過的書可謂過目不忘，他特別注意閱讀新近出版的著作和各類學術期刊，因而能及時掌握最新的學術動態，他閱讀的速度極快，但看問題卻是一針見血，切中肯綮。這麼些年隨侍饒公左右，雖然對他老人家的學問知之甚少，但他的做事態度和研究方法卻讓我深受啟發，而他的勤勉的治學精神和精湛的學術思想更永遠銘記心中。

饒公雖然退休，但他真是退而不休，我曾替他統計過，退休後發表的論文及著作，遠遠要比退休前多得多，這是與他日積月累的真功夫有關。而他退休時正好趕上國家對外開放，這就讓他有機會回內地參觀大量新出土的文獻與實物，為他撰寫學術論文提供了最有益的資料。因此我的另一個工作，就是為他編輯和校對眾多開會的文稿，整理和出版各類文集。此時饒公已退休 10 多年了，可是他厚積薄發，退休後出版的論著一本接一本，光是這些年我為他編輯校對的著作大致就有《文轍：文學史論集》、《畫顙：國畫史論集》、《梵學集》、《饒宗頤史學論著集》、《新加坡古事記》、《中國史學上之正統論》、《老子想爾注》、《文化之旅》、《符號‧初文與母字 ── 漢字樹》、《古史之斷代與編年》等等，至於論文之多就更加不用說了。

我到研究所工作一年後，原來在安徽博物館工作的沈建華小姐從日本應饒公之召喚，也來到研究所工作。建華的父親是原上海博物館館長沈之瑜先生，精通古文字，早就與饒公相識並合作。建華

自小就在父親的指導下自學甲骨文，1983 年曾應饒公之邀，來中大協助饒公工作過一年。後來她到日本遊學，並與饒公合作編輯《甲骨文通檢》。1991 年 10 月她再度來到中大，就是得到利榮森先生的資助，繼續他們之間的合作。此後長達 17 年，我就與建華一起為饒公工作，兩人配合得十分有默契。在古文字與其他學術問題上，建華發揮了重要作用，我則主要還是收集資料，編校文稿，同時負責饒公的對外聯絡，遇有重要的事情便報告饒公，並按他的指示執行。與此同時我們還負責接待到訪的學者，為饒公安排外出開會或訪問等事務，統計每年參加的學術活動，並編製出版目錄。

饒公每週來中大時與我們談話都是談笑風生，對我們而言，他就是一位慈祥可親的長者。在我與饒公接觸的這麼多年時間裏，從未見過他生氣，他總笑稱自己是「老頑童」，因為生性對所有的新事物都充滿好奇心，都想嘗試去做，因此又是一名「開荒者」。而且他還擅長詩書琴畫，眾人讚他「學藝雙攜」，誠為當世學人中罕見的國學大師。然而有兩樣事饒公不曾去做，那就是不刻印，不下棋。饒公並沒有告訴我們他為何不鈐印的原因，但為什麼不下棋呢？饒公說，那是因為下棋有輸贏，心中就會有反應，不好。

我的研究領域是近代史，與饒公所涉及的學術範圍相距甚遠，所以在工作上只能是為他收集資料和整理文稿，作些輔助工作，這些在前面業已提及。由於我經常與饒公聊天，所以對饒公的人生經歷與學術活動，以及他與學界的交往比較熟悉，亦曾寫過幾篇小文，並以此參加學術會議。如〈聞風相悅的知音 —— 記饒宗頤、蕭萐父的學術交往與詩詞唱和〉（《鏡報月刊》2003 年第 7 期，頁 44-46，又載郭齊勇、吳根友編：《蕭萐父教授八十壽辰紀念文集》，湖北教育出版社，2004 年）；〈饒宗頤教授與香港的學術淵源〉（《廈大史學》第 2 輯，2006 年 3 月，該文曾提交香港浸會大學近代研究中心與香港中國近代史學會主辦「香港史家與史學研討會」論文）；

〈饒公與敦煌吐魯番研究〉（《華學》第 9-10 期合刊第三冊，上海古籍出版社，2008 年，該文係提交香港大學、香港中文大學等主辦「慶祝饒宗頤教授九十華誕國際學術討論會」論文）。並整理及編製了饒公歷年撰寫有關敦煌吐魯番的學術論著，發表在《敦煌吐魯番研究》第八卷（北京：中華書局，2005 年）；後來又經王鵬增補，再刊《敦煌吐魯番研究》第十八卷（上海：上海古籍出版社，2019 年）。前些年香港中華書局要重刊饒公的《選堂集林·史林》，我亦從中協助，並向趙東曉、李占領二兄建議為饒公出版敦煌學專集，同時提供相關的論著目錄，他們亦欣然同意。

2006 年，港大、中大等香港八家大學為慶祝饒公九十華誕，準

圖二：饒公榮獲中大榮譽博士

備在香港召開一個隆重的學術會議。我也想藉這個機會，為饒公祝
壽做點事兒，雖然在學術上幫不了什麼忙，但我對饒公的經歷以及
學術論著還是比較熟悉的。饒公平時論著極豐，出版前多會撰寫序
或跋，為出書的背景及目的作一說明；同時他又經常應後輩學者的
請求，為他們的著作撰寫序言。這些序跋本身就是一部極為生動的
學術史，因此我向饒公提議，盡可能收齊他曾發表過的序和跋，饒
公非常贊同我的提議，支持我出版，這一建議又得到北京中華書局
總經理徐俊兄的支持，終於趕在饒公的祝壽會前出版。雖然收錄時
有些遺漏，但饒公對這部《選堂序跋集》的出版還是十分滿意的，
經常對人提及此事；對我來說，這也是我為他九十華誕所做的一點
貢獻。

　　饒公平時的文字寫來都很隨意，經常想到什麼就隨手寫在一張
紙上，尤其是詩詞，常常心有所思，便信手寫來。我就盡可能將他
隨意寫下的詩詞、楹聯等文字收集起來，存入電腦中。後來我與深
圳的海天出版社聯絡，將他以往出版及尚未發表的詩詞輯為一書，
書名即叫《清暉集》，其中也刊登了我日常為饒公收集保留的 60 多
首詩詞。

推動內地學術交流

　　饒公退休之時，正是內地結束「文革」動亂之際，國家不僅
在經濟上實施改革開放的基本國策，在文化教育方面也開始面對世
界，歡迎來自世界各地的學者到中國進行學術文化交流。饒公作為
國際著名學者，首先就被列入邀請名單。

　　1979 年 9 月，饒公首先應中山大學之邀，前往廣州參加全國第
二次古文字學會議，這是他闊別內地 30 年後第一次踏上故鄉的土
地，廣東省的領導吳南生書記還親自設宴歡迎，希望他今後多到內

地走走，這一切都是那麼美好，這一切又都是那麼親切。會後他真的迫不及待地前往湖南，參觀和考察出土不久的馬王堆文物，並前往汨羅江，憑弔仰慕已久的偉大詩人屈原。第二年9月，饒公又應邀赴成都參加全國古文字研討會，接着又往武昌參加全國語言學會議，在會議中饒公結識了許多內地優秀的學者，而他在會議中宣讀的論文更引起內地同行的讚譽。

這次回到內地對饒公來說收穫最大的就是在各地的參觀訪問，在國家文物局的安排下，由中山大學中文系曾憲通老師陪同，饒公得以在會議期間和會議之後暢遊神州大地，歷時三個月，行程數萬里，足跡遍及十四個省市，飽覽祖國大好河山，更看到眾多新出土的珍貴文物。新中國成立以來，全國各地考古文物不斷被發現，饒公此行先後參觀了33個博物館，所到之處，都受到熱烈歡迎，各地博物館都將最新出土的文物展示出來。饒公常說「地不愛寶」，祖國之行使饒公大飽眼福，大開眼界，同時更讓他煥發了學術青春。新出土的文物和史料進一步證明了傳統文獻中的記載，饒公廣徵博引，厚積薄發，大量的論著不斷發表，真知灼見更比比皆是，因而這一時期也成為饒公學術史上最豐碩的收穫季節。

在這之後，饒公更是經常到內地參觀遊覽，足跡踏遍大半個中國，許多地方還不止一次前往。與此同時，饒公的學問及成果亦越來越為內地學人所了解，自1982年起，他就被聘請為歷屆國務院古籍整理小組顧問暨全國高校古籍整理委員會顧問，先後被北京大學、南京大學、復旦大學、浙江大學、中山大學、武漢大學、廈門大學等內地一流的高等學府聘為名譽教授，中國社會科學院歷史研究所、敦煌研究院亦相繼聘請他擔任客座研究員，就連北京續修《四庫全書》、上海編纂《全明文》、四川編輯《甲骨文獻集成》、甘肅整理《簡牘文書》、浙江出版《敦煌文獻》、北京大學《儒藏》等大型文獻，都聘請他出任編委會名譽主編或顧問。2000年7月，

國家文物局和甘肅省人民政府向他頒發「敦煌文物保護研究特殊貢獻獎」，以表彰他在敦煌學研究領域上的卓越貢獻。

饒公在內地受到學術界的推崇，他也同樣致力於推動內地的學術研究。香港作為一個國際大都市，中西文化融匯貫通，同時又是通往國際的窗口，因此饒公特別注意發揮香港這一特殊的作用。他還利用個人的魅力及其影響，親自籌款策劃，在香港召開各類國際學術研討會，並擔任大會的主席，如敦煌學（1987、2000）、古文字學（1983、1993、1998、2003）、潮學（1994、2001）等等，每次會議都廣泛邀請海內外學者出席，這對於剛剛打開國門的內地學者來說影響極大，使他們得以了解學術界的最新動態。

饒公退休之後除了進行個人的研究外，更將精力轉移到推動內地學術研究的進展上。他利用香港這一有利的環境，充分發揮他個人的魅力和聲望，籌集資金，舉辦國際會議，組織研究中心，邀請內地學者訪港，進行學術交流，創辦並主編大型學術刊物。建華和我接待過的就有胡厚宣、鄧廣銘、劉起釪、唐振常、李學勤、裘錫圭、周勛初、朱維錚、姜義華、陳允吉等眾多內地著名學者。為了推動敦煌學的研究，饒公先後在香港主編了兩期《九州學刊‧敦煌學專號》，發表了國內外眾多學者的論文；其後饒公又聯絡了香港中華文化促進中心等機構，再與內地學術部門合作，主編《敦煌吐魯番研究》和《華學》，在學術界產生深遠的影響，目前它已成為衡量國際敦煌吐魯番學研究學準的重要刊物。

早在 80 年代初，饒公就有計劃通過邀請內地學者來港工作，對新出土的文獻資料進行有系統的深入研究，其中最著名的事例就是他在香港中文大學主持古文字的研究計劃和設立敦煌吐魯番研究中心。

饒公在他個人多年的學術生涯中逐漸形成了一個設想，那就是將中國近百年來古代出土文獻（甲骨文、金文、簡牘、吐魯番文

書、敦煌文獻等）中的有關史料加以收集彙編，以補充司馬光所著
《資治通鑑》之不足，同時再出版有關敦煌吐魯番學的系列著作。
這一宏大的學術構想終於得以實現，由他主編的「補資治通鑑史料
長編稿系列」和「香港敦煌吐魯番研究中心叢刊」兩套大型叢書由
台灣新文豐出版公司陸續出版，得到學界的一致讚揚。饒公發揮他
的影響力，爭取香港中華文化促進中心等單位和個人的贊助，饒公
本人還將他的稿費和潤筆捐贈這一計劃。香港中文大學新亞書院更
是全力支持饒公的這一計劃，同意將香港敦煌吐魯番研究中心設在
新亞書院，饒公並將他自己多年來珍藏的有關敦煌吐魯番學的專書
和刊物存放在中心，十多年來，這個中心先後接待了眾多學人。

　　1990 年代初，這項宏大的計劃開始實施，饒公以香港敦煌吐魯
番研究中心為基地，每年定期邀請內地的優秀學者來香港進行三至
六個月的訪問，充分發揮各位學者的研究特長，分工編撰。這樣既
可以讓他們能夠在一個安定的環境下靜下心來專研史料，同時更可
以耳濡目染，在饒公的具體指導下從事相關的學術研究。在這期間

圖三：與郝春文、李零、沈建華和饒公合影於辦公室

先後擔任新亞書院院長的梁秉中教授和黃乃正教授都不遺餘力地支
持饒公的事業，書院的其他同仁也為每位來訪的學者創造了良好的
工作環境和生活條件。實踐證明，香港敦煌吐魯番研究中心的成立
對於推動香港與內地的合作和學術發展是一種極為有效的方法，因
而得到學界的一致讚譽，同時它也更加密切和加強了香港與內地學
者的學術聯繫。

　　十多年來，內地的學者輪流更換，其間來訪的學者包括資深教
授如中山大學的曾憲通、姜伯勤、陳煒湛，中央民族大學的王堯，
四川大學的項楚，武漢大學的陳國燦等；更多的則是年富力強的中
年學者，如北京大學的榮新江，吉林大學的吳振武，浙江博物館的
曹錦炎，國家文物局的胡平生、李均明、鄧文寬，故宮博物院的王
素，北京理工大學的趙和平，陝西省文物研究所的王輝，浙江大學
的張涌泉，首都師範大學的郝春文，廈門大學（後調到復旦大學）
的劉釗，中山大學的劉昭瑞、陳偉武，湖南博物館的陳松長；還有
更年輕的後起之秀如北京大學的陳明、復旦大學（後調入浙江大
學）的余欣等等，如今他們都早已成為享譽國際學界的著名敦煌學
或古文字學的專家。隔行如隔山，我雖然與這些學者年齡相仿，但
所研究的專業不同，只是因為饒公的關係而相識相知。他們相繼應
邀到中大進行學術訪問，短則三個月、長則半年或一年，他們在香
港的這段時間裏，饒公亦必定每週到大學來，我與建華就通知他們
提前在辦公室恭候。饒公既談學問，又談人生，中午大家又一起到
范克廉餐廳用餐，那些日子，我們每星期都盼望這一天的到來。由
於這一淵源，我與這些學者也建立了深厚的聯繫，以後我到北京如
有時間，都會與敦煌吐魯番學會的眾位成員一聚。記得 2010 年我
到浙江大學參加「蔣介石與近代中國」學術會議，閉幕式在奉化溪
口舉行，沒想到在妙高台突然見到多位在杭州參加敦煌吐魯番學會
年會的老朋友，他們會後也來溪口遊覽，多年來未曾相見，竟在這

裏不期而遇，分外驚喜。

與此同時，饒公還得到他的老朋友，泰國著名銀行家鄭午樓博士和台灣出版家高本釗先生的鼎力支持，由饒公親自掛帥，主編出版「香港敦煌吐魯番研究中心叢刊」及「補資治通鑑史料長編稿系列」兩套大型叢書共 20 餘冊，由台灣新文豐出版公司出版。饒公為研究的總體思路及框架設計方案，悉心與到訪學者切磋學術，他不僅親自參與其中部分專書的撰寫，還認真地閱讀每位學者的著述，指明研究的重點以及需要重視的問題，並為他們的每一部新著撰寫序言，這並非普通的應景之作，而都是一篇篇充滿新知灼見的學術論文。這兩套大型叢書的出版在史學界引起了極大反響，同時也開創了兩岸三地合作的一種嶄新模式。

陪同饒公的幾次出行

在擔任饒公助手期間，我曾有幸多次陪同饒公外出參觀和訪問學術機構，以及出席他在北京、上海等地舉辦的個人書畫展，其中有幾次印象特別深刻。

1990 年代以來，內地有許多高校和學術機構都曾向饒公頒授過名譽職務，南京大學是我的母校，我自然也想為此出點兒力。我曾將此意向南大歷史系的茅家琦和蔣贊初等幾位老師提出，他們十分贊同，即與校領導溝通，並得到蔣樹聲校長和其他校領導的積極響應。1999 年春天，南京大學為表彰饒宗頤教授在國學研究中的卓越成就，特來函聘請他擔任南京大學的名譽教授，並決定於校慶前夕的 5 月 18 日在南大舉行隆重的頒授儀式。

自 80 年代以來，饒公已來過南京多次，與南大中文系的程千帆、周勛初、卞孝萱以及歷史系的茅家琦、蔣贊初等許多知名教授時常聯繫，互有來往。1998 年，也是在這春光明媚的日子裏，饒公

曾到南大訪問，南大歷史系的教授出於對饒公的景仰，破例將珍藏多年、久未示人的國寶《勘書圖》（又名《挑耳圖》）拿出來請饒公觀賞。《勘書圖》是五代南唐畫家王齊翰創作的絹本設色畫，畫中人物形神兼備，畫法高超，畫上還有宋徽宗趙佶親筆題字，以及蘇軾、蘇轍、董其昌、文震孟等歷代名家之題跋，極為珍貴，可以說是南大博物館的鎮館之寶。饒公觀賞之際詩興大發，即席詠嘆：「金陵流連，飽覽寶物，最後得見勘書圖，二蘇兄弟、王晉卿題跋皆在焉，喜賦。」其詩曰：「磚鐫搔背溯南齊，挑耳還驚滿宋題；連日摩挲雙至寶，墨緣長願此幽棲。」

這次訪問南京的時間雖然很短，而且只有饒公的女兒清芬小姐與我陪同，但是饒公卻顯得特別興奮。5月17日下午抵寧後剛剛下榻南大專家樓，饒公顧不上休息，就由南京大學歷史系教授、著名的六朝考古學者蔣贊初教授陪同，先去參觀顏魯公祠，接着就到清涼山公園遊覽。清涼山的掃葉樓是清代著名金陵畫家龔賢的舊居，饒公自幼就習金陵畫派，對龔賢十分仰慕。聽蔣教授說虎踞關就在清涼山附近，饒公笑着說，「怪不得龔賢自稱是『虎踞關前客』，原來虎踞關離掃葉樓這麼近」。他即興擬出對聯一首：「重尋虎踞關前客，喜作雞鳴寺裏人。」這正道出饒公此時此刻的心情。而且，饒公回到香港後即寫下這幅對聯，並將墨寶書贈南京大學留念。

第二天上午蔣老師又陪同饒公參觀南京市博物館。此時南京市博物館為慶祝南京解放五十周年而主辦的「出土文物展」和「六朝風采專題展」剛剛開幕，在市博領導的陪同下，饒公興致勃勃地參觀了近年出土的大量珍貴文物，其中絕大部分都是首次展出。南博還將館藏竹林七賢磚畫的拓片贈送給饒公，這也是南博的鎮館之寶呀！

當天下午，南京大學在知行樓為饒公舉辦了隆重的頒授名譽教授儀式，校領導宣讀聘授決定，並頒授聘書，南京大學著名學者

圖四：演講後饒公即興揮筆，為南大留下墨寶

程千帆、茅家琦、蔣贊初、周勛初、董健等教授和文學院的百餘名師生出席儀式。頒授儀式結束後，饒公又以「繪畫藝術與佛教的因緣——明清之際禪畫南傳與海外文化交流」為題發表就職演講，饒公風趣的言語，淵博的知識，將宗教與藝術有機地結合在一起，博得了全場聽眾一陣陣的掌聲。演講結束後，南京大學又準備了筆墨，懇請饒公留下墨寶。只見饒公略一思忖，拿起筆來，一氣呵成寫下這首〈念奴嬌‧再至金陵用陳同甫韻〉：「龍蟠虎踞，佳麗地、豈比尋常遊賞。看鬱蒼蒼，更寂寞、沈霧諸陵相傍。江闊天長，冶城新柳，依舊神京樣。祠堂喬木（黃昏謁顏魯公祠），池邊時聞清唱。來去學海浮槎，地靈人傑，自作千秋想。形勝山川今邁古，登覽未應惆悵。燕子不來，石頭無恙，信美生悲壯。六朝風采，更饒盛事還往。」

我一直陪侍饒公左右，更用照相機將饒公演講及書寫的情景拍攝下來，留下一個珍貴的歷史影像。

2000 年為了紀念敦煌藏經洞發現一百周年，在香港中華文化中心的大力支持下，饒公在香港召集和舉辦了一個國際學術研討會，

邀請來自世界各地的著名學者匯聚香江。會後原班人馬再飛到敦
煌，參加由甘肅省與文化部聯合舉辦的紀念活動，我有幸在香港參
加會議，會後再陪同饒公去西安和敦煌。在會上甘肅省政府和國家
文物局特向他頒授「敦煌文物保護、研究特別貢獻獎」，文化部孫
家正部長也親自會見饒公，由此可以看到他在敦煌學界所享有的崇
高地位。會上來自國內外學者向饒公祝賀問學，提交的論文更是百
花齊放，顯示出敦煌學研究的一片新氣象。饒公興奮至極，隨手寫
下一首七絕：「老去彌知考信艱，重鎚待問三危山；百年事業藏經
洞，光焰長留天地間。」會議期間又到鳴沙山遊覽，饒公也興致勃
勃地一起去了，還和我們一起爬上山，回來後即信筆寫下一首〈重
到鳴沙山〉：「北寺能容百丈佛，西關曾貢雙頭雞；情牽欄外千絲柳，
不怕鳴沙沒馬蹄。」我即將他寫的詩保留下來，成為他此次重遊敦
煌的歷史見證。

在會議期間，樊錦詩院長特地安排了一輛車，送饒公到榆林
窟去參觀，車上除司機外，還有饒公、清芬、單周堯和我四人。榆
林窟距離敦煌 170 多公里，位於甘肅瓜州縣城南的榆林河峽谷中，
與莫高窟並稱為姐妹窟，也隸屬於敦煌研究院，但因交通偏僻，遊
客極少。那時的交通極不便利，電話線也沒有鋪設，手機更沒有信
號，與外界聯絡只能依靠電台。我們一路上在一望無際的戈壁灘上
行駛，不要說人，就連一輛車都看不到。我當時還想，萬一車在半
道上出點事，連求救信號都發不出去怎麼辦？中午車到榆林窟，下
車後只見一片荒漠，只有一塊石碑，上面寫着「榆林窟」三個大
字，直到下了河谷，才見到榆林窟的真面目。

因為事先無法通知，榆林窟的職工見到我們這群不速之客都感
到很驚奇，但一見到饒公，負責人馬上就認了出來，立刻迎上前來
表示歡迎，並立刻安排炊事員下了一鍋手擀麵，可見饒公在敦煌學
界的地位是多麼有名。飯後饒公不顧旅途勞頓、興致勃勃地跟隨導

遊觀賞那無與倫比的壁畫和美輪美奐的雕塑，要不是司機多次催促天色已晚，必須趕回敦煌的話，他還真的不想走呢！

饒公不僅是一位享譽國際學界的國學大師，他還是著名的書畫藝術家，自上世紀 80 年代以來，他就經常在各地舉辦個人書畫展。尤其是進入新世紀以來，他的藝術生涯更達高峰，我也曾跟隨他出席過在北京、上海、廣州、深圳等地舉辦的多次書畫展，而令我印象最深的，就是他在中國美術館舉辦的那次畫展，這也是他一生中最後一次舉辦並親自出席的公開展覽。

自 2016 年起，饒公的「蓮蓮吉慶」荷花作品開始在各地巡展，2017 年 6 月 27 日，畫展在巴黎古色古香的彤閣開幕，饒公以百歲高齡親自前往法國出席，誠為藝壇一段佳話。我當時正在美國探親，未能陪侍前往，亦為憾事。著名雕塑家、中國美術館吳為山館長與饒公相識多年，對饒公的學術文章無比欽佩，其創作的饒公塑像栩栩如生，與但丁像相對，置於香港中文大學圖書館的二樓大廳。饒公極為欣賞，因而步杜詩韻書贈為山，詩云：「為我塑幽姿，妙手臻靈境；獅山兀相向，池月印微影。胸寬象緯近，心同壺冰冷；留像對但丁，前事堪重省。」為山兄與我也是多年好友，他聽說饒公新近在法國舉辦畫展，便有心要在中國美術館為饒公舉辦一次畫展，囑我一定要將此意面告饒公。

9 月 29 日我到饒公府上，將吳館長的邀請告知饒清芬小姐，我說饒公雖然已在北京的故宮博物院和國家博物館等處舉辦過畫展，但中國美術館是中國美術界的最高殿堂，饒公畫展應在這裏舉辦，這也是為山館長的盛意。清芬深以為然，在與鄧偉雄博士商議後即作出決定。關於畫展日期，最初商議為 2018 年的金秋時光，後又說可以於春季進行，最後還是吳為山館長當機立斷，10 月份北京要召開十九大，那就安排在 11 月中下旬舉行。經過雙方的共同努力，中國美術館臨時撤換原有安排，決定在最寬敞的三樓大廳佈

展，在短短的一個多月時間，就將各種手續辦妥，饒公還饋贈「蓮蓮吉慶」四聯幅等十幅珍貴作品予中國美術館作為永久珍藏。

11月17日下午，饒公飛往北京，饒公家人以及香港各界數十人陪同前往，我也忝居其列。北京已入初冬，氣候較香港寒冷許多，吳為山館長等早已在首都機場貴賓處迎候。在機場迎賓室我正在與為山兄談話時，他突然接到劉延東副總理的電話，說是明天她有公務外出，不能參加開幕典禮，所以特地趕在今晚前往美術館看望饒公。這樣我們就改變了原訂到酒店休息的計劃，直接前往中國美術館，劉延東副總理、中宣部黃坤明部長等一行已在門口迎候，向饒公到訪北京表示親切的問候，並預祝展覽舉辦成功。接着劉延東副總理和黃坤明部長還興致勃勃地參觀了畫展。

11月18日上午，饒公的「蓮蓮吉慶」畫展在中國美術館三樓大廳開幕，饒公端坐中間，全國政協、文化部、國務院港澳辦等機構的多位領導親臨出席，饒公的新交舊識及各界觀眾擠滿整個大廳。吳為山館長的開幕辭充滿激情，盛讚饒公畫展「荷風清香，文意浩蕩，人藝俱老，詩情漾溢」，而饒公此次在北京舉辦畫展，這不僅是「藝界盛事，文壇佳話」，更是「新時代文化凝聚力的表徵」。

為饒公作口述史

作為饒公的學術助手，親眼所見他在退休之後仍致力於學術，厚積薄發，退休後所發表的論著數量之多，質量之高，令人讚嘆。同時我又常想，饒公如果能將自己一生的學術經歷和追求，以及對如何繼承和發揚中國傳統文化的設想寫出來，那對於學術界的影響和作用，為後代學人指引方向，恐怕要比發表幾部著作重要得多。我也曾多次向饒公說出我的想法，希望他能抽出時間，對自己的一生學術道路作一回顧，但他只是笑笑，並沒有應承。也有不少學人

曾毛遂自薦，要為饒公寫傳，但他同樣也是予以婉拒。我想，這可能是他以為自己身體仍十分健康，對於未來的學術還有更多的計劃尚未完成，還沒有到總結學術史的時候，也可能是他還沒有找到一個認為能為他寫傳記的合適人選。

1994 年秋，華東師範大學胡曉明博士得到香港的大學基金會贊助前來香港訪問，他選定的題目就是對饒公的學術思想作一深入的採訪。曉明兄是王元化先生的博士，他不僅深諳中國文化的傳承，而且文字功夫十分了得，饒公欣然接受他的訪問，先後進行了多次錄音，我和建華亦予以配合，終於完成《饒宗頤學記》這部訪學記，這也是學界對饒公學術貢獻所作的第一篇全面記錄。除此之外，饒公還應北京和台北學者的邀請，分別寫下〈我與敦煌學〉和〈我與史語所〉等幾篇文字，對自己的學術史予以回顧。

台北的新文豐出版公司的老闆高本釗先生是山東人，非常豪爽，對饒公的學問十分欽佩，亦承擔「香港敦煌吐魯番研究中心叢刊」及「補資治通鑑史料長編稿系列」兩套大型叢書的出版。新世紀初在一次晚宴中，他聽說饒公有意將其二十世紀所發表的各類文字統統收集出版，便慨然應允。這個文集的工作量極大，專門有一批人擔任編輯和校對，但饒公仍不放心，很多事都要親力親為，結果在異常忙碌之下，饒公突然中風。雖然之後經醫生及時治療及良好的休養，健康恢復得亦較順利，但他那時畢竟已是 86 歲的老人，一場大病之後，身體狀況明顯不如以往了，自那以後，饒公來中大的時間也比以前少了。

香港中文大學圖書館前些年就開始進行一項口述史的研究計劃，饒公自然是他們早就想訪問的對象。2009 年底，大學秘書長梁少光先生籌措到一筆經費，計劃為饒公進行口述採訪，大學圖書館和研究所決定，這項採訪就由我來負責。大學的這番好意得到了饒公和他的女兒清芬小姐的贊同，他們也認為由我來承擔這一工作較

為合適。

我自 1990 年開始擔任饒公的學術助手，說來慚愧，對饒公博大精深的學問知之甚少，然而與饒公接觸多年，平時言談身教，耳濡目染，對他的學術生涯、學界交往較為了解，因此我想口述史就從這方面入手。先擬定了一份比較詳細的訪問提綱，以問學、聊天的形式進行，輕鬆隨意，不拘形式，希望能以各種方式激活饒公的記憶，讓他有興趣、有耐心回答和講述他的故事。每次採訪之前要做好各項準備，熟悉饒公的學術經歷、人際交往以及治學特點，預先確定一個訪談範圍，當訪談過程中出現其他話題時，可隨機應變，不一定強求按照既定內容進行。採訪內容基本上以饒公的學術生涯為線索，特別注意對饒公的治學特點、學術交往、學術貢獻等方面進行全面的總結。訪談以本人為主，必要時亦邀請相關學者一道去進行採訪。

我擬定的採訪大綱大致分為以下幾個部分：

一、學術歷程。包括家世與早年生活，廣州中山大學，與香港的初次結緣，廣西無錫國專時期，抗戰勝利後的活動，定居香港，就職香港大學，任教新加坡大學，香港中文大學，重返內地的學術之旅；

二、學術交往。包括禹貢學會與顧頡剛，王雲五與葉恭綽，與香港學者的交往，與日本學界的交往，在歐洲的學術活動，在美國的學術活動，與印度的學術淵源，與台灣及內地學者的學術交往，如何推動學術發展；

三、學術成就。分為歷史學、敦煌學、宗教與禮制、考古與金石、文學史及文學評論、中外文化交流、治學方法與特點、二十世紀學術文集、對中國文化的展望；

四、學藝雙攜。包括詩、詞、賦、句，書法，琴藝，學者畫等。

口述史的採訪自 2010 年 3 月開始，平均每月進行二至三次，每次事先與清芬商議決定，一般都是我下午 4 點鐘左右到饒公位於跑馬地的家中，此時饒公剛剛午睡起身，精神尚佳。每次採訪清芬都在場，她不僅可以隨時提及訪問的要點，而且還能糾正一些史實的判定。

饒公是當今國際著名的學術大師，他是一個百科全書型的學者，他不僅學藝雙攜，而且傳統的國學幾乎每一個種類都有很深的造詣。對饒公進行口述史的訪問，目的就是希望將饒公的治學經驗向後代予以介紹，讓他們看到饒公的治學道路後會有所啟發，將他的治學經驗與體會傳給大家，包括他的學術交往、學術成長。採訪的目的就是要研究饒公在中國當代現代學術史上的地位，為什麼有出現這個現象，饒公與現代的歷史承傳有什麼關係，更重要的是，饒公是中西文化交流的重要人物，不單單是西學東漸，而且還對東學西漸發揮了重要的推動作用。因此饒公的學術史也正是二十世紀乃至於當今的學術發展歷史，完全可以成為饒學研究的一個重要組成部分。

然而口述訪問的內容未能達到預期的效果，首先是時間上不能保證每週一至二次，後來大約只是每月一至二次。其次是無法完全按照預定大綱內容進行，基本上是隨意性的訪談，有時會出現多次重複的回憶，雖然每次我都想盡量將話題拉回，但往往控制不了。第三是因為饒公年歲已高，特別是饒公的聽力嚴重衰退，雖然中大的威爾斯親王醫院為饒公安裝了助聽器，但效果並不明顯。開始時饒公還能主動地說些問題，但後來所說不多，主要是我與清芬的對談，饒公只是在旁邊傾聽，有時插幾句話。從 2010 年到 2014 年，前後共進行了 60 多次的訪問，每次大約有一個多小時，雖然都有錄音，事後亦進行整理，但說到要整理出版，尚存在很大的距離，這也是一件非常遺憾的事，而且更無法挽救。關於對饒公所作口述

的經過，我曾寫過一篇短文〈關於饒公口述史進展的簡介〉，提交由香港大學、香港中文大學等香港高校聯合舉辦之《饒宗頤教授百歲華誕國際學術研討會》（香港，2015 年 12 月），後載鄭煒明主編：《饒宗頤教授百歲華誕國際學術研討會論文選集》（香港：紫荊出版社，2016 年，頁 202-208），可供參考。

與饒公最後的兩次見面

著名數學家、哈佛大學的丘成桐教授與饒公是潮州同鄉，亦是清末愛國詩人丘逢甲（字滄海）後人，其父丘鎮英先生早年畢業於廈門大學，抗戰爆發後投筆從戎，上世紀 50 年代初曾在香港崇基等專上學院教授哲學，與饒公詩文往來，相知相熟。本世紀初，中文大學聘請丘教授出任偉倫講座教授，並兼任中大數學研究所所長。

丘教授不僅是享譽全球的數學大師，而且對中國傳統文化也是情有獨鍾，特別是古代詩詞造詣精深。他到中大後不久便輾轉找到我，希望能當面拜訪饒公，經我聯絡，得以成行。記得那天是曉陽慈善基金會創辦人林健忠博士親自派車到中大，接上丘教授和我一同到跑馬地的英皇駿景酒店與饒公吃飯，席間饒公回憶了與丘鎮英先生的交往，回答了丘教授的許多提問，一頓飯竟用了三個多小時，大家盡興而歸。其後不久，丘教授為其父生前遺存文稿編了一部文集，付梓之際，懇請饒公為之作序，饒公亦欣然應允。在序中饒公首先回憶他「執教香海，識滄海後人鎮英教授，以詩論交，既欣德之有鄰，又喜其能嗣家聲，為斯文彪蔚」，既感嘆其一生坎坷，更讚其晚年「振鐸香江書院，造就英才之暇，沽酒談經，傲睨時流」。序文最後特別提及：「余既佩成桐之成就，復感其孝思之篤，嘉成桐之能繼志述事，他日文事大成，與數學交輝，天人之

圖五：12 月 21 日，丘成桐教授在跑馬地寓所拜望饒公

圖六：饒公爲丘成桐教授書寫之對聯

業，相得益彰，當以洛下閎張平子期之。」

2017年饒公在北京舉辦畫展的那幾天，丘教授正好也在北京清華大學訪問，他很想在北京拜望饒公，但時間實在安排不了。後經我居間商定，待丘教授12月下旬回港期間安排時間專程拜訪饒公。

12月21日下午，我陪丘教授一行來到跑馬地饒公家中，原先計劃是共進午餐，但丘教授行程實在太緊，中午已約定與特區首長見面，當天下午就要飛離香港，只能抽空去機場之前拜望饒公。本來饒公飯後是要午睡的，但為了與丘教授見面，他就在客廳中等待，而且還在前幾日特地為丘教授書寫了一幅五字對聯：上聯「尋孔顏樂處」，集的是丘鎮英先生詩句；下款「拓萬古心胸」，則為陳獨秀年輕時所寫的座右銘。饒公雖已百歲高齡，但其書法仍秀骨自在，蒼勁有力，更難能可貴的是，這可能也是他老人家留給世間最後的墨寶了。

2018年1月25日，饒學聯匯在跑馬地的馬會會所舉辦2018年新春聚餐暨《蓮蓮吉慶　饒荷盛放圖冊》新書發佈會，畫冊收錄了饒公在內地、港澳及法國各地巡展的精彩畫面，餐前並播放一段饒公出席中國美術館畫展的影片。當晚饒公也出席宴會，並與眾多來賓握手合影。這些年我每次到饒公家都會拿手機與他合個影，但當晚人太多，我就沒有湊上去，只是在遠處給饒公照了幾張相。

餐後饒公先行離座，陳醫生推着輪椅送他回家，在他經過我們這一桌時見到我即向我伸出手，我也像往日一樣與他握手，感覺到他雙手還是那麼有力。這些年在香港每年的大年初一下午我都會前去饒公家中拜年，眼下距離過年還有十來天，我就在他耳邊說道：「過兩天我去看您。」他對我笑着點點頭，輪椅漸行漸遠，沒想到這竟成了永訣！

2018年2月6日凌晨，饒公在睡夢中逝世，走過了他101年輝煌的學術人生。雖說饒公已是期頤之年，可謂福壽雙全；安祥離

世，亦可稱功德圓滿，但聽聞噩耗，仍悲痛不已，饒公的音容笑貌頓時浮現在眼前。饒公去世後，電台、報社等媒體不斷來訪，香港和內地各界都相繼發來唁函輓聯。我自知不通平仄格律，但請好友王素兄代為撰寫輓聯，以寄託無盡哀思，並緬懷近 30 年來向饒公求知問學的這段恩澤。

追隨卅載，晨昏聞道，幾多謦笑音容，宛然成記憶；
徂逝瞬間，天地遺芬，無限情懷思念，惟自付欷歔。

本文根據《陌上草青：一個歷史學者的自述》

（香港：中華書局，2021 年）相關內容編選擴充而成

鄭會欣，現任香港中文大學中國文化研究所名譽高級研究員，香港中文大學歷史系暨香港理工大學中國文化學系教授（兼任）。1982 年畢業於南京大學歷史系，於中國第二歷史檔案館從事民國檔案與民國史的研究工作，1988 年返港定居，先後獲香港大學哲學碩士、香港中文大學哲學博士。自 1990 年起擔任饒宗頤教授的學術助手，同時亦繼續從事民國史的研究，著有《改革與困擾》、《從投資公司到「官辦商行」》、《戰時國民政府統制經濟與貿易研究》、《讀檔閱史》、《董浩雲與中國遠洋航運》、《日記中的歷史》等二十餘部專書，並在內地、香港和台灣重要史學刊物上發表學術論文及文章近二百篇。

饒公選堂大師
已「成佛作祖」略說
—— 兼懷與饒公之學術因緣

| 譚世寶 |

一、緣起

這幾年疫情不斷，余已退休，只能隱居珠海，閉門讀書寫作，鮮與海內外友朋見面往來，全靠手機、電腦、互聯網等工具互通音信，交流學術。本年 6 月 23 日晚，忽然先後接獲北京王素及香港鄭會欣兩位仁兄老友的推介邀請，為緬懷饒公提交文章。此於余乃義不容辭之事，當即應允，並草成此文。

二、余與饒公的學術因緣

回憶余與饒公之學術因緣，肇因於四十多年前。余在 1977 年末已經年屆廿七，中國內地恢復高考的首屆恩科考入廣州中山大學歷史系，在 1978 年春正式開始四年本科學習生涯，陸續撰寫和發表從先秦到太平天國的論文十多篇。三年級時修讀姜伯勤老師的敦

煌學課程，初「預流」敦煌學，便斗膽主動與日本權威敦煌學家池田溫先生通信，向他請教，其後並獲取其及有關日本學者的一些論著資料，經認真研究之後，自選題目及撰寫初稿，再由姜老師指導，完成修改定稿畢業論文《西魏大統十三年計帳戶籍（斯六一三號）文書之研究（初篇）》。此乃一介在學本科生，提出與日本前輩老師山本達郎《敦煌發見計帳樣文書殘簡》之文，及其學生敦煌學專家池田溫先生和一些中國學者論著不同的新觀點，在當時仍是「群趨」東鄰與西洋學國史的內地歷史學及敦煌學之「預流」者中，亦屬罕見。此文獲評為優秀畢業論文，授予學士學位，本人又成為本系中國古代史專業畢業生唯一留系任教者，並參與《中國歷史大辭典·魏晉南北朝分冊》的編纂工作。我原不打算繼續讀研究生了，孰料歷時三載，便面臨本科學歷在中大發展前景黯淡之憂。適得已經在山東大學王仲犖先生門下讀畢碩士的本科同窗室友袁剛兄極力薦舉，遂獲王先生之慧眼青睞，於 1984 年被先生破格由學士收為門下的博士研究生，此文全文也被收入先生主編的《歷史論叢》。雖然先生不幸於 1986 年 6 月 4 日突然去世，但余等王門弟子仍由學校安排田昌五、田余慶、鄭佩欣等先生繼續指導完成學業，至 1987 年 10 月，余以研究唐以前的佛教經錄之論文順利通過答辯，獲歷史學博士學位，[1] 為中國內地推行博士學位制度，以及開放佛教與佛學研究之後的首批佛教史學博士之一。因此，在本科至山大博士的學習研究期間，余已非常景仰饒公之學術成就與威名，讀其書而想見其人，無緣得見，而心嚮往之。

　　1989 年，余正式辭去廣州市社科院的助理研究員工作，回到離

1　此博士論文後增改為《漢唐佛史探真》（廣州：中山大學出版社，1991 年）獲中山大學歷史系的香港的前輩系友陳國基先生全額資助出版經費。

開近四十年的出生地香港，次年入香港理工大學中文及雙語學系再
當學生，攻讀哲學博士（主研漢語音韻學及悉曇學）學位。余之所
以選定此一研究課題，實因拜讀了饒公有關古漢語音韻文字與古梵
語悉曇文字學的論著，深知此乃絕學之絕學，當今獨有饒公專研並
有舉世無匹的開拓性新成果，[2] 而有步武饒公之志。有緣承蒙時任饒
公培養之碩士兼助手鄭煒明兄之推介引見，赴香港中文大學中國文
化研究所拜見饒公。由此得到饒公開懷接納，余始能借助友情關係
隨緣遇機，時能當面向饒公請益聆教。余後來能在悉曇學與古漢字
音學上發表一系列論文，並於 2000 年以《悉曇字音學的傳習與漢
字字音分析的發展的關係》獲授第二個博士學位，當然與時受饒公
沾溉與激勵嘉勉有關。尤其是回憶近三十年的饒門問學，余深感公
既是常人中之非常人，又是非常人中之常人，乃繼岑公仲勉先生之
後，當代「南學」的最高大宗師。余在 2016 年「紀念岑仲勉先生
誕辰 130 周年會議」發文說：

> 至今猶記上世紀九十年代中，姜伯勤先生給我提到，
> 陳寅恪（1890-1969）閱岑仲勉論著後，於 1933 年 12 月 17
> 日覆陳垣（1880-1971）函說：「岑君文讀訖，極佩（便中乞
> 代致景慕之意）。此君想是粵人，中國將來恐祇有南學，
> 江淮已無足言，更不論黃河流域矣」。姜先生還由此提及
> 香港饒宗頤先生是當今南學之代表。但是，其時中國大陸
> 學術界的北方學者乃至嶺南學者之主流，都受某些權威人
> 士的偏見影響，不承認乃至有意貶抑岑仲勉先生的成就。

2　參考饒宗頤的三本論著：1.《中印文化關係史論集·語文篇──悉曇學緒論──》，香
　　港：三聯書店，1990 年；2.《梵學集》，上海：上海古籍出版社，1993 年；3.《悉曇經傳：
　　趙宧光及其〈悉曇經傳〉》，台北：新文豐出版有限公司，1999 年。

圖一：向饒公呈送賀詩並請教

對饒宗頤先生的學術成就則是剛剛有所了解，也沒有足夠的研究認識。姜先生所傳陳寅恪對南學的卓識遠見之論，給筆者留下了極大的啟示和深刻的印象。現在饒宗頤先生為當代碩果僅存的國學大師，已經為學術界之主流公認。[3]

由於上文是在紀念岑先生的專文中連帶論及饒公，故有必要在此繼續展開論述饒公的偉大學術成就，已經成為當年陳寅恪先生對粵地之「南學」即將超越江淮以及黃河流域等地學術之預言應驗的最佳典型例證。

竊以為，用傳統儒家的人皆可為堯舜聖人話語評論，饒公之道德文章，乃始於其自小就接受家傳的四部之學，踐行先秦儒家「立德」、「立功」、「立言」的「三不朽」之說，以及宋儒張載「為天

3　譚世寶：〈略論天國佛教的迷信破滅與本地人間佛教的興起——兼評議岑仲勉先生之學術成就及其遭枉批之冤案〉，載《「紀念岑仲勉先生誕辰 130 周年國際學術研討會」論文集》（稿本）2016 年 11 月 26-27 日，廣州：中山大學，頁 18-37。

地立志，為生民立道，為往聖繼絕學，為萬世開太平」之說，早已超凡入聖，其於中晚年以後創立「饒學」而為當代開山立派的國學宗師；用惠能大師所開創的真正中國佛教之南禪宗之話語體系來評價定位，則饒公早已達到佛、道兩家之「大自在」，「心無罣礙」，「絕學無憂」，以學為樂兼創富養生之境，而「成佛作祖」了。

余初見公時，歲當不惑而仍處求學謀生之際，而公已年逾古稀，著作等身，名滿中華，而譽遍全球。公之所以接交甚多我輩少壯學者，當如詩聖杜甫自述云：「脫落小時輩，結交皆老蒼」，大大得益於自小與前輩老師結忘年之交，故能在中晚年時期不忘感恩之初心，不斷發揚光大這種以私人間「忘年之交」的師友關係，傳播學術的中國文化傳統。

三、蓋棺定論：饒公早已「成佛作祖」

余欲撰文論饒公早已「成佛作祖」久矣！沉吟至今，乃因早出此論，不合「蓋棺」方「定論」之傳統。且在饒公神遊之後，香港內外，同聲悼念。余悲欣交集，忙於撰寫挽聯挽詩悼文，當時所寫挽詩云：

中流自在心相通，萬古不磨意常同。
待後守先傳道統，開新返本振儒宗。
五重證據研經史，一字長編領國風。
人瑞百年雖笑別，仍揮淚雨送饒公。

挽聯云：

河嶽鍾靈，山大毓秀，饒公題刻意義萬古不磨，

守先待後，斯文在茲，學子銘記心魂千秋長傳。

如今饒公蓋棺已經四年，可以平心靜氣，草撰此一略說，欲為其作定論如下，就正於同仁方家。

1. 破除對陳寅恪大師有關「預流」及「預流果」說喻義的誤解錯用

對饒公的一些錯誤定論，源於中國敦煌學界乃至學藝各界，曾有幾十年流行對陳寅恪大師有關「預流」及「預流果」說之喻義的誤解錯用。持此類誤解錯用者或以能夠「預流」並獲「預流果」於敦煌學或其他某門學術為榮，或作自我或相互的標榜讚揚，乃至稱陳寅恪及饒宗頤等大師之終身成果也是「預流果」。諸如此類，皆為「引喻失義」，既「妄自菲薄」，又「菲薄」了諸多前輩大師，嚴重障礙了人們對饒公的正確定論。其所誤解錯用的陳寅恪先生《陳垣敦煌劫余錄序》之說原文如下：

> 一時代之學術，必有其新材料與新問題。取用此材料，以研求問題，則為此時代學術之新潮流。治學之士，得預於此潮流者，謂之預流（借用佛教初果之名）。其未得預者，謂之未入流。此古今學術史之通義，非彼閉門造車之徒，所能同喻者也。敦煌學者，今日世界學術之新潮流也。

其實以上之說，乃針對當時中國學術界中熱衷追逐外國的學術新潮流者而言，鑑於其中大多數人對已經在西洋與東洋之漢學界湧現的敦煌學研究新潮流一無所知。故陳先生以先知先覺者的導師身份，發此一足以覺後知後覺者之說，引導其人成為入流者，以獲取

類似小乘佛教之「初果」，然後再深入提高，將中國之敦煌學研究推向國際的先進之列。故其在後文結尾指出：

> 今後斯錄（譚案：指《敦煌劫餘錄》）既出，國人獲茲憑藉，宜益能取用材料以研求問題，勉作敦煌學之預流。庶幾內可以不負此歷劫僅存之國寶，外有以襄進世界之學術於將來，斯則寅恪受命綴詞所不勝大願者也。

由此可見，陳先生是借助《敦煌劫餘錄》的出版，引導內地學者關注研究此書所首次整理著錄的北京圖書館典藏敦煌學資料，乃身為兼通敦煌學等各門學術的清華國學大導師的陳教授，對尚為無知之求學者，特別是大學本科生的啟蒙語，故不可作斷章取義的片面曲解，而藉此否定陳先生以及其他國學大師在敦煌學、甲骨學、清宮大內檔案學等各個領域的開源引流者之地位，而認為陳先生等人也是剛剛入某學之門的「預流」者。陳先生這篇序言以及其有關敦煌學研究的一系列論文，諸如〈《有相夫人生天因緣曲》跋〉、〈《大乘稻芊經隨聽疏》跋〉、〈《懺悔滅罪金光明經冥報傳》跋〉、〈《須達起精舍因緣曲》跋〉、〈敦煌本《維摩詰經文殊師利問疾品演義》跋〉、〈《大乘義章》書後〉、《禪宗六祖傳法偈之分析》、〈敦煌本《十誦比丘尼波羅提木叉》跋〉、〈《西遊記》玄奘弟子故事之演變〉、〈敦煌本《唐梵翻對字音般若波羅蜜多心經》跋〉、〈「薊丘之植，植於汶篁」之最簡易解釋〉等文，皆以漢語史料為主，而時用梵文、藏文、西夏文等多種古語文來研究敦煌學材料。已經具有超越西洋與東洋學者的真知灼見，奠定了其在敦煌學壇中具有類似中國南禪之「佛祖」地位，而非印度小乘佛教之「預流」初果地位。毫無疑問，真正的國學大師，是絕對不會甘於僅僅獲取由外國人發起的新潮流之「預流」果的，這與中國的惠能等南禪大師不甘作印

度釋迦佛之徒，而要另立山頭成佛作祖是一樣的道理。

最值得注意理解的，就是陳先生並沒有要求國人止步於「勉作敦煌學之預流」，「襄進世界之學術於將來」才是其遠大的目標之「不勝大願」。這一總結全文之意旨，固非對陳先生平生之學有全面研究認識之徒所能同喻者也。

顯而易見，陳先生提出學者必須利用新發現的材料才能參預新潮流之說，只是針對伴隨新資料的發現而出現的新潮學問的情況有感而發，並非要求所有學者，尤其是已經學有大成者都要趕時髦地隨波逐流，追新棄舊。就連陳先生本人，雖然已經進入敦煌學先驅的導師之列，但他在發表了幾篇有關論文，為欲「預流」者作示範之後，就完全止步了，他主要還是依據魏晉南北朝隋唐舊有傳世的文史等四部書籍的舊材料，提出新問題，並得出超越古今中外學者的一系列新成果新觀點。在他失明的晚年，陳先生主要憑記憶的明清史料，口授錄出巨著《柳如是別傳》。正如他自我總結那樣：「寅恪平生為不古不今之學，思想囿於咸豐同治之世，議論近乎湘鄉南皮之間。」最後妙喻其學說為「以新瓶而裝舊酒」，並且聲明「誠知舊酒味酸，姑注於新瓶之底，以求一嘗」。由此可見，陳先生平生步武「湘鄉南皮」，其學實以繼續發展萬古長流之中學為體，以吸收外國傳入之新潮西學為用。故其投入敦煌學新潮僅佔平生之學的一小部分，即使不看這部分，也不影響他在中國學術界引導新舊潮流的導師地位。正如陳先生所言，其時已經投入敦煌學之中國學者，「其撰述得列於世界敦煌學著作之林者，僅三數人而已。」就以陳先生同輩以及稍為前後的章太炎、梁啟超、趙元任、岑仲勉、顧頡剛、傅斯年等各位大師而言，終生沒有敦煌學專門撰述者比比皆是，豈能統統打入「不入流」者之列！

早在 1928 年，傅斯年即於〈歷史語言研究所工作之旨趣〉一文中代表陳寅恪等同仁宣稱：「我們要科學的東方學之正統在中

國！」次年 5 月，陳先生亦為北大史學系的畢業生贈詩兩首：

（一）

群趨東鄰受國史，神州士夫羞欲死。

田巴魯仲兩無成，要待諸君洗斯恥。

（二）

天賦迂儒自聖狂，讀書不肯為人忙。

平生所學寧堪贈，獨此區區是秘方。

　　這兩首詩與前述《陳垣敦煌劫餘錄序》、《馮友蘭〈中國哲學史〉下冊審查報告》之說異曲同工，都顯示了對自己平生所學所傳的中國歷史文化的「自聖」心。目的就是要引導學生繼承發揚孔子儒家的「為己」之學，以實現恢復中國的世界之文明強國地位之宏圖，從而實現使中國成為本國以及整個東方乃至世界的歷史文化教學研究中心之理想。而上述敘跋等文與其後〈吾國學術之現狀及清華之職責〉（1931 年）、〈與劉叔雅論國文試題書〉（原發 1932 年，1965 年加附記）、〈《王靜安先生遺書》序〉（原發 1940 年）等，皆一併收入陳大師晚年自編的《金明館叢稿二編》，諸文所論雖涉具體問題不同，對基本的文化立場宗旨之表述也各有側重詳略，而實為一以貫之，互相呼應發明。足見陳先生一直秉持「自聖」之初心，至死不渝。時賢在深入探討前述陳先生有關「預流」及「預流果」說時，或以為其說本身有偏差，又以其後來不再搞敦煌學而認為其學術立場宗旨前後有大變之證據。[4] 諸如此類的說法，誠非知人論世之言，無庸置辯。

4　陳峰：〈陳寅恪「預流」說辨析〉，《清華大學學報》2011 年第 5 期，頁 12-20。

2. 破除以「預流果」或「阿羅漢果」稱頌饒學成果之誤說

較早發文批評以陳先生「預流」及「預流果」說稱頌饒學成果者，為王雪梅、黃征。[5] 然而，其文反對有些人將「預流」及「預流果」的誤解錯用於對饒公的最高讚揚，雖可謂言之成理，持之有故。但其所提出的新主張，則有「五十步笑一百步」之病。請看其文末竟然提出如下之說：

> 學術「預流」固然很重要，但只是開始，不是最後，更不是全部。既然說「預流之後」如何如何，顯然這個「預流」還不是終極目標，得「預流果」還只能算是「入圍」，真正要追求的應該是「阿羅漢果」，學術的「一等獎」、「特等獎」。[6]

此說之譬喻，可謂不倫不類。例如，經過選拔賽而「入圍」奧運初賽的運動員甚多，初賽之後能進入複賽者也不少，最後獲獎牌者就分三等，獲「一等獎」者通常只有一個就是冠軍。又如，明代政制稱無品級者為「未入流」或「流外」，位在從九品以上者方可稱為「入流」或「流內」。即使位列最高的正一品宗人府官以及三公等，也為數不少，且無定員。可見，在中國傳說數量有十八或五百乃至八百的「阿羅漢」，絕對不能視同體育賽的「冠軍」，也不能視為政治地位至高無上的皇帝。總而言之，上說之誤的要害就在於無視「阿羅漢果」絕非陳寅恪先生心中的「終極目標」。雖然，「阿羅漢果」是迷信神異的印度南傳小乘佛教許諾其信徒修行所能

---

5 王雪梅、黃征：〈敦煌學界「預流」「預流果」評價術語質疑〉，江蘇省文化藝術研究院主辦：《藝術百家》2010 年第 5 期，頁 190-195。

6 同上，頁 195。

獲得的最高果位，但是中國大乘佛教尤其是南禪宗，根本就不講不信，而且致力破除這一套。如上所述，陳先生平生秉持「自聖」之初心，若要以佛家之說來比喻其所追求的「終極目標」，就應是南禪宗的中國儒學化佛教所倡行的平常人在生時皆可以成為的「佛祖」，而非俯首甘為印度小乘「佛」之下的「阿羅漢」，對此，只要認真學習前述陳大師〈馮友蘭《中國哲學史》下冊審查報告〉等文，就一清二楚了。

同理，饒公也從來不會以小乘佛教的「預流果」或「阿羅漢果」自詡或讚人，他和陳先生一樣，在佛教與佛學方面主要推崇惠能大師及其創立的南禪宗。1989 年，饒公已經發文質疑六祖惠能「幾乎被人目為赤貧而目不識丁之獦獠」說，並舉與其同名的宋代禪僧釋宗頤〈勸孝文〉，「即沐六祖之教化，釋與儒之合流，其澤長遠，於六祖故鄉遺跡尤令人低回尋思不能去云。」[7]1996 年，我代表澳門大學與廣東省社科院《學術研究》主編林有能合作策劃舉辦了首屆「六祖慧能思想研究 —— 慧能與嶺南文化國際學術研討會」，敦請饒公光臨六祖故鄉的第二會場，作了主題演講：〈《六祖壇經》的一些問題〉。其中最引人觸目的新觀點，就是主張：「慧能不應是如《壇經》等禪籍所描述的那樣目不識丁」，「慧能肯定有相當的文化素養」。[8]對此有的內地學者頗有微詞，至今也仍然有不少人堅持對《壇經》所載惠能自稱「不識字」和「字即不識」作僵化的教條主義理解，認為他就是一個「目不識丁」的文盲。余則完全認同饒公

7　饒宗頤：〈談六祖慧能出生地（新州）及其傳法偈〉，北京大學中國中古史研究中心編：《紀念陳寅恪先生誕辰百年學術論文集》，北京：北京出版社，1989 年，頁 49-52；後載《饒宗頤二十世紀學術文集》第五卷（宗教學），台北：新文豐出版公司，2003 年，頁 317-325。

8　饒宗頤：〈慧能及《六祖壇經》的一些問題〉，《六祖慧能思想研究 ——「慧能與嶺南文化」國際學術研討會論文集》，廣州：學術研究雜誌社，1997 年；後載於《饒宗頤二十世紀學術文集》第五卷（宗教學），頁 326-331。

圖二：向饒公獻花致敬謝之意

之論，其理正如經常有國人說自己「沒錢」或「沒文化」，而他們既不會因此而被視為真的「一文不名」，或一點文化都沒有。也不會因為其實還有些錢或有點文化而被稱之為說謊妄語。由此可見，惠能是用中國最普通的下下人慣用的漢語模糊用詞方式，謙虛地講述了自己的真實文化程度。所以，絕對不可以用印歐語言的精密用詞與思維模式，藉口惠能自稱「不識字」，就將他判定為目不識丁的文盲。

又據饒公〈宗頤名說〉自述 1981 年在山西太原佛寺因奇緣異夢及閱讀佛經之事，而自認為同名宗頤的宋代「真定府十方洪濟禪院住持傳法慈覺大師」，亦即繼承六祖惠能教化而寫〈勸孝文〉的那位南禪高僧之轉世，故「治印一方『十方真定是前身』以作紀念」。[9] 饒公的傳記作者陳韓曦記載饒公在「晚年專訪」還提到當年

9　饒宗頤：〈宗頤名説〉，《固庵文錄》，台北：新文豐出版公司，1989 年，頁 323-324；後載《饒宗頤二十世紀學術文集》第十四卷（文錄、詩詞），頁 165。

曾賦詩一首，記述此事：

> 同名失喜得名僧，代馬秋風事遠征。
> 托缽華嚴寶寺畔，何如安化說五生。[10]

　　在饒公去世後不久，有著名的「搜狐」網站發紀念文章載饒公當年為此事口賦詩的文字如下：

> 竊喜同名得異僧，秋風正馬事晨征。
> 華嚴寺前掛飄去，豈是生前此誦經？[11]

　　以上兩首詩，雖然均不見於已經出版的饒公文集，但是可以相信其為饒公當年的內心真實想法，即宋代名為「宗頤」的高僧，就是他的「前身」。

　　綜上所述，可見饒公平生篤信南禪，追求的終極目標，就是與平常人一樣要吃喝拉撒睡的南禪之「佛祖」或「法王」。如果這個譬喻成立，則陳寅恪等國學大師，都可以說是「成佛作祖」了。

四、結語：「萬古不磨意，中流自在心」

　　「萬古不磨意，中流自在心。」饒公這一名句聯語，節錄自其在 1956 年任教香港大學中文系時的〈偶作示諸生二首〉之二，此詩全文如下：

10　陳韓熙：《饒宗頤 —— 東方文化座標》，廣州：花城出版社，2015 年，頁 4-5。

11　佚名：〈又一位前生是高僧的國學大師 —— 饒宗頤〉，sohu.com/a/222381548_691549（原發 2018 年 2 月 12 日），瀏覽日期：2022 年 8 月 14 日。

更試為君唱，雲山韶濩音。

芳洲搴杜若，幽澗浴胎禽。

萬古不磨意，中流自在心。

天風吹海雨，欲鼓伯牙琴。[12]

　　此乃饒公自錄其繼聖為學傳道授業之精髓的史詩。其中頸聯「萬古不磨意，中流自在心」實為「詩眼」，顯示了饒公學識淵博，涵蓋古今，彌綸中外。其所要堅持「守先待後」的，就是歷劫常新的中華學術思想文化。所謂「萬古不磨意，中流自在心」，其實與陳寅恪大師所宣導的學者獨立精神與自由思想之說，是一脈相承的。正如陳先生稱頌王國維先生的道德文章說：

　　　　先生之著述，或有時而不章。先生之學說，或有時而
　　　　可商。惟此獨立之精神，自由之思想，歷千萬祀，與天壤
　　　　而同久，共三光而永光。

　　竊以為饒公所說的「萬古不磨意」就是「獨立之精神」；「中流自在心」就是「自由之思想」。

　　饒公時用其高超書法，書寫「萬古不磨意，中流自在心」。最後值得一提的非常幸運巧合之事，就是余之本科老師姜伯勤先生很早就獲得饒公書贈此聯墨寶。余門下之博士胡孝忠在港大饒館從鄭煒明兄作博士後研究工作期間的迎春晚會上，由饒公親手抽出孝忠所中的幸運大獎，即此聯墨寶。而余亦有幸在最近的甲午歲獲饒公賜此墨寶。

---

12 《饒宗頤二十世紀學術文集》第十四卷（文錄、詩詞），頁418。

圖三：壬午年（2002）饒公題贈墨寶「六經皆史」

　　孰料公竟於丁酉升天，至今已逾四年。行文至此，睹物思人，百感交集。公雖長逝，而斯文不喪，公之墨寶與精神永存。余要報公之恩，惟矢志與同仁將公之「萬古不磨意，中流自在心」傳承下去。

　　　　　　　　　　　　　　　　　　　　壬寅孟秋七月十三日
　　　　　　　　　　　　　　　　　　　　稿於珠海寓所悉曇學齋

譚世寶，歷史學學士（中山大學 1982 年）、歷史學博士（山東大學 1987 年）、語言學博士（香港理工大學 2000 年）。現任山東大學猶太教與宗教研究中心兼職研究員；曾任澳門大學中文學院助理教授、碩士課程主任；山東大學歷史文化學院歷史語言研究所所長，特聘講座教授、博導。學問追求博古通今。主要研究中國通史、中國思想史、孔子儒家文化財富史、中國佛教文化財富史、孫中山歷史文獻、澳門史、悉曇學與漢字音韻學等等。已經出版有關學術專著八本，發表學術論文一百五十多篇。

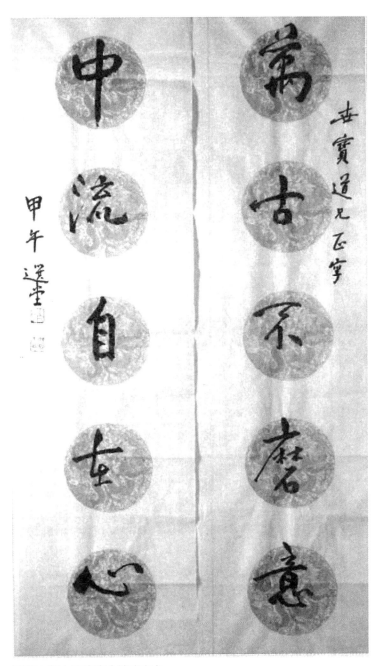

圖四：萬古不磨意中流自在心

鳴謝

　　光陰逝水，饒宗頤教授已經離開我們五個年頭了。

　　這段日子，我時刻在報章、雜誌、學術刊物、線上或電視紀錄片中見到對　饒教授懷緬的報道。感謝大家對　饒教授銘記心中。

　　數月前鄭會欣博士告知內地一班熱心的教授、專家、學者在撰寫懷念　饒教授離世五周年的文章，並會在中華書局（香港）有限公司出版，心底充滿歡喜、感恩。

　　饒教授一輩子做人、處事、對學問研究都是依他自己所講的「求真、求是、求正」處理，大家都認同他的訓言。

　　透過各位專家、學者的分享，冀望青年學者能進一步了解　饒教授對中國傳統文化的熱愛、重視、追求、研究以至貢獻。使年青一代學人能更重視國家傳統文化的價值。

　　衷心感謝各位教授、專家、學者、中華書局（香港）有限公司編輯部，以及各位讀者對饒教授的無盡支持，更感謝金耀基校長費神為書題字。

　　祝大家身體健康、工作愉快

饒清芬　敬賀

2022 年 12 月

後記

　　2018 年 2 月 6 日凌晨，敬愛的饒公在睡夢中安然離世，走完了他輝煌燦爛的百年人生。轉眼間饒公離開我們已近五年，但他的音容笑貌仍然浮現在我們眼前，他的學術思想將永遠激勵和引導後代學人前進。

　　前不久，中華書局（香港）有限公司侯明總經理約我於明年 2 月饒公辭世五周年之際，出版一本紀念文集，以緬懷饒公的輝煌人生。我自 1990 年即開始追隨饒公，對我來說這自然是一件責無旁貸、義不容辭的事。但我雖忝為饒公的學術助手，卻生性愚鈍，對饒公博大精深的學問知之甚少，生恐難以完成這項任務。正在猶豫之際，我突然想起，上世紀 90 年代初，饒公充分利用香港這一有利的環境，發揮他個人的魅力和聲望，聯合香港中華文化促進中心，共同籌集資金，在香港中文大學成立敦煌吐魯番研究中心。其後饒公還得到香港政府的資助，在香港中文大學先後主持甲骨文和金文研究計劃，藉此邀請內地眾多學者到香港訪學，並參與撰寫饒公主編的「補資治通鑑史料長編稿系列」和「香港敦煌吐魯番研究中心叢刊」兩套大型叢書。到訪者除了德高望重的學者之外，更多的則是已在學界嶄露頭角的中年學人。他們應邀到香港中文大學訪問，在饒公的親炙下研討學問，參與叢書的撰寫，如今他們都已成為享譽國際學界的知名學者。當時我和沈建華女士正好擔任饒公的學術助手，十多年來負責接待了眾多內地各單位來訪的學人，親身見證了這一過程，同時也與他們建立了密切的聯繫。內地學者到港

少則三個月，多則半年，有的學者還不止一次到訪香港，其間他們積極參與饒公的計劃，並在其指導下完成了多部專著，饒公均為他們的著作撰寫序言。雖然事隔多年，但這一經過仍歷歷在目，因此我就在想，不如藉此機會，邀請他們各自動筆，寫下各人在饒公的教誨下問學的往事，豈不是一件嘉惠學林的好事。我先將這一想法告於建華，她竭力支持，並幫助我聯繫各位學者。然後我又將此計劃告知侯明總經理，立即得到她的贊同，於是我就開始進行聯繫工作。

我先試着聯繫幾位朋友，他們都表示支持。感謝現代的科學發展，無遠弗屆的互聯網立即將大家聯繫在一起，短短的一天我就聯繫上二十多位內地不同單位的學者。我將這一設想告知大家，他們都異口同聲地表示支持，並對文集的出版及內容提出了諸多建議。我就趁勢建立了一個「緬懷饒公」的微信群，瞬間就將大家拉在一起。多年未見的朋友們立即在群中相互問候，眾人紛紛回憶向饒公問學的往事，發送自己的文章，轉發各自保存的珍貴照片，大家又彷彿回到當年在中大訪學的那些日子。

得到諸位學者的贊同後，我即將這一設想告訴了清芬小姐，她非常支持，亦囑我向各位學人對饒公的緬懷真情表示感謝。清芬還說，明年饒學聯匯將與饒宗頤學術館舉辦一些紀念活動，而這本書亦將是紀念活動的一個重要內容。

本書作者皆為學界大咖，每人都身負繁重的教學和科研任務，但他們都紛紛表示，無論再忙，懷念饒公的文章必須要寫。因此自5月間發起倡議起，不到兩個月我就陸續收到各自的懷念文章，其中有些是在舊稿中加以補充，更多的則是剛剛完成的文字。收入文

集的作者大都是當年應饒公邀請訪問香港中文大學，並參與撰寫叢書計劃的學者，還有多位亦是多年來通過不同的方式和途徑得到饒公殷切教誨的學人。他們從不同的角度回顧與饒公相識的往事，更以個人的經歷回憶在饒公指導下成長的過程。他們還將個人珍藏的與饒公合影以及饒公信函、墨寶展示出來，圖文並茂，情真意切，讀來份外生動感人。

故宮博物院的王素研究員不僅是敦煌吐魯番學和古文字學的大家，他的詩詞造詣亦極為厚重，深得饒公的讚譽，與他常有往來唱和，因此我就請他為這部緬懷饒公的文集擬定書名。王素兄思慮良久，提議採用《一純萬歲寄遙思》。「一純萬歲」出自《莊子·齊物論》，饒公常言自己「夙慕莊生『參萬歲而一成純』之意」，從而參通時空，達到禪宗中所謂「一念萬年，萬年一念」之境界；「遙思」則出《楚辭·遠遊》「步徙倚而遙思兮，怊惝怳而乖懷」，又蔡邕〈述行賦〉亦有「並日夜而遙思兮，宵不寐以極晨」。王素兄曾著文專門評介饒公的書畫與齊物思想，就是對他這句「參萬歲而一成純」而引發的思考。因此這個書名既彰顯出饒公一生一世對學術的虔誠追求，而「寄遙思」既與廣東話「紀饒師」諧音，也與普通話「祭饒師」音似，這就反映了受饒公熏沐的後輩學人對他的緬懷之情。承蒙香港香港中文大學老校長金耀基教授為本書題寫書名，表達了金公與饒公數十年交往的尊敬與紀念。

香港大學饒宗頤學術館館長李焯芬教授亦是香港中華文化促進中心的理事會主席，承蒙李教授撰序，又使他回憶起當年與饒公一起邀請內地學者的往事。廣州中山大學中文系資深教授曾憲通先生是饒公的鄉里，早在 1980 年，他就親身陪同饒公三個月內參觀內

地 33 個博物館，其後又多次應饒公之邀來中大訪問，並合作撰寫多部著作，對饒公的學術活動及其思想非常了解。2003 年饒公米壽之際，曾先生曾撰文〈治學遊藝七十春〉，這是最早也是最全面介紹饒公學術成就的文章，承蒙先生慨允以該文作為本書的代序，誠為善哉。饒公的女兒饒清芬小姐一直關心和支持本書的出版，於本書出版之際，更是寫下充滿激情的感謝文字，均為本書增色。

饒公一生周遊世界，結識學術界的朋友更是遍及海內外，日本學者讚譽他是當今國際漢學界導夫先路的學者。感謝饒學研究基金及多位朋友提供珍貴照片，讓本書得以刊載饒公各個時期與海內外眾多學者的合影，其中有些照片更是首次刊佈。由於篇幅所限，選輯的照片雖不夠全面，但還是能夠反映出饒公在學術界廣泛的人脈與崇高的地位。

本書由香港饒學研究基金、饒宗頤學術館之友及中華書局（香港）有限公司聯合出版，總經理兼總編輯侯明、副總編輯黎耀強一直關注本書的出版，責任編輯黃杰華過去曾在香港大學饒宗頤學術館服務多年，對饒公的學術經歷十分熟悉，對本書的出版貢獻良多，謹此表示衷心的感謝。

「萬古不磨意，中流自在心」，饒公雖然駕鶴仙逝，但他的道德文章永存世間，本書的出版既寄託了學界對饒公的緬懷與哀思，更希望能激勵後代學人繼承他的精神，開創中華文明的新篇章。

鄭會欣

2022 年 10 月

責任編輯：黃杰華
封面設計：簡儁盈
排　　版：陳美連
印　　務：劉漢舉

一純萬歲寄遙思
饒宗頤紀念文集

□
主編
鄭會欣
□
出版
中華書局（香港）有限公司
香港北角英皇道499號北角工業大廈1樓B
電話：(852)2137 2338傳真：(852)2713 8202
電子郵件：Info@chunghwabook.com.hk
網址：http://www.chunghwabook.com.hk

□
發行
香港聯合書刊物流有限公司
香港新界荃灣德士古道220-248號荃灣工業中心16樓
電話：(852)2150 2100　傳真：(852)2407 3062
電子郵件：info@suplogistics.com.hk

□
印刷
美雅印刷製本有限公司
香港觀塘榮業街6號海濱工業大廈4樓A室

□
版次
2023年1月初版
© 2023中華書局（香港）有限公司

□
規格
16開（230mm x 170mm）

□
ISBN：978-988-8809-20-2